安徽省高等教育振兴计划思想政治教育综合改革计划立项建设项目
“‘基础’课名师工作室”（项目编号：Szzgjh1-1-2017-14）结项成果

《思想道德修养与法律基础》学习辅导读本

严仍昱◎主编　　黄菊枝◎副主编

安徽师范大学出版社
·芜湖·

图书在版编目(CIP)数据

《思想道德修养与法律基础》学习辅导读本 / 严仍昱主编，黄菊枝副主编. — 芜湖：安徽师范大学出版社，2019.1

ISBN 978-7-5676-3796-2

Ⅰ. ①思… Ⅱ. ①严… ②黄… Ⅲ. ①思想修养 - 高等学校 - 教学参考资料 ②法律 - 中国 - 高等学校 - 教学参考资料 Ⅳ. ①G641.6 ②D920.4

中国版本图书馆CIP数据核字(2018)第226214号

《思想道德修养与法律基础》学习辅导读本　　严仍昱◎主编　黄菊枝◎副主编

责任编辑：陈　艳　唐　芸
装帧设计：丁奕奕
出版发行：安徽师范大学出版社
　　　　　芜湖市九华南路189号安徽师范大学花津校区
网　　址：http://www.ahnupress.com/
发 行 部：0553-3883578　5910327　5910310(传真)
印　　刷：虎彩印艺股份有限公司
版　　次：2019年1月第1版
印　　次：2019年1月第1次印刷
规　　格：700 mm×1000 mm　1/16
印　　张：14.25
字　　数：218千字
书　　号：ISBN 978-7-5676-3796-2
定　　价：43.00元

目　录

绪 论

一、学习目的与要求

通过本部分内容的学习与实践，能够正确理解我们所处的中国特色社会主义新时代这一历史方位；深刻认识到，中国特色社会主义新时代的大学生，应以有理想、有本领、有担当作为根本要求，不断提升自身的思想道德素质和法治素养，自觉培育和践行社会主义核心价值观，成长为担当民族复兴大任的时代新人。

二、内容提要

（一）中国特色社会主义进入新时代

中国特色社会主义进入新时代，意味着近代以来久经磨难的中华民族迎来了从站起来、富起来到强起来的伟大飞跃，迎来了实现中华民族伟大复兴的光明前景；意味着科学社会主义在21世纪的中国焕发出强大生机活力，在世界上高高举起了中国特色社会主义伟大旗帜；意味着中国特色社会主义道路、理论、制度、文化不断发展，拓展了发展中国家走向现代化的途径，给世界上那些既希望加快发展又希望保持自身独立性的国家和民族提供了全新选择，为解决人类问题贡献了中国智慧和中国方案。这个新时代，是承前启后、继往开来、在新的历史条件下继续夺取中国特色社会主义伟大胜利的时代，是决胜全面建成小康社会、进而全面建设社会主义现代化强国的时代，是全国各族人民团结奋斗、不懈创造美好生活、逐步实现全体人民共同富裕的时代，是全体中华儿女勠力同心、奋力实现中华民族伟大复兴的中国梦的时代，是我国日益走向世界舞台中央、不断为人类作出更大贡献的时代。

（二）时代新人要以民族复兴为己任

做有理想有本领有担当的时代新人。青年一代有理想、有本领、有担当，国家就有前途，民族就有希望。新时代的大学生，要有崇高的理想信念，牢记使命，自信自励；要有高强的本领才干，勤奋学习，全面发展；要有天下兴亡、匹夫有责的担当精神，讲求奉献，实干进取。

提升思想道德素质与法治素养。做有理想有本领有担当的时代新人，必须具备良好的思想道德素质和法治素养。思想道德素质和法治素养，是思想政治素质、道德素质和法治素养的有机融合，是新时代大学生必须具备的基本素质。

三、重点难点内容

（一）正确认识中国特色社会主义新时代的科学内涵

步入人生新阶段，确立新目标，开启新征程，大学生首先需要对自己所处的历史方位——新时代有深入的了解和真切的感悟。

中国特色社会主义进入了新时代，这是我国发展新的历史方位。中国特色社会主义新时代，根本标志是我国社会主要矛盾已经转化为人民日益增长的美好生活需要和不平衡不充分的发展之间的矛盾，为此新时代中国特色社会主义发展遵循新的战略安排，即决胜全面建成小康社会，开启全面建设社会主义现代化国家新征程。从现在到二〇二〇年，全面建成小康社会，实现第一个百年奋斗目标；从二〇二〇年到二〇三五年，在全面建成小康社会的基础上，再奋斗十五年，基本实现社会主义现代化；再从二〇三五年到本世纪中叶，在基本实现现代化的基础上，再奋斗十五年，把我国建成富强、民主、文明、和谐、美丽的社会主义现代化强国。总之，新时代是中华民族伟大复兴的时代，是中国梦实现的时代。

首先，中国梦是历史的、现实的，也是未来的。它凝结着无数仁人志士的不懈努力，承载着全体中华儿女的共同向往，昭示着国家富强、民族振兴、人民幸福的美好前景。今天，在习近平新时代中国特色社会主义思想的指引下，中华民族的追梦之路更清晰、筑梦之基更坚实、圆梦之策更精准。站在新时代的起点，我们比历史上任何时期都更接近中华民族伟大复兴的目标，比历史上任何时期都更有信心、有能力实现这个目标。

其次，中国梦是国家的、民族的，也是每一个中国人的。只有每个人都为美好梦想而奋斗，才能汇聚起实现中国梦的磅礴力量。在实现民族复兴梦想的伟大征程中，青年不懈追求的梦想始终与振兴中华的责任担当紧密相连。在革命战争时期，青年一代满怀革命理想，为争取民族独立、人民解放冲锋陷阵、抛洒热血；在社会主义建设时期，青年一代响应党的号召，在新中国的广阔天地忘我劳动、艰苦创业；在改革开放时期，青年一代发出了团结起来、振兴中华的时代强音，为祖国的繁荣富强开拓奋进、锐意创新。当代大学生是民族复兴伟大进程的见证者和参与者，也是社会主义事业的生力军。新时代为大学生成长成才、勤学报国提供了广阔的舞台和无限的机遇。新时代属于每一个人，每一个人都是新时代的见证者、开创者、建设者。

（二）明确新时代对大学生提出的新要求

1. 做有理想有本领有担当的时代新人

首先，新时代的大学生要有崇高的理想信念。崇高的理想信念是事业和人生的灯塔，决定我们的方向和立场，也决定我们的精神状态和实际行动，直接关系着人生目标的选择、人生价值的实现。大学生要有作为中华儿女的骄傲和自豪，爱党、爱国、爱社会主义，树立坚定的政治方向和远大的人生志向，坚定中国特色社会主义的道路自信、理论自信、制度自信、文化自信，把理想信念建立在对科学理论的理性认同上，建立在对历史规律的正确认识上，建立在对基本国情的准确把握上。大学生要保持对理想信念的激情和执着，将实现“两个一百年”奋斗目标、实现中华民族伟大复兴中国梦的历史使命内化为担当的自觉，外化为实际的行动，从容自信、坚定自励。

其次，新时代的大学生要有高强的本领才干。不断增强的本领才干，是青春焕发光彩的重要源泉。新时代大学生素质和本领的强弱，直接影响着民族复兴的进程。身处日新月异的新时代，大学生要有本领不够、才干不足的紧迫感，自觉加强学习、勤奋探索，在社会实践中全面发展。

最后，新时代的大学生要有天下兴亡、匹夫有责的担当精神。青春至美是担当，青年的担当是决定人生价值的最大砝码，是影响时代发展进程的重要力量。我们越是接近中华民族的伟大复兴，越是需要付出更为艰巨、更为艰苦的努力。大学生的担当精神体现为奉献祖国、奉献人民、尽心尽力、勇于担责。作为实现中华民族伟大复兴的生力军，大学生必须讲求奉献，实干进取，自觉树立国家意识、民族意识、责任意识，把个人前途命运与国家、民族的前途命运紧紧地联系在一起，在尽责集体、服务社会、贡献国家中实现人生理想和人生价值；应坚持实践第一、知行合一，求真务实、有为善为，勇于面对实际生活中的各种挫折考验，勤奋刻苦、磨砺意志、脚踏实地；应始终保持昂扬向上的精神状态，富有求新求变的朝气锐气，敢于站在变革前沿，引领潮流之先，以新的实践创造更大成就。

2.提升思想道德素质与法治素养

人的本质是一切社会关系的总和。一个人要安身立命、成长成才、贡献社会，需要不断地调整自身与他人的关系，不断实现人的社会化。其中最为重要的，就是要正确认识自己、认识他人、认识社会，学习掌握运用道德和法律规范，正确调整自己的行为。

首先，思想道德和法律都是调节人们思想行为、协调人际关系、维护社会秩序的重要手段。思想道德和法律虽然在调节领域、调节方式、调节目标等方面存在很大不同，但是二者都是上层建筑的重要组成部分，共同服务于一定的经济基础。在我国，中国特色社会主义思想道德建设和中国特色社会主义法治建设紧密联系、相互促进，为中国特色社会主义事业提供坚实的思想基础、精神支撑和法治保障。坚持和发展中国特色社会主义，既要发挥思想道德的引领和教化作用，又要发挥法律的规范和强制作用。一方面，思想道德为法律提供思想指引和价值基础。思想道德为法律的制定、发展和完善提供价值准则，是社会主义法律正当性和合理性的重要基础；思想道德能够促进人们自觉尊法学法守法用法，维护法律权威；思想道德调整社会关系的范围和方式更加广泛灵活，可以弥补法律调整的短板，与法律一道共同促进良好社会秩序的形成。另一方面，法律为思想道德提供制度保障。法律通过对思想道德的基本原则予以确认，为思想道德建设提供国家强制力保障。科学立法和民主立法，可以将思想道德有机融入法律体系，使法律具有鲜明道德导向，让法治成为良法善治；严格执法和公正司法，有利于维护社会公平正义，弘扬真善美、打击假恶丑，使思想道德要求在实践中得到切实遵循；全民普法和全民守法，有助于增强人们信守法律的思想道德水平，引导人们自觉履行法定义务、家庭责任、社会责任。

其次，思想道德素质和法治素养是人应该具有的基本素质。思想道德素质是人们的思想观念、政治立场、价值取向、道德情操和行为习惯等方面品质和能力的综合体现，反映着一个人的思想境界和道德风貌，是促进个体健康成长、社会发展进步的重要保障。法治素养是指人们通过学习法律知识、理解法律本质、运用法治思维来依法维护权利与依法履行义务的素质、修养和能力，对于保证人们尊崇法治，遵守法律具有重要的意义。再多再好的法律，必须转化为人们内心自觉才能真正为人们所遵行。良好的思想道德素质和法治素养，是在学习中升华、内省中完善、自律中养成、实践中锤炼的结果，同时也是大学生把握发展机遇、创造人生精彩的基础条件和宝贵资源。大学生应当通过理论学习和实践体验，牢固树立坚定的理想信念和正确的价值观念，陶冶高尚的道德情操，增强尊法学法守法用法的自觉性，不断提高自身的思想道德素质和法治素养。

四、课堂拓展

大学功能与大学精神

一般认为，大学功能的沿革主要有三个划分标志：一是18世纪60年代，以英国工业革命开始为标志的第一次工业革命；二是19世纪80年代，由化学、力学、电磁学等发展引起的科学革命；三是20世纪40年代的第三次工业革命。相应地，大学功能的发展也分为三个阶段：1760年以前，大学是生产力功能的古典大学，大学的功能主要是人才培养，人才培养通过知识传承得以实现。在这个阶段，由于现代意义上的物理学、化学等学科还没有独立出来，数学和天文学这样一些相对独立的学科也还处在雏形。因此，大学中的知识传承主要是人文知识的传承，特别是宗教文化知识的传承。也就是说，在第一次工业革命以前，人文知识传承占据了学校的主体，而知识传承的目的是人才培养。

但是，这种状况在工业革命后发生了变化。第一次工业革命以后，现代意义上的物理、化学等学科开始独立，并逐渐自成体系，作为独立门类的科学开始进入大学。1880年以后，德国洪堡大学进行的科学研究开创了大学功能的新境界。至此，大学功能不仅有知识传承，还加入了科学研究的元素。在工业、技术等进步的很长一段时期内，在洪堡大学科学研究的基础上逐渐形成的洪堡精神得到了极大的发挥，这使得科学研究在大学功能中所占的比重日益显著。同时，科学研究又推动了电学与电磁学的发明，解决了电的储藏与输送问题，使得电学成为新的动力能源，极大地推动了第二次科学革命。

由此，科学研究的力量就彰显出来，洪堡精神也开始在世界各国的大学广泛传播。尤其值得关注的是1880年到1920年间，很多美国留学德国的“德归派”，对美国社会产生了巨大的冲击。在这个阶段以前，美国大学按英国大学的模式复制，主要是人才培养加上知识传承，但“德归派”把德国大学的科学研究带到了美国，使得1880年到1920年成为美国大学的重要转型期。与洪堡科学研究基于科学体系本身的研究不同，由“德归派”进行的科学研究开始面向社会现实，在大企业、大农场中寻找研究的课题。也就是说，同样是科学研究，洪堡的科学研究是从科学的学科体系中找课题，比如化学、物理学发展面临的重大问题；而美国的科学研究是从社会发展的问题中找课题，这就产生出科学研究的新方向，也产生出科学研究的社会服务功能。1920年到1940年，美国大学的社会服务功能得以极大发挥，例如，一些需要开发研究的大型辛迪加、托拉斯，开始从大学中寻找解决工业实践问题的方法，甚至有很多大型企业把研究所送给大学，以研究大型企业自身关心的课题。这一时期，大学功能不仅有科学研究，也在科学研究的基础上发展出社会服务。至第二次世界大战结束，大学功能已经由人才培养拓展到知识传承、科学研究和社会服务，在这四个功能中，又以人才培养为核心，知识传承、科学研究、社会服务为人才培养提供支撑力，同时，这四者合一，形成了第二次世界大战后大学功能的新起点。

20世纪40年代到60年代，西方的一些大学，特别是美国的大学，出现了第五种功能。在第五种功能中，又包含了三个引人注目的问题：一是“智库”建设。上世纪60年代初，肯尼迪政府上台以后，十分重视美国大学的“智库”建设，即在美国的大学中建立研究所为政府的发展、为国家的发展提供智力支持。“智库”建设的最直接动力是1957年苏联人造卫星的上天，美国由此看到自身科学研究与苏联的差距，因而以大学“智库”的建设来进行弥补和追赶，这种“智库”在社会上就起到引领作用。直到现在，仍然有很多美国大学建立研究机构，为政府的发展、为国家的发展出谋划策。二是“旋转门”制度。所谓“旋转门”制度，指大学的教授不仅做研究工作，而且还出任政府方针、政策的代言人。“旋转门”的一边，是这些大学教授经常在公众中进行解说，根据国内形势分析国际形势，根据现状对未来作出预测，并对即将要出台的政策以“放气球”的方式进行谈论；“旋转门”的另一边，是大学教授到政府部门中就职，以政府官员的身份行使公权力。最典型的例子就是哈佛大学的前任校长萨默斯，萨默斯早年就被聘任为哈佛大学的终身教授，任教授职务以后，他又作为美国财政部部长服务于克林顿政府的整个时期。克林顿下台后不久，哈佛大学就聘用他为哈佛大学校长。这一事件促使美国大学的制度发生相应变化，即由此前不允许教授兼职的规定，变化为允许教授在政府任职两年的制度，也就是“旋转门”制度。美国前国务卿赖斯、基辛格等等，都是“旋转门”制度的重要产物。三是“公共知识分子”的出现。在这一时期，美国社会中大量的媒体都希望大学教授能够作为政府和民众之间的中间人，对一些事件的变化作出解释，对一些社会的矛盾作出调解。这使得大学中出现了大量“公共知识分子”，同时，“公共知识分子”也成为大学教授的一种符号。从“智库”建设，到“旋转门”制度，再到“公共知识分子”出现，这三者实际上起到了文化引领的作用。所以，20世纪60年代以后，文化引领的作用就被引入到大学功能中。但是，不管大学功能如何变化，我认为都应该自始至终围绕人才培养这一核心。人才培养既是大学功能的历史起点，也是大学功能的逻辑起点，而知识传承、科学研究、社会服务、文化引领等，都是围绕人才培养产生的辅助功能。所以大学功能是一个以人才培养为核心的综合体系。在这里，我想到了马克思讲的一句话，这句话曾被千百次地引用过，不仅被马克思主义者引用，也被很多非马克思主义者引用。马克思认为：“在一切社会形式中都有一种一定的生产决定其他一切生产的地位和影响，因而它的关系也决定其他一切关系的地位和影响。”其他的一切生产都受到这种生产的“阳光的普照”，同时这种生产也是一种“特殊的以太”。所谓“以太”，是古希腊的一个哲学用语，指的是一种特殊的物质，这种物质相当于古希腊的“原子”，也相当我们所说的“气”，即万物构成的根本要素。在大学的功能中，人才培养就是这种“普照的光”，就是这种“特殊的以太”，其他功能受到人才培养之光的普照，同时也要围绕人才培养展开。

因此，前面谈到大学的种种功能，都要有利于人才培养，假如不利于人才培养，只是为科学研究而科学研究，为社会服务而社会服务，那么就违背了大学功能的本意。我们现在的很多大学教师有一种“论文产业化”

的倾向，即一有科学研究项目，就赶紧拿过来做，这实际上对人才培养没有什么意义，是一种违背大学功能本意的行为。因此，要理解大学功能的“普照之光”，要理解大学功能的“特殊的以太”，根本的就是围绕人才培养展开教学、科研、社会服务、文化引领等。而所有的这些功能都不能单独割裂开来，它们是一个内在统一体。

由此我们可以得出以下三点结论：第一，人才培养是大学的“普照的光”“特殊的以太”；第二，培养什么样的人、怎样培养人，是大学的根本功能和任务；第三，现代大学制度和体制的创新在于人才培养模式的创新。

既然大学功能以人才培养为核心产生了知识传承、科学研究、社会服务、文化引领等功能体系，那么，以大学的功能体系为承载就产生了大学精神。

1760年以前，古典大学以知识传承为背景的功能产生了人文精神，这时的大学精神就是单一的人文精神；第一次工业革命以后，随着科学研究的进步，大学精神以科学研究，主要是以自然科学研究为背景产生了科学精神；第二次世界大战以后，随着社会服务的引入，社会担当精神成为大学精神的第三个组成部分；而现代大学所具备的文化引领功能，要求大学要有一种时代精神。所以随着大学功能的变化，围绕以人才培养为基础，大学精神不再是单一的，而是多元的，与之相应，大学精神也是一个体系。

现在我们对大学精神的理解有一种错误的观点，就是把大学精神理解成为单一的人文精神，追忆大学曾经有的人文精神的辉煌，把人文精神等同于大学精神。这种等同不能叫作错，因为在科学还没有独立出来的第一次工业革命以前，大学精神就是以人文精神为主体。但这种理解有其偏颇性，就是把一种系统化的人文精神和科学精神割裂开来，把现代大学以及与现代大学功能相联系的精神单一成为了古典大学单一功能基础上的单一大学精神。事实上，现代大学的人文精神和科学精神是不可分割的一个整体。我们说大学学风建设，不仅包括人文精神建设，也包括科学精神建设。我们说提升大学生的社会责任感，可以通过培养大学生的人文精神和科学精神得以实现，反之，如果一个大学生没有接受人文精神和科学精神教育，不能掌握社会担当精神和时代精神，那么这个学生也不能说是全面发展的。我们说人的全面性，是和社会性、时代性紧密联系的，是社会的、时代的、历史的结晶和产物。所以我们现在谈大学精神，应该将其看作一个体系，不能割裂开来看，更不能以古典大学的人文精神来取代现代大学的大学精神。

由此可以得出四点结论：第一，大学精神是大学发展和社会进步的文化结晶。第二，大学精神是高校自立自信自觉自强的软实力。大学的自立自信自觉和自强固然要靠我们大学功能的发挥，但是，大学精神与大学功能是紧密联系的，是辩证统一的，大学精神是大学文化软实力的体现，特别体现在大学的自立自信自觉和自强上。一所有着丰富内涵的大学的大学精神，没有必要造假，因为它很自信；也没有必要为了一时的功利牺牲大学的硬实力和软实力，因为大学精神塑造了这个大学的自立和自觉，进而大学的自强也得以发挥。世界上没有一所丧失了大学精神的大学能够成为一所自强的大学，我们只看到大学精神铸就了大学的自强品格。第三，大学精神的培育是人才培养的重要内涵。如何把人文精神、科学精神、社会担当精神和时代精神在人才培养中贯彻下去，使之能够真正融入学生培养的过程和环节之中，这是我们需要思考的一个问题。不能只重视单一地讲人文精神，还要重视讲科学精神、社会担当精神、时代精神等等。第四，大学模式集中体现于大学功能和大学精神的特质。一所大学是什么模式？这个模式怎么体现？我认为主要体现在两个方面：一是大学功能的体现；二是大学精神的体现。我们国内各所大学都凝练了自己的校训，校训就是大学精神的一种体现，是实现中引导大学发展方向的无形力量。

（节选自本刊记者:《大学功能与大学精神——访教育部党组成员、国家教育行政学院院长顾海良教授》,《思想教育研究》,2012年第11期）

深刻理解中国特色社会主义进入新时代

习近平同志在党的十九大报告中指出：“中国特色社会主义进入了新时代”。这是对我国发展新的历史方位的科学判断。深刻理解中国特色社会主义进入新时代的重大政治论断，需要与深刻理解我国社会主要矛盾发生新变化的新特点、深刻理解“分两步走”全面建设社会主义现代化国家的新目标有机结合起来。只有将这些方面有机结合起来，才能准确把握习近平新时代中国特色社会主义思想的历史起点和逻辑前提。

1.进入新时代意味着中国特色社会主义站到更高层级的历史方位上

时代是表述特定社会历史阶段的范畴，不同时代有不同内涵。我们坚持和发展中国特色社会主义，面对的最大国情是我国正处于并将长期处于社会主义初级阶段。但是，社会主义初级阶段是一个很长时期，其特点不可能不发生某些阶段性变化。因此，在社会主义初级阶段这个长历史过程中，我国社会主要矛盾也必然随着社会发展而变化。与时俱进地对中国特色社会主义所处的历史方位作出清醒判断，是我们党领导人民不断开创中国特色社会主义新局面的必然要求，也是党的创造力、领导力的具体体现。

习近平同志在党的十九大报告中明确作出中国特色社会主义进入新时代的重大政治论断，准确反映了中国特色社会主义在长期建设中取得的历史性成就、党和国家事业发生的历史性变革，准确反映了党的十八大以来取得的全方位、开创性成就和深层次、根本性变革。这些成就和变革的重大意义，主要体现在习近平同志在党的十九大报告中提出的“三个意味着”：意味着近代以来久经磨难的中华民族迎来了从站起来、富起来到强起来的伟大飞跃，迎来了实现中华民族伟大复兴的光明前景；意味着科学社会主义在21世纪的中国焕发出强大生机活力，在世界上高高举起了中国特色社会主义伟大旗帜；意味着中国特色社会主义道路、理论、制度、文化不断发展，拓展了发展中国家走向现代化的途径，给世界上那些既希望加快发展又希望保持自身独立性的国家和民族提供了全新选择，为解决人类问题贡献了中国智慧和中国方案。这“三个意味着”，从中华民族的命运、社会主义的命运和世界发展的命运三个维度，勾画出中国特色社会主义进入新时代的参照坐标。

中国特色社会主义进入新时代，使中国的发展站到一个更高层级的历史方位上。从这个历史方位往前看，新时代的内涵，在国家层面是决胜全面建成小康社会、进而全面建设社会主义现代化国家；在人民层面是不断创造美好生活、逐步实现全体人民共同富裕；在中华民族层面是奋力实现中华民族伟大复兴；在中国和世界的关系层面是中国日益走近世界舞台中央、不断为人类作出更大贡献。显然，这些内涵和使命是紧扣中国梦包括的国家富强、民族振兴、人民幸福的具体目标来说的。也就是说，新时代是通过努力奋斗更真切地贴近实现中国梦的时代。

作出中国特色社会主义进入新时代的重大政治论断，彰显了中国共产党审时度势的非凡能力。习近平同志去年在“七一”重要讲话中讲了一句非常深刻的话，他说：“历史总是要前进的，历史从不等待一切犹豫者、观望者、懈怠者、软弱者。只有与历史同步伐、与时代共命运的人，才能赢得光明的未来。”中国共产党在革命、建设、改革的不同历史时期之所以能不断取得巨大成功，关键在于能够在时代变化的关头准确判断历史方向，正确把握形势发展的趋势和时代大潮的走向。作出中国特色社会主义进入新时代的重大政治论断，从新的历史起点和时代条件出发谋划发展，必将不断开创中国特色社会主义新局面。

2. 进入新时代的重要标志是我国社会主要矛盾的变化

事物发展的阶段性主要表现为主要矛盾的变化或矛盾主要方面的变化。习近平同志在党的十九大报告中作出中国特色社会主义进入新时代的重大政治论断，最关键的理论和实践基础是我国社会主要矛盾已经从“人民日益增长的物质文化需要同落后的社会生产之间的矛盾”转化为“人民日益增长的美好生活需要和不平衡不充分的发展之间的矛盾”。我国社会主要矛盾的变化，是中国特色社会主义进入新时代的重要标志，也是新时代的重要特征。

在马克思主义发展史上，社会主要矛盾这一提法是中国共产党的一大理论创新。1956年，在中国进入全面建设社会主义时期的重大历史关头，党的八大第一次明确提出并阐释“我们国内的主要矛盾”。党的十一届三中全会实现了党和国家事业发展的重大历史转折，反映在对社会主要矛盾的认识上，就是重回党的八大的有关表述。邓小平同志1979年3月在中央召开的理论务虚会上，明确把什么是我国当前的社会主要矛盾作为一个重大课题提了出来，他说："我们的生产力发展水平很低，远远不能满足人民和国家的需要，这就是我们目前时期的主要矛盾，解决这个主要矛盾就是我们的中心任务。"这个社会主要矛盾是党的十一届三中全会作出把党和国家工作中心转移到经济建设上来、实行改革开放的历史性决策的依据和前提。

1981年党的十一届六中全会通过的《关于建国以来党的若干历史问题的决议》，正式对社会主要矛盾作了概括："社会主义改造基本完成以后，我国所要解决的主要矛盾，是人民日益增长的物质文化需要同落后的社会生产之间的矛盾。"从那以后，我们党一再强调社会主要矛盾问题，并且都是将其同国情、同解放和发展社会生产力的历史任务联系起来讲。党的十九大报告正式提出"人民日益增长的美好生活需要和不平衡不充分的发展"这一新的社会主要矛盾，也是同国情问题、同解放和发展社会生产力问题紧密联系的。

关于"人民日益增长的美好生活需要"，可以从两个方面来看。一是人民需要的内涵大大扩展。不仅对物质文化生活提出更高要求，而且从人的全面发展和社会全面进步的角度提出更多要求，比如民主、法治、公平、正义、安全、环境等方面的需要日益增长起来。也就是说，人民的需要从物质文化领域向物质文明、政治文明、精神文明、社会文明、生态文明全面拓展。二是人民需要的层次大大提升。比如，期待有更好的教育、更稳定的工作、更满意的收入、更可靠的社会保障、更高水平的医疗卫生服务、更舒适的居住条件、更优美的环境、更丰富的精神文化生活。这些需要呈现多样化多层次多方面的特点。

关于"不平衡不充分的发展"，主要是指我国社会生产力水平总体上显著提高，已经不是"落后的社会生产"那样一种局面了。但面对新的社会需要，我们的供给还有许多差距，发展不平衡不充分的问题在新时代凸显出来，成为满足人民日益增长的美好生活需要的主要制约因素。所谓发展不平衡，有区域发展不平衡，比如东部和西部发展不平衡；有城乡发展不平衡；有供需结构不平衡，比如既存在落后产能过剩的情况，又存在有效供给不足的问题；也有群体发展不平衡，比如收入分配差距依然较大。所谓发展不充分，主要指创新能力不够强，发展的能力和水平、质量和效益还需要提高，转变发展方式还处于攻坚阶段，等等。这就要求努力实现更高质量、更有效率、更加公平、更可持续的发展。

我国社会主要矛盾的变化是关系全局的历史性变化，对党和国家工作提出了许多新要求，成为我国制定各方面政策的重要依据。但是这个变化还不足以改变我国仍处于并将长期处于社会主义初级阶段这个最大的国情，不足以改变我国仍是世界最大发展中国家这个最大的实际。因此，应把对最大国情的清醒认识和对社会主要矛盾的科学分析有机统一起来，这样才能在与时代同行中既不割断历史、又不迷失方向，既不落后于时代、又不超越阶段。

3. 进入新时代要朝全面建设社会主义现代化国家的新目标前进

作出中国特色社会主义进入新时代的重大政治论断，是和确立“分两步”走全面建设社会主义现代化国家的新目标紧密联系在一起的。

制定、调整和实现发展战略目标，是我们党领导人民建设社会主义一以贯之的领导方法，也是体现我国发展时代性的重要标志。毛泽东同志在1962年就明确提出，如果从新中国成立算起，“要建设起强大的社会主义经济，我估计要花一百多年。”1987年，邓小平同志考虑我国发展目标的时候，正式提出“三步走”战略目标。在解决人民温饱问题、人民生活总体上达到小康水平这两个目标已提前实现的情况下，我们党又把建党一百年和新中国成立一百年作为发展战略目标的两个时间节点。党的十八大明确第一个百年奋斗目标是“全面建成小康社会”，第二个百年奋斗目标是“建成富强民主文明和谐的社会主义现代化国家”。

从党的十九大到党的二十大，是“两个一百年”奋斗目标的历史交汇期。从现在算起，再有三年便可全面建成小康社会，实现第一个百年奋斗目标。由此便出现一个新问题：怎样规划实现党的第二个百年奋斗目标？对此，习近平同志在党的十九大报告中创造性地提出“分两步走”全面建设社会主义现代化国家。第一步，从2020年到2035年，奋斗15年，基本实现社会主义现代化。第二步，从2035年到本世纪中叶，再奋斗15年，把我国建成富强民主文明和谐美丽的社会主义现代化强国。

这个战略安排提升了党的第二个百年奋斗目标的内涵。一是把原来确立的基本实现社会主义现代化的目标提前到2035年完成。这是因为中国的发展超乎预期，中国特色社会主义道路迸发出来的巨大创造力已经并将继续深刻而快速地改变中国的面貌，我们有把握到2035年基本实现现代化。二是基本实现现代化的目标能够提前完成，第二个百年奋斗目标自然也要升级。于是，党的十九大报告把第二个百年奋斗目标表述为“把我国建成富强民主文明和谐美丽的社会主义现代化强国”。与党的十八大报告相比，这个目标增加了“美丽”的要求和“强国”的表述，意味着我们的新目标不是建成一般意义上的社会主义现代化国家，而是如党的十九大报告提出的，到那时，“我国物质文明、政治文明、精神文明、社会文明、生态文明将全面提升，实现国家治理体系和治理能力现代化，成为综合国力和国际影响力领先的国家，全体人民共同富裕基本实现，我国人民将享有更加幸福安康的生活，中华民族将以更加昂扬的姿态屹立于世界民族之林。”

（选自陈晋:《深刻理解中国特色社会主义进入新时代》,《人民日报》,2017年11月8日第7版）

立德树人 德法兼修 抓好法治人才培养
励志勤学 刻苦磨炼 促进青年成长进步

2017年5月3日，中共中央总书记、国家主席、中央军委主席习近平来到中国政法大学考察。

习近平强调，中国的未来属于青年，中华民族的未来也属于青年。青年一代的理想信念、精神状态、综合素质，是一个国家发展活力的重要体现，也是一个国家核心竞争力的重要因素。当今中国最鲜明的时代主题，就是实现“两个一百年”奋斗目标、实现中华民族伟大复兴的中国梦。当代青年要树立与这个时代主题同心同向的理想信念，勇于担当这个时代赋予的历史责任，励志勤学、刻苦磨炼，在激情奋斗中绽放青春光芒、健康成长进步。

习近平强调，青年处于人生积累阶段，需要像海绵汲水一样汲取知识。广大青年抓学习，既要惜时如金、孜孜不倦，下一番心无旁骛、静谧自怡的功夫，又要突出主干、择其精要，努力做到又博又专、愈博愈专。特别是要克服浮躁之气，静下来多读经典，多知其所以然。

习近平指出，青年时期是培养和训练科学思维方法和思维能力的关键时期，无论在学校还是在社会，都要把学习同思考、观察同思考、实践同思考紧密结合起来，保持对新事物的敏锐，学会用正确的立场观点方法分析问题，善于把握历史和时代的发展方向，善于把握社会生活的主流和支流、现象和本质。要充分发挥青年的创造精神，勇于开拓实践，勇于探索真理。养成了历史思维、辩证思维、系统思维、创新思维的习惯，终身受用。

习近平强调，青年在成长和奋斗中，会收获成功和喜悦，也会面临困难和压力。要正确对待一时的成败得失，处优而不养尊，受挫而不短志，使顺境逆境都成为人生的财富而不是人生的包袱。广大青年人人都是一块玉，要时常用真善美来雕琢自己，不断培养高洁的操行和纯朴的情感，努力使自己成为高尚的人。

（节选自《立德树人 德法兼修 抓好法治人才培养　励志勤学 刻苦磨炼 促进青年成长进步》，《人民日报》，2017年5月4日第1版）

五、热点问题探讨

◇“大学生与中学生没什么区别，还是一个字，那就是‘学、学、学’。”你怎么看待这一观点？

◇“‘新时代’只是中央提出的一个新名词而已，大学生活该怎么过还是怎么过，与是否进入新时代没什么关系。”你怎么看待这一观点？

六、实践活动推介

优秀学长学姐“传”“帮”“带”：在大学新生入学30天左右时，以院系为单位或班级为单位，组织召开“如何适应大学生活座谈会”，具体环节：第一，由新生谈自己的大学生活体验，相互交流；第二，优秀学长学姐传授适应大学生活的经验和自身的成长经历；第三，以自愿选择和适度调剂相结合的方法，以“一托多”的形式建立起优秀学长学姐为组长的互帮互助小组（“一”个优秀学长学姐对应“多”个大学新生），为大学新生及时适应大学生活提供指导和帮助。

七、阅读书目推荐

1. 习近平. 习近平谈治国理政[M]. 北京：外文出版社，2014.

2. 中共中央文献研究室. 十八大以来重要文献选编（上）[M]. 北京：中央文献出版社，2014.

3. 李德顺. 价值学大词典[M]. 北京：中国人民大学出版社，1995.

4. 王荣发. 大学之道——大学生活的人生学探析[M]. 上海：华东理工大学出版社，2003.

5. 柳菊兴. 大学的追求[M]. 武汉：华中师范大学出版社，2005.

6. 覃彪喜. 读大学，究竟读什么（上）：一位80后董事长给大学生的26条忠告[M]. 广州：南方日报出版社，2012.

7. 戴艳军，吴桦. 大学生与社会主义核心价值观[M]. 北京：中国文史出版社，2014.

8.[美]戴夫·埃利斯. 优秀大学生成长手册[M]. 毛乐，译. 北京：科学出版社，2016.

9. 李尚龙. 大学不迷茫[M]. 北京：九州出版社，2017.

第一章　人生的青春之问

一、学习目的与要求

通过本章内容的学习与实践，能够科学认识和准确把握人的本质，正确理解和全面掌握人生观的主要内容，辩证看待个人与社会的关系；树立科学高尚的人生追求，确立积极进取的人生态度；正确评价人生价值，充分把握人生价值实现的条件，力争在实践中创造有价值的人生；辩证看待人生矛盾，反对错误的人生观，自觉担当新时代赋予的历史责任，成就出彩人生。

二、内容提要

人生观及其主要内容。人类作为自然界的一部分、生命世界的一员，首先是有生命的个人存在。要作为有生命的个人存在，人必须进行物质资料的生产，从而不可避免地与周围世界形成各种关系，人正是在这种复杂的社会关系中塑造了自己。人生观就是人们关于人生目的、人生态度、人生价值等问题的总观点和总看法。人生观的主要内容包括人生目的、人生态度和人生价值。人生目的回答人为了什么活着，人生态度回答人应当如何活着，人生价值回答什么样的人生才有价值。这三个方面相互联系、相辅相成，统一为一个有机整体。

个人与社会的辩证关系。个人与社会是对立统一的关系，两者相互依存、相互制约、相互促进。社会是由一个个具体的人组成的，离开了人就没有社会，社会是人的存在形式。同时，人是社会的人，离开了社会，人也无法生活。个人与社会的关系，最根本的是个人利益与社会利益的关系。社会需要是个人需要的集中体现，是社会全体成员带有根本性、全局性、长远性需要的反映。个人利益的满足只能是在一定的社会条件下、通过一定的社会方式来实现。在社会主义社会中，个人利益与社会利益在根本上是一致的。人的社会性决定了人只有在推动社会进步的过程中，才能实现自我的发展。

科学高尚的人生追求。“服务人民、奉献社会”的思想以其科学而高尚的品质，代表了人类社会迄今最先进的人生追求。人民群众是社会历史的主体，是社会物质财富和精神财富的创造者，是社会变革的决定力量。服务人民、奉献社会的人生追求，以历史唯物主义关于人民群众是历史的创造者的基本观点为理论基础，指明了人在成长和发展过程中应确立的人生目标和方向。

积极进取的人生态度。首先，人生须认真。以认真的态度对待人生，就是要严肃思考人的生命应有的意义，明确生活目标和肩负的责任，既要清醒地看待生活，又要积极认真地面对生活。其次，人生当务实。要从人生的实际出发，以科学的态度看待人生，以务实的精神创造人生。再次，人生应乐观。只有热爱生活的人，才能真正拥有生活。最后，人生要进取。人生实践是一个创造的过程。适应历史发展的趋势，以开拓进取的态度迎接人生的各种挑战，才能不断领悟美好人生的真谛，体验生活的快乐和幸福。

正确评价人生价值。评价人生价值的根本尺度，是看一个人的实践活动是否符合社会发展的客观规律，是否促进了历史的进步。在今天，衡量人生价值的标准，最重要的就是看一个人是否用自己的劳动和聪明才智为国家和社会真诚奉献，为人民群众尽心尽力服务。客观、公正、准确地评价社会成员人生价值的大小，除了要掌握科学的标准外，还需要掌握恰当的评价方法，即坚持能力有大小与贡献须尽力相统一，坚持物质贡献与精神贡献相统一，坚持完善自身与贡献社会相统一。

人生价值的实现条件。人们在实践中努力实现自己的人生价值。但是，人们的实践活动从来都不是随心所欲的，任何人都只能在一定的主客观条件下去实现自己的人生价值：实现人生价值要从社会客观条件出发，从个体自身条件出发，要不断增强实现人生价值的能力和本领。

辩证对待人生矛盾。大学生的人生成长之路还很长，未来前进途中，将会面临各种矛盾，大学生要正确对待各种人生的矛盾：树立正确的幸福观；树立正确的得失观；树立正确的苦乐观；树立正确的顺逆观；树立正确的生死观；树立正确的荣辱观。

成就出彩人生。当代大学生担当新时代赋予的历史责任，应当与历史同向、与祖国同行、与人民同在，在服务人民、奉献社会的实践中创造有意义的人生。

三、重点难点内容

（一）正确认识人的本质

人类来源于自然界，和自然界的其他生物一样，也要进行新陈代谢、繁衍后代，经历生老病死的自然过程。但是，人的生命活动不同于动物的生命活动，人以劳动求得生存和发展。

人对自身的认识，既是一个古老的问题，又是一个常新的问题。在中外思想史上，许多思想家对此曾从不同的角度提出过自己的见解，其中不乏真知灼见，为科学揭示人的本质提供了大量的思想资料。马克思运用辩证唯物主义和历史唯物主义的立场观点方法，揭开了人的本质之谜。他指出："人的本质不是单个人所固有的抽象物，在其现实性上，它是一切社会关系的总和。"[①]这一论断，在人类历史上第一次科学说明了人的本质，为人们认识人生、形成正确的人生观提供了科学的方法论。

任何人都是处在一定的社会关系中从事社会实践活动的人。社会属性是人的本质属性。每一个人从来到人世的那天起，就从属于一定的社会群

① 马克思恩格斯选集 第1卷[M].北京：人民出版社，1995:60.

体，同周围的人发生各种各样的社会关系，如家庭关系、地缘关系、业缘关系、经济关系、政治关系、法律关系、道德关系等。人的社会关系的总和决定了人的本质。人们正是在这种客观的、不断变化的社会关系中塑造自我，成为真正现实的、具有个性特征的人。因此，认识人的本质，只能立足于具体的、历史的社会关系中从事社会实践的人，而不能从抽象的人性论出发，更不能依靠神的启示。

（二）全面深刻地掌握人生观的主要内容

人生观的三个方面即人生目的、人生态度和人生价值，相互联系、相互作用，构成了一个有机统一的整体。

人生目的是指生活在一定历史条件下的人在人生实践中关于自身行为的根本指向和人生追求。人生目的是对“人为什么活着”这一人生根本问题的认识和回答，是人生观的核心，在人生实践中具有重要的作用。首先，人生目的决定人生道路。人生目的规定了人生的方向，对人们所从事的具体活动起着定向的作用。其次，人生目的决定人生态度。不同的人生目的会使人持有不同的人生态度。正确的人生目的可以使人无所畏惧、顽强拼搏、积极进取、乐观向上；错误的人生目的则会使人或是投机钻营、违法犯罪，或是虚度人生、放纵人生，或是悲观消沉、厌世轻生。最后，人生目的决定人生价值选择。正确的人生目的会使人懂得人生的价值首先在于奉献，从而在工作中尽心、尽力、尽责。错误的人生目的则会使人把人生价值理解为向社会或他人进行索取，从而把追逐个人私利视为有价值、有意义的人生，而漠视对国家、社会、集体和他人的义务与责任。

人生态度是指人们通过生活实践形成的对人生问题的一种稳定的心理倾向和精神状态。人生态度是人生观的重要内容。一个人有什么样的人生观就会有什么样的人生态度。当一个人对自己的人生观作出了某种明确的选择，实际上就在主要方面决定了他将如何对待生活，决定了他在实践中将以怎样的方式处理各种人生问题。反过来，一个人对人生的态度如何，往往又制约着他对整个世界和人生的看法，从而对个人的世界观、人生观产生重要的影响。正确的人生态度可以使人在追求有意义的人生中保持积极进取、乐观向上的精神状态。

人生价值是指人的生命及其实践活动对于社会和个人所具有的作用和意义。人生价值内在地包含了人生的自我价值和社会价值两个方面。人生的自我价值，是个体的人生活动对自己的生存和发展所具有的价值，主要表现为对自身物质和精神需要的满足程度。人生的社会价值，是个体的实践活动对社会、他人所具有的价值。人生的自我价值和社会价值，既相互区别，又密切联系、相互依存，共同构成人生价值的矛盾统一体。一方面，人生的自我价值是个体生存和发展的必要条件，人生的自我价值的实现是个体为社会创造更大价值的前提。个体的人生活动不仅具有满足自我需要的价值属性，还必然地包含着满足社会需要的价值属性。个体通过努力提高自我价值的过程，也是其创造社会价值的过程。另一方面，人生的社会价值是社会存在和发展的重要条件，人生社会价值的实现是个体自我完善、全面发展的保障。没有社会价值，人生的自我价值就无法存在。人是社会的人，这不仅意味着个体物质和精神的需要必须在社会中才能得到满足，还意味着以怎样的方式和在多大程度上得到满足也是由社会决定的。

（三）确立科学高尚的人生追求

古往今来，人们对人生追求的探索从未停止过，思想家们孜孜以求留下了难以计数的答案。在各式各样的关于人生追求的思想中，高尚的人生追求总是与奋斗、奉献联系在一起。

纵观人类社会的发展史可知，社会的发展和进步是建立在物质财富和精神财富不断累积的基础上的，而人民是物质财富和精神财富的创造者，是推动人类社会历史不断进步的决定力量。没有人民，没有人民的创造，没有人民的奋进和牺牲，就没有人类的今天，也没有我们今天的生活。因此，“服务人民、奉献社会”是对历史的回馈和对人民的感恩，科学而高尚。大学生要把为国家和人民事业无私奉献作为人生的最高追求，在服务他人、奉献社会中收获成长和进步。

首先，一个人确立了服务人民、奉献社会的人生追求，才能清楚地把握人的生命历程和奋斗目标，深刻理解人为了什么而活、应走什么样的人生之路等道理。一个人的能力有大小、职业有不同、职位有高低，但只有自觉把个人之小我融入社会之大我，不为狭隘私心所扰，不为浮华名利所累，不为低俗物欲所惑，才能够在推动社会进步中创造不朽的业绩。

其次，一个人确立了服务人民、奉献社会的人生追求，才能以正确的人生态度对待人生、解决实际生活中的各种问题，以人民利益为重，始终对祖国和人民具有高度的责任感，在服务人民、奉献社会中实现自己的人生价值。

最后，一个人确立了服务人民、奉献社会的人生追求，才能掌握正确的人生价值标准，才能懂得人生的价值首先在于奉献，自觉用真善美来塑造自己，不断培养高洁的操行和纯朴的情感，努力使自己成为一个高尚的人。

（四）正确评价人生价值

要想知道一个人的人生是否有价值和价值的大小，首先应对其人生实践活动作出客观、公正、准确的价值评价，而这样做的前提不仅要掌握科学的人生价值评价标准，即看一个人的人生实践活动是否促进了社会发展和人类进步，而且还需要掌握正确的人生价值评价方法。

对社会成员的人生价值进行评价时，应该坚持能力与贡献、物质与精神、完善自身与贡献社会相统一的方法。

首先，坚持能力有大小与贡献须尽力相统一。每个人的职业不同、能力大小不同，对社会贡献的绝对量也不同，不能简单地认为能力大的人就实现了人生价值，能力小的人就没有实现人生价值。考察一个人的人生价值，要把个人对社会的贡献同他的能力以及与能力相对应的职责联系起来。任何人只要在自己的岗位上尽职尽责，兢兢业业，就应该对他的人生价值给予积极肯定的评价。

其次，坚持物质贡献与精神贡献相统一。人的生产劳动是物质生产劳动和精神生产劳动的统一及两种生产劳动成果的相互转化。社会的发展与进步是物质文明和精神文明的共同发展与进步。评价人生价值，既要看一个人对社会作出的物质贡献，也要看他对社会作出的精神贡献。

最后，坚持完善自身与贡献社会相统一。人生的社会价值是实现人生自我价值的基础，评价人生价值的大小应主要看一个人对社会所作的贡献，但这并不意味着要否认人生的自我价值。人的自我完善和全面发展、人生自我价值的实现，是社会发展的根本目标；而人生自我价值的实现，又有助于个体为社会创造更大的价值。

（五）创造有意义的人生

1.辩证对待人生矛盾

第一，树立正确的幸福观。幸福都是奋斗出来的。奋斗者是精神最为富足的人，也是最懂得幸福、最享受幸福的人。首先，幸福是一个总体性范畴，它意味着人总体上生活得美好，家庭和睦、职业成功、行为正当、人格完善等都是幸福的重要因素。幸福总是相对的，不同的人有不同的幸福标准。追求幸福的过程就是不满足于现状、不断追求和创造更美好生活的过程。其次，实现幸福离不开一定的物质条件，物质需要的满足、物质生活的富足是幸福的重要方面，但人的幸福不能仅仅局限于物质方面，精神需要的满足、精神生活的充实也是幸福的重要方面。在追求物质生活水平提高的同时，要更加注重追求德性和人格的高尚，注重追求健康向上的精神生活。最后，在追求幸福的过程中，我们不能把自己的幸福建立在损害社会整体和他人利益的基础上。相反，只有在为社会作贡献、为他人服务的过程中，我们才能获得幸福所需要的环境和条件，产生更大的幸福感，实现个人幸福与社会进步的相互促进。

第二，树立正确的得失观。大学生要以积极进取的态度去面对生活中的成败得失，使一时的成败得失成为人生的财富而不是人生的包袱。首先，不要拘泥于个人利益的得失。个人利益的得失只能部分地衡量人生价值的大小，在奉献社会中才能实现更大的人生价值。只有追求高尚的道义，跳出对狭隘利益的计较，才能赢得他人和社会的尊重。其次，不要满足于一时的得。一个人如果总是满足于一时的得，往往会停步在小小的成功和已有的成绩之上，放弃接下来的努力，以致最后的失败。最后，不要惧怕一时的失。在失意之际坚持不懈，在坎坷之时不断努力，这样的人生才能更有意义。

第三，树立正确的苦乐观。苦与乐既对立又统一，在一定条件下可以相互转化。真正的快乐只能由奋斗的艰苦转化而来。大学生在成长过程中，要准确把握苦与乐的辩证关系，努力做迎难而上、艰苦奋斗的开拓者。

第四，树立正确的顺逆观。顺境和逆境是人生历程中两种不同的境遇。在顺境中前进，如同顺水行舟，天时、地利、人和等有利因素，使人们更容易接近和实现目标。但是，顺境中的宽松气氛、优越条件，又容易使人滋生骄娇二气，自满自足，意志衰退。在逆境中奋斗，犹如逆水行舟，不进则退，需要付出更大的努力和更多的艰辛才可能成功。在逆境中奋斗，会有顺境中难以得到的获得感和成就感。逆境的恶劣环境，对于挑战者而言，可以磨炼意志、陶冶品格、积累战胜困难的经验、丰富人生阅历。顺势而快上，乘风而勇进，这是身处顺境的学问，是善于抓住机遇，不断丰富与完善自己的途径；处低谷而力争，受磨难而奋进，这是身处逆境的学问，是将压力变成动力之所为。在人生旅途中没有永远的顺境，也没有永远的逆境。只有善于利用顺境，勇于正视逆境和战胜逆境，人生价值才能够实现。

第五，树立正确的生死观。生命的历程是一个从生到死的过程，有生必有死，这是恒常不变的自然现象。生与死是贯穿人生始终的一对基本矛盾。从一定意义上说，正是因为生命短促，每个人只有一次生命，才更显示了人生的弥足珍贵。要牢固树立生命可贵的意识，倍加爱护自己和他人的生命，理性面对生老病死的自然规律，努力使自己的生命绽放人生应有的光彩。同时，人的生命是有限的，而生命的价值却是无限的。我们无法增加生命的长度，但能追求生命应有的高度。

第六，树立正确的荣辱观。荣辱是一对基本道德范畴，“荣”即荣誉，是指社会对个人履行社会义务所给予的褒扬与赞许，以及个人所产生的自我肯定性心理体验；“辱”即耻辱，是指社会对个人不履行社会义务所给予的贬斥与谴责，以及个人所产生的自我否定性心理体验。荣辱观是人们对荣辱问题的根本看法和态度，是一定社会思想道德原则和规范的体现和表达。只有具备正确的荣辱观，明确是非、对错、善恶、美丑的界限，坚持以热爱祖国为荣、以危害祖国为耻，以服务人民为荣、以背离人民为耻，以崇尚科学为荣、以愚昧无知为耻，以辛勤劳动为荣、以好逸恶劳为耻，以团结互助为荣、以损人利己为耻，以诚实守信为荣、以见利忘义为耻，以遵纪守法为荣、以违法乱纪为耻，以艰苦奋斗为荣、以骄奢淫逸为耻，才会在纷繁复杂的社会生活中明确应当坚持和提倡什么，反对和抵制什么，从而为自身提供基本的价值准则和行为规范。

2. 反对错误人生观

第一，反对拜金主义。拜金主义是一种认为金钱可以主宰一切，把追求金钱作为人生至高目标的思想观念。金钱作为物质财富，为人所创造并为人服务。人应当是金钱的主人，而不是金钱的奴隶；应当依靠自己的劳动创造财富，合理合法获取金钱。同时，金钱不是万能的，生活中还有许多远比金钱更有意义的东西值得我们去追寻。拜金主义是引发自私自利、钱权交易、行贿受贿、贪赃枉法等丑恶现象的重要思想根源。

第二，反对享乐主义。享乐主义是一种把享乐作为人生目的，主张人生就在于满足感官的需求与快乐的思想观念。健康有益的、适度的物质生活和文化生活，是人的正当需要，也有利于促进经济社会的发展。把享乐尤其是感官的享乐变成人生的唯一目的，作为一种“主义”去诠释人生的根本意义，是对人的需要的一种错误理解。

第三，反对极端个人主义。个人主义是以个人利益为出发点和归宿的一种思想体系和道德原则，它主张个人本身就是目的，具有最高价值，社会和他人只是达到个人目的的手段。个人主义是生产资料私有制的产物，是资产阶级人生观的核心。极端个人主义是个人主义的一种表现形式，它突出强调以个人为中心，在个人与他人、个人与社会的关系上表现为极端利己主义和狭隘功利主义。

拜金主义、享乐主义、极端个人主义等错误的人生观，没有正确把握个人与社会的辩证关系，忽视或否认社会性是人的存在和活动的本质属性，对人的需要的理解极端、狭隘和片面，其出发点和落脚点都是一己之私利。大学生应当顺应时代潮流，在科学理论的指导下，认清这些错误思想和腐朽观念的实质，选择并追求高尚的人生目的，在服务人民、奉献社会的人生实践中完善自我、创造人生的美好价值。

3. 成就出彩人生

第一，与历史同向。当代大学生要正确认识世界和中国发展大势，尊重顺应历史的选择和人民的选择，准确把握中国发展的重要战略机遇期，提升民族自信心，增强时代责任感，与历史同步伐，与时代共命运。

第二，与祖国同行。青年只有自觉将人生目标同国家和民族的前途命运紧紧联系在一起，才能最大限度地实现人生价值。当代中国正处于中华民族伟大复兴的关键时期，建设社会主义现代化强国任重道远。当代大学生要正确认识国家和民族赋予的历史责任和使命，自觉与国家和民族共奋进、同发展。

第三，与人民同在。人民群众是历史的创造者，是国家的主人。大学生要在为人民群众服务、实现人民群众利益的过程中实现人生价值。只有走与人民群众相结合的道路，向人民群众学习，从人民群众中汲取营养，做中国最广大人民根本利益的维护者，才能使自己的人生大有作为。

第四，与实践同在。社会实践是科学理论、创新思维的源泉，是检验真理的试金石，也是青年锻炼成长的有效途径。美好的人生目标要靠社会实践才能转化为现实。人生之所以有价值，是因为人能够自觉地、有意识地认识和改造客观世界与主观世界，创造物质财富和精神财富，通过创造性的社会实践把人生提升到一个更高的境界。因此，社会实践是实现人生价值的必由之路。同时，人生价值终究要通过自己所从事的事业展现出来。

四、课堂拓展

在纪念马克思诞辰200周年大会上的讲话

同志们：

今天，我们怀着十分崇敬的心情，在这里隆重集会，纪念马克思诞辰200周年，缅怀马克思的伟大人格和历史功绩，重温马克思的崇高精神和光辉思想。

马克思是全世界无产阶级和劳动人民的革命导师，是马克思主义的主要创始人，是马克思主义政党的缔造者和国际共产主义的开创者，是近代以来最伟大的思想家。两个世纪过去了，人类社会发生了巨大而深刻的变化，但马克思的名字依然在世界各地受到人们的尊敬，马克思的学说依然闪烁着耀眼的真理光芒！

1818年5月5日，马克思诞生在德国特里尔城的一个律师家庭。早在中学时代，他就树立了为人类幸福而工作的志向。大学时代，马克思广泛钻研哲学、历史学、法学等知识，探寻人类社会发展的奥秘。在《莱茵报》工作期间，马克思犀利抨击普鲁士政府的专制统治，维护人民权利。1843年移居巴黎后，马克思积极参与工人运动，在革命实践和理论探索的结合中完成了从唯心主义到唯物主义、从革命民主主义到共产主义的转变。1845年，马克思、恩格斯合作撰写了《德意志意识形态》，第一次比较系统地阐述了历史唯物主义基本原理。1848年，马克思、恩格斯合作撰写了《共产党宣言》，一经问世就震动了世界。恩格斯说，《共产党宣言》是“全部社会主义文献中传播最广和最具有国际性的著作，是从西伯利亚到加利福尼亚的千百万工人公认的共同纲领”。

1848年，席卷欧洲的资产阶级民主革命爆发，马克思积极投入并指导这场革命斗争。革命失败后，马克思深刻总结革命教训，力求通过系统研究政治经济学，揭示资本主义的本质和规律。1867年问世的《资本论》是马克思主义最厚重、最丰富的著作，被誉为“工人阶级的圣经”。晚年，马克思依然密切关注世界发展新趋势和工人运动新情况，努力从更宏大的视野思考人类社会发展问题。

——马克思的一生，是胸怀崇高理想、为人类解放不懈奋斗的一生。1835年，17岁的马克思在他的高中毕业作文《青年在选择职业时的考虑》中这样写道：“如果我们选择了最能为人类而工作的职业，那么，重担就不能把我们压倒，因为这是为大家作出的牺牲；那时我们所享受的就不是可怜的、有限的、自私的乐趣，我们的幸福将属于千百万人，我们的事业将悄然无声地存在下去，但是它会永远发挥作用，而面对我们的骨灰，高尚的人们将洒下热泪。”马克思一生饱尝颠沛流离的艰辛、贫病交加的煎熬，但他初心不改、矢志不渝，为人类解放的崇高理想而不懈奋斗，成就了伟大人生。

——马克思的一生，是不畏艰难险阻、为追求真理而勇攀思想高峰的一生。马克思曾经写道：“在科学上没有平坦的大道，只有不畏劳苦沿着陡峭山路攀登的人，才有希望达到光辉的顶点。”马克思为创立科学理论体系，付出了常人难以想象的艰辛，最终达到了光辉的顶点。他博览群书、广泛涉猎，不仅深入了解和研究哲学社会科学各个学科知识，而且深入了解和研究各种自然科学知识，努力从人类创造的一切文明成果中汲取养料。马克思毕生忘我工作，经常每天工作16个小时。马克思在给友人的信中谈到，为了《资本论》的写作，“我一直在坟墓的边缘徘徊。因此，我不得不利用我还能工作的每时每刻来完成我的著作”。即使在多病的晚年，马克思仍然不断迈向新的科学领域和目标，写下了数量庞大的历史学、人类学、数学等学科笔记。正如恩格斯所说：“马克思在他所研究的每一个领域，甚至在数学领域，都有独到的发现，这样的领域是很多的，而且其中任何一个领域他都不是浅尝辄止。”

——马克思的一生，是为推翻旧世界、建立新世界而不息战斗的一生。恩格斯说，“马克思首先是一个革命家”，“斗争是他的生命要素。很少有人像他那样满腔热情、坚韧不拔和卓有成效地进行斗争”。马克思毕生的使命就是为人民解放而奋斗。为了改变人民受剥削、受压迫的命运，马克思义无反顾投身轰轰烈烈的工人运动，始终站在革命斗争最前沿。他领导创建了世界上第一个无产阶级政党——共产主义者同盟，领导了世界上第一个国际工人组织——国际工人协会，热情支持世界上第一次工人阶级夺取政权的革命——巴黎公社革命，满腔热情、百折不挠推动各国工人运动发展。

马克思是顶天立地的伟人，也是有血有肉的常人。他热爱生活，真诚朴实，重情重义。马克思、恩格斯的革命友谊长达40年。正如列宁所说："古老传说中有各种非常动人的友谊故事"，但马克思、恩格斯的友谊"超过了古人关于人类友谊的一切最动人的传说"。马克思无私资助革命事业，即使在自己生活极度困难的情况下仍然尽最大努力帮助革命战友。马克思和妻子燕妮患难与共，谱写了理想和爱情的命运交响曲。

同志们！

马克思给我们留下的最有价值、最具影响力的精神财富，就是以他名字命名的科学理论——马克思主义。这一理论犹如壮丽的日出，照亮了人类探索历史规律和寻求自身解放的道路。

马克思有一句名言："批判的武器当然不能代替武器的批判，物质力量只能用物质力量来摧毁；但是理论一经掌握群众，也会变成物质力量。"马克思主义主要由哲学、政治经济学、科学社会主义三大组成部分构成。这三大组成部分分别来源于德国古典哲学、英国古典政治经济学、法国空想社会主义，然而，最终升华为马克思主义的根本原因，是马克思对所处的时代和世界的深入考察，是马克思对人类社会发展规律的深刻把握。马克思说："共产党人的理论原理，决不是以这个或那个世界改革家所发明或发现的思想、原则为根据的。""这些原理不过是现存的阶级斗争、我们眼前的历史运动的真实关系的一般表述。"

只有在整个人类发展的历史长河中，才能透视出历史运动的本质和时代发展的方向。马克思的科学研究，就像列宁所说的那样，"凡是人类社会所创造的一切，他都有批判地重新加以探讨，任何一点也没有忽略过去。凡是人类思想所建树的一切，他都放在工人运动中检验过，重新加以探讨，加以批判，从而得出了那些被资产阶级狭隘性所限制或被资产阶级偏见束缚住的人所不能得出的结论。”马克思的思想理论源于那个时代又超越了那个时代，既是那个时代精神的精华又是整个人类精神的精华。

——马克思主义是科学的理论，创造性地揭示了人类社会发展规律。在马克思提出科学社会主义之前，空想社会主义者早已存在，他们怀着悲天悯人的情感，对理想社会有很多美好的设想，但由于没有揭示社会发展规律，没有找到实现理想的有效途径，因而也就难以真正对社会发展发生作用。马克思创建了唯物史观和剩余价值学说，揭示了人类社会发展的一般规律，揭示了资本主义运行的特殊规律，为人类指明了从必然王国向自由王国飞跃的途径，为人民指明了实现自由和解放的道路。

——马克思主义是人民的理论，第一次创立了人民实现自身解放的思想体系。马克思主义博大精深，归根到底就是一句话，为人类求解放。在马克思之前，社会上占统治地位的理论都是为统治阶级服务的。马克思主义第一次站在人民的立场探求人类自由解放的道路，以科学的理论为最终建立一个没有压迫、没有剥削、人人平等、人人自由的理想社会指明了方向。马克思主义之所以具有跨越国度、跨越时代的影响力，就是因为它植根人民之中，指明了依靠人民推动历史前进的人间正道。

——马克思主义是实践的理论，指引着人民改造世界的行动。马克思说，“全部社会生活在本质上是实践的”，“哲学家们只是用不同的方式解释世界，问题在于改变世界”。实践的观点、生活的观点是马克思主义认识论的基本观点，实践性是马克思主义理论区别于其他理论的显著特征。马克思主义不是书斋里的学问，而是为了改变人民历史命运而创立的，是在人民求解放的实践中形成的，也是在人民求解放的实践中丰富和发展的，为人民认识世界、改造世界提供了强大精神力量。

——马克思主义是不断发展的开放的理论，始终站在时代前沿。马克思一再告诫人们，马克思主义理论不是教条，而是行动指南，必须随着实践的变化而发展。一部马克思主义发展史就是马克思、恩格斯以及他们的后继者们不断根据时代、实践、认识发展而发展的历史，是不断吸收人类历史上一切优秀思想文化成果丰富自己的历史。因此，马克思主义能够永葆其美妙之青春，不断探索时代发展提出的新课题、回应人类社会面临的新挑战。

同志们！

《共产党宣言》发表170年来，马克思主义在世界上得到广泛传播。在人类思想史上，没有一种思想理论像马克思主义那样对人类产生了如此广泛而深刻的影响。

在马克思亲自领导下，在马克思主义指导下，“第一国际”等国际工人组织相继创立和发展，在不同时期指导和推动了国际工人运动的联合和斗争。在马克思主义影响下，马克思主义政党在世界范围内如雨后春笋般建立和发展起来，人民第一次成为自己命运的主人，成为实现自身解放和全人类解放的根本政治力量。

列宁领导的十月革命取得胜利，社会主义从理论变为现实，打破了资本主义一统天下的世界格局。第二次世界大战结束后，一大批社会主义国家诞生，特别是中华人民共和国成立，极大壮大了世界社会主义力量。尽管世界社会主义在发展中也会出现曲折，但人类社会发展的总趋势没有改变，也不会改变。

马克思、恩格斯积极支持被压迫民族和人民的解放斗争。进入20世纪后，以列宁为代表的马克思主义者继承和发展马克思主义民族理论，指导和支持殖民地半殖民地国家民族解放运动。第二次世界大战结束后，一大批获得独立和解放的民族国家建立起来，彻底瓦解了帝国主义的殖民体系，世界各民族平等交往、共同发展展现出光明前景。

今天，马克思主义极大推进了人类文明进程，至今依然是具有重大国际影响的思想体系和话语体系，马克思至今依然被公认为“千年第一思想家”。

同志们！

马克思主义不仅深刻改变了世界，也深刻改变了中国。中华民族在几千年的历史进程中创造了灿烂的中华文明，为人类文明进步作出了重大贡献。1840年鸦片战争以后，西方列强凭着坚船利炮野蛮轰开了中国的大门，中华民族陷入内忧外患的悲惨境地。

帝国主义的野蛮侵略和中国人民的深重苦难引起了马克思高度关注。第二次鸦片战争期间，马克思撰写了十几篇关于中国的通讯，向世界揭露西方列强侵略中国的真相，为中国人民伸张正义。马克思、恩格斯高度肯定中华文明对人类文明进步的贡献，科学预见了“中国社会主义”的出现，甚至为他们心中的新中国取了靓丽的名字——“中华共和国”。

近代以后，争取民族独立、人民解放和实现国家富强、人民幸福就成为中国人民的历史任务。在旧式的农民战争走到尽头，不触动封建根基的自强运动和改良主义屡屡碰壁，资产阶级革命派领导的革命和西方资本主义的其他种种方案纷纷破产的情况下，十月革命一声炮响，为中国送来了马克思列宁主义，给苦苦探寻救亡图存出路的中国人民指明了前进方向、提供了全新选择。

在这个历史大潮中，一个以马克思主义为指导、一个勇担民族复兴历史大任、一个必将带领中国人民创造人间奇迹的马克思主义政党——中国共产党应运而生。

中国共产党诞生后，中国共产党人把马克思主义基本原理同中国革命和建设的具体实际结合起来，团结带领人民经过长期奋斗，完成新民主主义革命和社会主义革命，建立起中华人民共和国和社会主义基本制度，进行了社会主义建设的艰辛探索，实现了中华民族从东亚病夫到站起来的伟大飞跃。这一伟大飞跃以铁一般的事实证明，只有社会主义才能救中国！

改革开放以来，中国共产党人把马克思主义基本原理同中国改革开放的具体实际结合起来，团结带领人民进行建设中国特色社会主义新的伟大实践，使中国大踏步赶上了时代，实现了中华民族从站起来到富起来的伟大飞跃。这一伟大飞跃以铁一般的事实证明，只有中国特色社会主义才能发展中国！

在新时代，中国共产党人把马克思主义基本原理同新时代中国具体实际结合起来，团结带领人民进行伟大斗争、建设伟大工程、推进伟大事业、实现伟大梦想，推动党和国家事业取得全方位、开创性历史成就，发生深层次、根本性历史变革，中华民族迎来了从富起来到强起来的伟大飞跃。这一伟大飞跃以铁一般的事实证明，只有坚持和发展中国特色社会主义才能实现中华民族伟大复兴！

实践证明，马克思主义的命运早已同中国共产党的命运、中国人民的命运、中华民族的命运紧紧连在一起，它的科学性和真理性在中国得到了充分检验，它的人民性和实践性在中国得到了充分贯彻，它的开放性和时代性在中国得到了充分彰显！

实践还证明，马克思主义为中国革命、建设、改革提供了强大思想武器，使中国这个古老的东方大国创造了人类历史上前所未有的发展奇迹。历史和人民选择马克思主义是完全正确的，中国共产党把马克思主义写在自己的旗帜上是完全正确的，坚持马克思主义基本原理同中国具体实际相结合、不断推进马克思主义中国化时代化是完全正确的！

可以告慰马克思的是，马克思主义指引中国成功走上了全面建设社会主义现代化强国的康庄大道，中国共产党人作为马克思主义的忠诚信奉者、坚定实践者，正在为坚持和发展马克思主义而执着努力！

同志们！

恩格斯说过："一个民族要想站在科学的最高峰，就一刻也不能没有理论思维。"中华民族要实现伟大复兴，也同样一刻不能没有理论思维。马克思主义始终是我们党和国家的指导思想，是我们认识世界、把握规律、追求真理、改造世界的强大思想武器。

马克思主义思想理论博大精深、常学常新。新时代，中国共产党人仍然要学习马克思，学习和实践马克思主义，不断从中汲取科学智慧和理论力量，在统筹推进"五位一体"总体布局、协调推进"四个全面"战略布局中，更有定力、更有自信、更有智慧地坚持和发展新时代中国特色社会主义，确保中华民族伟大复兴的巨轮始终沿着正确航向破浪前行。

——学习马克思，就要学习和实践马克思主义关于人类社会发展规律的思想。马克思科学揭示了人类社会最终走向共产主义的必然趋势。马克思、恩格斯坚信，未来社会"将是这样一个联合体，在那里，每个人的自由发展是一切人的自由发展的条件”，“无产者在这个革命中失去的只是锁链。他们获得的将是整个世界。”马克思坚信历史潮流奔腾向前，只要人民成为自己的主人、社会的主人、人类社会发展的主人，共产主义理想就一定能够在不断改变现存状况的现实运动中一步一步实现。马克思主义奠定了共产党人坚定理想信念的理论基础。我们要全面掌握辩证唯物主义和历史唯物主义的世界观和方法论，深刻认识实现共产主义是由一个一个阶段性目标逐步达成的历史过程，把共产主义远大理想同中国特色社会主义共同理想统一起来、同我们正在做的事情统一起来，坚定中国特色社会主义道路自信、理论自信、制度自信、文化自信，坚守共产党人的理想信念，像马克思那样，为共产主义奋斗终身。

——学习马克思，就要学习和实践马克思主义关于坚守人民立场的思想。人民性是马克思主义最鲜明的品格。马克思说，“历史活动是群众的活动”。让人民获得解放是马克思毕生的追求。我们要始终把人民立场作为根本立场，把为人民谋幸福作为根本使命，坚持全心全意为人民服务的根本宗旨，贯彻群众路线，尊重人民主体地位和首创精神，始终保持同人民群众的血肉联系，凝聚起众志成城的磅礴力量，团结带领人民共同创造历史伟业。这是尊重历史规律的必然选择，是共产党人不忘初心、牢记使命的自觉担当。

——学习马克思，就要学习和实践马克思主义关于生产力和生产关系的思想。马克思主义认为，物质生产力是全部社会生活的物质前提，同生产力发展一定阶段相适应的生产关系的总和构成社会经济基础。生产力是推动社会进步最活跃、最革命的要素。“人们所达到的生产力的总和决定着社会状况。”生产力和生产关系、经济基础和上层建筑相互作用、相互制约，支配着整个社会发展进程。解放和发展社会生产力是社会主义的本质要求，是中国共产党人接力探索、着力解决的重大问题。新中国成立以来特别是改革开放以来，在不到70年的时间内，我们党带领人民坚定不移解放和发展社会生产力，走完了西方几百年的发展历程，推动我国快速成为世界第二大经济体。我们要勇于全面深化改革，自觉通过调整生产关系激发社会生产力发展活力，自觉通过完善上层建筑适应经济基础发展要求，让中国特色社会主义更加符合规律地向前发展。

——学习马克思，就要学习和实践马克思主义关于人民民主的思想。马克思、恩格斯指出，“无产阶级的运动是绝大多数人的，为绝大多数人谋利益的独立的运动”，“工人阶级一旦取得统治权，就不能继续运用旧的国家机器来进行管理”，必须“以新的真正民主的国家政权来代替”。国家机关必须由社会主人变为社会公仆，接受人民监督。我们要坚定不移走中国特色社会主义政治发展道路，在坚持党的领导、人民当家作主、依法治国有机统一中推进社会主义民主政治建设，不断加强人民当家作主的制度保障，加快推进国家治理体系和治理能力现代化，充分调动人民的积极性、主动性、创造性，更加切实、更有成效地实施人民民主。

——学习马克思，就要学习和实践马克思主义关于文化建设的思想。马克思认为，在不同的经济和社会环境中，人们生产不同的思想和文化，思想文化建设虽然决定于经济基础，但又对经济基础发生反作用。先进的思想文化一旦被群众掌握，就会转化为强大的物质力量；反之，落后的、错误的观念如果不破除，就会成为社会发展进步的桎梏。理论自觉、文化自信，是一个民族进步的力量；价值先进、思想解放，是一个社会活力的来源。国家之魂，文以化之，文以铸之。我们要立足中国，面向现代化、面向世界、面向未来，巩固马克思主义在意识形态领域的指导地位，发展社会主义先进文化，加强社会主义精神文明建设，把社会主义核心价值观融入社会发展各方面，推动中华优秀传统文化创造性转化、创新性发展，不断提高人民思想觉悟、道德水平、文明素养，不断铸就中华文化新辉煌。

——学习马克思，就要学习和实践马克思主义关于社会建设的思想。马克思、恩格斯设想，在未来社会中，“生产将以所有的人富裕为目的”，“所有人共同享受大家创造出来的福利”。恩格斯结合马克思在《共产党宣言》《哥达纲领批判》《资本论》等著作中提出的一系列主张，阐明在社会主义条件下，社会应该“给所有的人提供健康而有益的工作，给所有的人提供充裕的物质生活和闲暇时间，给所有的人提供真正的充分的自由”。人民对美好生活的向往就是我们的奋斗目标。我们要坚持以人民为中心的发展思想，抓住人民最关心最直接最现实的利益问题，不断保障和改善民生，促进社会公平正义，在更高水平上实现幼有所育、学有所教、劳有所得、病有所医、老有所养、住有所居、弱有所扶，让发展成果更多更公平惠及全体人民，不断促进人的全面发展，朝着实现全体人民共同富裕不断迈进。

——学习马克思，就要学习和实践马克思主义关于人与自然关系的思想。马克思认为，“人靠自然界生活”，自然不仅给人类提供了生活资料来源，如肥沃的土地、鱼产丰富的江河湖海等，而且给人类提供了生产资料来源。自然物构成人类生存的自然条件，人类在同自然的互动中生产、生活、发展，人类善待自然，自然也会馈赠人类，但“如果说人靠科学和创造性天才征服了自然力，那么自然力也对人进行报复”。自然是生命之母，人与自然是生命共同体，人类必须敬畏自然、尊重自然、顺应自然、保护自然。我们要坚持人与自然和谐共生，牢固树立和切实践行绿水青山就是金山银山的理念，动员全社会力量推进生态文明建设，共建美丽中国，让人民群众在绿水青山中共享自然之美、生命之美、生活之美，走出一条生产发展、生活富裕、生态良好的文明发展道路。

——学习马克思，就要学习和实践马克思主义关于世界历史的思想。马克思、恩格斯说：“各民族的原始封闭状态由于日益完善的生产方式、交往以及因交往而自然形成的不同民族之间的分工消灭得越是彻底，历史也就越是成为世界历史。”马克思、恩格斯当年的这个预言，现在已经成为现实，历史和现实日益证明这个预言的科学价值。今天，人类交往的世界性比过去任何时候都更深入、更广泛，各国相互联系和彼此依存比过去任何时候都更频繁、更紧密。一体化的世界就在那儿，谁拒绝这个世界，这个世界也会拒绝他。万物并育而不相害，道并行而不相悖。我们要站在世界历史的高度审视当今世界发展趋势和面临的重大问题，坚持和平发展道路，坚持独立自主的和平外交政策，坚持互利共赢的开放战略，不断拓展同世界各国的合作，积极参与全球治理，在更多领域、更高层面上实现合作共赢、共同发展，不依附别人、更不掠夺别人，同各国人民一道努力构建人类命运共同体，把世界建设得更加美好。

——学习马克思，就要学习和实践马克思主义关于马克思主义政党建设的思想。马克思认为，“在无产阶级和资产阶级的斗争所经历的各个发展阶段上，共产党人始终代表整个运动的利益”，“他们没有任何同整个无产阶级的利益不同的利益”，而是要“为绝大多数人谋利益”，为建设共产主义社会而奋斗。共产党要“在全世界面前树立起可供人们用来衡量党的运动水平的里程碑”。始终同人民在一起，为人民利益而奋斗，是马克思主义政党同其他政党的根本区别。我们要统揽伟大斗争、伟大工程、伟大事业、伟大梦想，增强政治意识、大局意识、核心意识、看齐意识，持之以恒推进全面从严治党，坚持把党的政治建设摆在首位，坚持和加强党的全面领导，坚决维护党中央权威和集中统一领导，做到坚持真理、修正错误，永远保持共产党人政治本色，把党建设成为始终走在时代前列、人民衷心拥护、勇于自我革命、经得起各种风浪考验、朝气蓬勃的马克思主义执政党！

同志们！

中国共产党是用马克思主义武装起来的政党，马克思主义是中国共产党人理想信念的灵魂。1938年，毛泽东同志指出：“如果我们党有一百个至二百个系统地而不是零碎地、实际地而不是空洞地学会了马克思列宁主义的同志，就会大大地提高我们党的战斗力量。”

回顾党的奋斗历程可以发现，中国共产党之所以能够历经艰难困苦而不断发展壮大，很重要的一个原因就是我们党始终重视思想建党、理论强党，使全党始终保持统一的思想、坚定的意志、协调的行动、强大的战斗力。

当前，改革发展稳定任务之重、矛盾风险挑战之多、治国理政考验之大都是前所未有的。我们要赢得优势、赢得主动、赢得未来，必须不断提高运用马克思主义分析和解决实际问题的能力，不断提高运用科学理论指导我们应对重大挑战、抵御重大风险、克服重大阻力、化解重大矛盾、解决重大问题的能力，以更宽广的视野、更长远的眼光来思考把握未来发展面临的一系列重大问题，不断坚定马克思主义信仰和共产主义理想。

从《共产党宣言》发表到今天，170年过去了，人类社会发生了翻天覆地的变化，但马克思主义所阐述的一般原理整个来说仍然是完全正确的。我们要坚持和运用辩证唯物主义和历史唯物主义的世界观和方法论，坚持和运用马克思主义立场、观点、方法，坚持和运用马克思主义关于世界的物质性及其发展规律，关于人类社会发展的自然性、历史性及其相关规律，关于人的解放和自由全面发展的规律，关于认识的本质及其发展规律等原理，坚持和运用马克思主义的实践观、群众观、阶级观、发展观、矛盾观，真正把马克思主义这个看家本领学精悟透用好。

全党同志特别是各级领导干部要更加自觉、更加刻苦地学习马克思列宁主义，学习毛泽东思想、邓小平理论、“三个代表”重要思想、科学发展观，学习新时代中国特色社会主义思想。要深入学、持久学、刻苦学，带着问题学、联系实际学，更好把科学思想理论转化为认识世界、改造世界的强大物质力量。共产党人要把读马克思主义经典、悟马克思主义原理当作一种生活习惯、当作一种精神追求，用经典涵养正气、淬炼思想、升华境界、指导实践。

对待科学的理论必须有科学的态度。恩格斯深刻指出：“马克思的整个世界观不是教义，而是方法。它提供的不是现成的教条，而是进一步研究的出发点和供这种研究使用的方法。”恩格斯还指出，我们的理论“是一种历史的产物，它在不同的时代具有完全不同的形式，同时具有完全不同的内容”。科学社会主义基本原则不能丢，丢了就不是社会主义。同时，科学社会主义也绝不是一成不变的教条。我说过，当代中国的伟大社会变革，不是简单延续我国历史文化的母版，不是简单套用马克思主义经典作家设想的模板，不是其他国家社会主义实践的再版，也不是国外现代化发展的翻版。社会主义并没有定于一尊、一成不变的套路，只有把科学社会主义基本原则同本国具体实际、历史文化传统、时代要求紧密结合起来，在实践中不断探索总结，才能把蓝图变为美好现实。

理论的生命力在于不断创新，推动马克思主义不断发展是中国共产党人的神圣职责。我们要坚持用马克思主义观察时代、解读时代、引领时代，用鲜活丰富的当代中国实践来推动马克思主义发展，用宽广视野吸收人类创造的一切优秀文明成果，坚持在改革中守正出新、不断超越自己，在开放中博采众长、不断完善自己，不断深化对共产党执政规律、社会主义建设规律、人类社会发展规律的认识，不断开辟当代中国马克思主义、21世纪马克思主义新境界！

同志们！

今天，我们纪念马克思，是为了向人类历史上最伟大的思想家致敬，也是为了宣示我们对马克思主义科学真理的坚定信念。

恩格斯说："只要进一步发挥我们的唯物主义论点，并且把它应用于现时代，一个强大的、一切时代中最强大的革命远景就会立即展现在我们面前。"前进道路上，我们要继续高扬马克思主义伟大旗帜，让马克思、恩格斯设想的人类社会美好前景不断在中国大地上生动展现出来！

（选自习近平：《在纪念马克思诞辰200周年大会上的讲话》，《人民日报》，2018年5月5日第2版）

"为人民服务"的命题史考察

1.马克思：选举权和人民代表要"为组织在公社里的人民服务"

在马克思主义产生之前，虽然并不存在无产阶级的"为人民服务"的思想，但它在历史上的人本思想中也会有一定的思想资源。从这个意义上说，也有可能出现一些在形式上与"为人民服务"相近的表达。比如，古罗马的西塞罗曾提到"为同胞们服务"。他说："如果说我在过去繁忙的时候也在为我的同胞们服务，那么我在闲暇之时也同样能为他们服务。"[①]法国空想共产主义者卡贝提出了"真心诚意为人民谋幸福"这样的字眼。他在《伊加利亚旅行记》中写道："凡是诚心诚意为人民谋幸福的领袖，总是会得到人民信任的，而凡是受人民拥戴的政府，是什么事情都能办成功

① [古罗马]西塞罗.论神性[M].石敏敏,译.上海:三联书店,2007:20.

的。”[①]德国古典哲学家费希特在《论学者的使命》中说：“学者的使命主要是为社会服务。”[②]如此等等，这些相近的提法一方面说明“为人民服务”的思想具有源远流长的思想资源，另一方面，要看到它们与马克思主义经典作家所说的“为人民服务”有性质上的不同。

早在1835年8月，中学时代的马克思就在毕业作文《青年在选择职业时的考虑》中，从职业选择的角度提出并论述了“为人类工作”的思想。他写道：“如果我们的生活条件容许我们选择任何一种职业，那么我们就可以选择一种使我们获得最高尊严的职业，一种建立在我们深信其正确的思想上的职业，一种能给我们提供最广阔的场所来为人类工作，并使我们自己不断接近共同目标即臻于完美境界的职业，而对于这个共同目标来说，任何职业都只不过是一种手段。”他还说：“在选择职业时，我们应该遵循的主要指针是人类的幸福和我们自身的完善。……人只有为同时代的人的完美、为他们的幸福而工作，自己才能达到完美。如果一个人只为自己劳动，他也许能够成为著名的学者、伟大的哲人、卓越的诗人，然而他永远不能成为完美的、真正伟大的人物。”“如果我们选择了最能为人类而工作的职业，那么，重担就不能把我们压倒，因为这是为大家作出的牺牲；那时我们所享受的就不是可怜的、有限的、自私的乐趣，我们的幸福将属于千百万人。”[③]

马克思在另一篇中学作文《奥古斯都的元首政治应不应当算是罗马国家较幸福的时代?》中，提出了国家官吏应该“为人民造福”的论断。他写道：“既然国家看来治理得不错，元首愿为人民造福，并且最杰出的人们根据他的倡议担任了国家职务……，——那么，由于这一切，奥古斯都的元首政治应该算是最好的时代，同时应当指出，那位尽管有条件为所欲为，但在获得权力之后却一心只想拯救国家的人，是应当受到很大的尊敬

① [法]埃蒂耶纳·卡贝.伊加利亚旅行记(第二、三卷)[M].李雄飞，译.北京：商务印书馆，1978:57-58.
② 转引自张汝伦.莱茵哲影[M].上海：上海人民出版社，2005:5.
③ 马克思恩格斯全集 第1卷[M].北京：人民出版社，1995:458，459.

的。”①

在1843年10—12月的《〈黑格尔法哲学批判〉导言》中，马克思有哲学“为历史服务”的提法。他写道：“真理的彼岸世界消逝以后，历史的任务就是确立此岸世界的真理。人的自我异化的神圣形象被揭穿以后，揭露具有非神圣形象的自我异化，就成了为历史服务的哲学的迫切任务。”②在这里，“为历史服务”，也就是为社会服务，为大多数人服务。

在标志着马克思主义诞生的《共产党宣言》中，马克思、恩格斯提出了“为绝大多数人谋利益”的论断。他们写道：“过去的一切运动都是少数人的或者为少数人谋利益的运动。无产阶级的运动是绝大多数人的、为绝大多数人谋利益的运动。”③

最值得注意的是，马克思在1871年5月写的《法兰西内战》中明确提出了“为组织在公社里的人民服务”这一论断。在《马克思恩格斯选集》中文第一版中的译文是这样的：“普选制不是为了每三年或六年决定一次，究竟由统治阶级中的什么人在议会里代表和压迫人民，而是应当为组织在公社里的人民服务，正如个人选择的权利为任何一个工厂主服务，使他们能为自己的企业找到工人、监工和会计一样。”④在中文第二版的《马克思恩格斯选集》以及最新出版的《马克思恩格斯文集》中，这一短语的译文改为“服务于组织在公社里的人民”。这句话的完整表述为：“普选权不是为了每三年或六年决定一次由统治阶级中什么人在议会里当人民的假代表，而是为了服务于组织在公社里的人民，正如个人选择权服务于任何一个为自己企业招雇工人和管理人员的雇主一样。”⑤

马克思的这一短语的中文表述尽管意思一样，但字面上是有所不同的。从原来的译文中很容易从字面上看到马克思的表述与“为人民服务”的直接联系，而在新的译文中这种联系有所淡化。马克思的德文原文

① 马克思恩格斯文集 第1卷[M].北京：人民出版社，1995:464-465.
② 马克思恩格斯选集 第1卷[M].北京：人民出版社，1995:2.
③ 马克思恩格斯选集 第1卷[M].北京：人民出版社，1995:283.
④ 马克思恩格斯选集 第2卷[M].北京：人民出版社，1972:376.
⑤ 马克思恩格斯文集 第3卷[M].北京：人民出版社，2009:156.

“dem in Kommune konstituierten Volk dienen”既可以译为“服务于组织在公社里的人民”，也可以译为“为组织在公社里的人民服务”，在意义表达上可以说是完全等值的。在我们考证“为人民服务”这一提法和命题的场合，这两种字面表述上的意义就有所不同了。“为人民服务”是一个固定用语，显然不宜将之另行表述和替换为“服务于人民”。而且，从马克思德文原文来看，是名词“人民”（dem Volk）在前，动词“服务”（dienen）在后，与汉语“为……服务”的句型恰相吻合。因而，译为“为组织在公社里的人民服务”似更符合原文的字面表述。如果考虑到马克思这一表述与后来中国共产党人的“为人民服务”命题的联系，本人认为还是以保留“为……人民服务”的形式为佳。

2. 恩格斯：批判那些“为人民的压迫者服务”的人

马克思主义经典作家在吸取前人思想资源的同时，也从反面来批判前人的反动思想。比如，普鲁士国王威廉一世就要求人们“全心全意为君王服务”。他曾对他的官吏说：“人们必须全心全意，用全家全产，名誉和良心，为君王服务，并奉献一切，除了上帝赐给的天堂幸福以外，其他一切必须是我的。”①马克思和恩格斯对普鲁士国王，从一世到四世，都做过批判，批判了他们唯我独尊的封建专制主义。

恩格斯明确地揭露和批判了德国宗教改革领袖马丁·路德“为人民的压迫者服务”思想的本质。1843年10月，恩格斯在《大陆上社会改革的进展》一文中，批判了马丁·路德在看到宗教改革即将发展为农民起义的时候，立场上走向退步和反动：“如果说他在开始自己的传教士生涯时是人民的一分子，这时就完全为人民的压迫者服务了。”②在恩格斯这句话里，显然暗含着“作为人民的一分子应该为人民服务”的意思在内，但可惜没有出现这样的正面表述。

恩格斯还揭露和批判了“为统治阶级服务”的报纸。他在《英国工人阶级状况》中尖锐指出：在一些“报纸很少，——而报纸也是为统治阶级

① 转引自丁建弘，李霞. 普鲁士的精神和文化[M]. 杭州：浙江人民出版社，1993：88.

② 马克思恩格斯全集 第3卷[M]. 北京：人民出版社，2002:486.

服务的，——政治宣传工作很不开展的地区，(煤矿区的治安法官) 享有几乎无限的权力”①。

恩格斯批判了财富“为垄断者阶级服务”的现实，提出应该“为全社会服务”。1868年3月，他在为《民主周报》而写的关于马克思《资本论》第一卷的书评中指出：“资本主义的生产才第一次创造出为达到这一点所必需的财富和生产力，但是它同时又创造出一个社会阶级，那就是被压迫的工人大众。他们越来越被迫起来要求利用这种财富和生产力来为全社会服务，以代替现在为一个垄断者阶级服务的状况。”②

恩格斯在70岁生日时致信《柏林人民报》编辑部，重申自己终生“为无产阶级服务”的使命。他写道：“我只是有幸来收获一位比我伟大的人——卡尔·马克思播种的光荣和荣誉。因此，我只有庄严地许约，要以自己的余生积极地为无产阶级服务，但愿今后尽可能不辜负给予我的荣誉。”③

3. 列宁：无产阶级文艺要“为千千万万劳动人民服务”

列宁在批判第二国际首领考茨基时，明确提出“为谁服务”和“为哪个阶级服务”的问题。他说：“为了指出考茨基关于恐怖主义的议论具有什么价值，这种议论是为谁服务，是为哪一个阶级服务，我把一篇自由派的短文全部引在这里。”④

1905年11月13日，列宁在《党的组织和党的出版物》这篇著名文章中指出，无产阶级的写作“将是自由的写作，因为把一批又一批新生力量吸引到写作队伍中来的，不是私利贪欲，也不是名誉地位，而是社会主义思想和对劳动人民的同情。这将是自由的写作，因为它不是为饱食终日的贵妇人服务，不是为百无聊赖、胖得发愁的‘一万个上层分子’服务，而是为千千万万劳动人民，为这些国家的精华、国家的力量、国家的未来服

① 马克思恩格斯全集 第2卷[M].北京：人民出版社，1957:541.

② 马克思恩格斯选集 第2卷[M].北京：人民出版社，1995:596-597.

③ 马克思恩格斯全集 第22卷[M].北京：人民出版社，1965:100.

④ 列宁全集 第37卷[M].北京：人民出版社，1986:177.

务”[①]。

列宁论述了知识分子为谁服务的问题。他说：“替资本服务的有大量的、各种各样的学者、艺术家和神父等等。”[②]“同麦克唐纳这一类人分裂是必要的，因为事实上他们是为资产阶级服务，而不是为无产阶级服务。”对于资产阶级专家，“不仅要镇压他们的反抗，不仅要使他们‘中立’，而且要他们担任工作，强迫他们为无产阶级服务。”[③]他还论述了教育事业要“为无产者、为工人、为劳动农民服务”，他指出：“我们要运用全部国家机构，使学校、社会教育、实际训练都在共产党领导之下为无产者、为工人、为劳动农民服务。”[④]

列宁不仅从知识分子角度，而且从民主的角度，从无产阶级的角度论述了这个问题。他在1917年6月的《六月十八日》一文中写道：“无产阶级，只有无产阶级，才能保证为大多数人的利益服务。”[⑤]1918年8月20日，列宁在《给美国工人的信》中谈到苏维埃新的民主时写道：“在这里，民主第一次为群众为劳动者服务，不再是富人的民主，而在一切资产阶级的、甚至是最民主的共和国里，民主始终是富人的民主。”[⑥]“在我们看来，真正有意义的民主，是为处于不平等地位的被剥削者服务的民主。”[⑦]

4.斯大林：社会主义知识分子是“为人民服务”的

斯大林继承了列宁关于为谁服务的思想，从知识分子的角度明确提出了“为人民服务”的思想。早在1928年2月25日，斯大林在莫斯科庆祝红军建军十周年的会议上发表关于《论红军的三个特点》的演说，谈到军队要“为工农服务”。他写道：“工人和农民在世界上第一次建立了自己的军队，这支军队不是为统治者效劳，而是为那些以前当奴隶、现在已经解放

① 列宁选集 第1卷[M].北京：人民出版社，1995:666.
② 列宁选集 第4卷[M].北京：人民出版社，1995:38.
③ 列宁全集 第37卷[M].北京：人民出版社，1986:87-88，256.
④ 列宁选集 第4卷[M].北京：人民出版社，1995:125.
⑤ 列宁全集 第30卷[M].北京：人民出版社，1985:335.
⑥ 列宁选集 第3卷[M].北京：人民出版社，1995:568.
⑦ 列宁选集 第4卷[M].北京：人民出版社，1995:47.

了的工农服务的。”[①]

1936年11月25日，斯大林在全苏苏维埃第八次非常代表大会上做的《关于苏联宪法草案》的报告中，在谈到苏联的知识分子时说：“知识分子活动的性质也改变了。从前，他们一定为富人阶级服务，因为当时没有别的出路。现在，他们一定为人民服务，因为剥削阶级已经不存在了。”[②]这可以说是国际共产主义运动史上第一次以明确的语言形成“为人民服务”这一提法。

1938年5月17日，斯大林在招待高等学校工作人员时的讲话中，论述了科学为人民服务的问题。他说：“祝贺不与人民隔绝、不远离人民、而决心为人民服务、决心把一切成果都贡献给人民的那种科学日益繁荣，这种科学为人民服务并不是迫不得已的，而是心甘情愿、非常乐意的。”[③]1938年9月，斯大林主编的《联共（布）党史简明教程》出版，其中写道：“苏联知识分子也发生了变化。苏联知识分子就其大多数来说，已经是崭新的知识分子。他们大多数是工农出身。他们不像旧知识分子那样为资本主义服务，而是为社会主义服务。知识分子已成为社会主义社会的平等的一员。这些知识分子同工人和农民一起建设着社会主义新社会。这是为人民服务的、摆脱了一切剥削的新型知识分子。”[④]1939年3月10日，斯大林在党的第18次全国代表大会上谈到社会主义知识分子时又说：“由于进行了这一切巨大的文化工作，在我国便产生和形成了人数众多的新的苏维埃知识界，他们出身于工人阶级、农民和苏联职员，他们同我国人民血肉相连，不知什么是剥削的桎梏，仇恨剥削者并决心忠诚地为苏联各族人民服务。”[⑤]斯大林还进一步形成了“全心全意为人民服务”的思想。他写道：“这样就形成了新的苏维埃的知识分子，他们和人民休戚相关，其中

① 斯大林选集 下卷[M].北京：人民出版社，1979:2.

② 斯大林选集 下卷[M].北京：人民出版社，1979:396.

③ 斯大林选集 下卷[M].北京：人民出版社，1979:421.

④ 联共(布)党史简明教程[M].北京：人民出版社，1975:378-379.

⑤ 斯大林文选 上卷[M].北京：人民出版社，1962:236.

大多数人都决心全心全意为人民服务。”①

1950年6—7月，斯大林在《马克思主义的语言学问题》中，论述了语言为社会主义服务和为人民群众服务的问题。他写道：“作为人们交际工作的语言的服务作用，不是为一个阶级服务，损害另一些阶级，而是一视同仁地为整个社会、为社会各阶级服务。”②他区分了上层社会中的习惯语和“地域方言”，认为前者“不是为人民群众服务，而是为少数社会上层分子服务的”，而后者则“是为人民群众服务的”③。

5.毛泽东：“为人民服务”是党和人民军队的根本宗旨

1939年2月20日夜，毛泽东给张闻天写信，谈了对陈伯达《孔子的哲学思想》一文的意见。在谈到孔子的道德论时，毛泽东批判了孔子的“知、仁、勇”三达德。其中关于“勇”，毛泽东尖锐指出，这种所谓的“勇”，是“勇于压迫人民，勇于守卫封建制度，而不勇于为人民服务的”④。这是毛泽东首次提出“为人民服务”的命题，也是中国共产党人的文献中首次出现这样的提法。当然，这是一封私人通信，当时并未发表，后来发表于人民出版社1983年出版的《毛泽东书信选集》中。

值得注意的是，刘少奇的《论共产党员的修养》中也出现了“为人民服务”的提法。他写道：“党员都应该努力提高自己为人民服务的能力，努力增加自己为人民服务的本领。”⑤该文是作者1939年7月在延安马列学院作的演讲，那么是不是刘少奇于这一年也提出了“为人民服务”，并率先向社会发表呢？查新中国成立前出版的《论共产党员的修养》，比如1945年9月冀中导报社版本，1945年12月新加坡新民主文化服务社版本以及1946年华北新华书店版本，均没有这句话。由此说明，这是新中国成立后修订时补入的。不能据此认为是刘少奇最先公开提出“为人民服务”。

1939年12月1日，毛泽东在《大量吸收知识分子》的决定中，提到

① 斯大林文选 上卷[M].北京：人民出版社，1962:258.
② 斯大林文选 下卷[M].北京：人民出版社，1979:503.
③ 斯大林文选 下卷[M].北京：人民出版社，1979:530.
④ 毛泽东文集 第2卷[M].北京：人民出版社，1993:163.
⑤ 刘少奇选集 上卷[M].北京：人民出版社，1981:134.

"为工农服务"和"为群众服务"。他在讲知识分子为哪个阶级服务的问题时指出，不敢放手吸收知识分子入党，是"不懂得殖民地半殖民地国家的知识分子和资本主义国家的知识分子的区别，不懂得为地主资产阶级服务的知识分子和为工农阶级服务的知识分子的区别"。并提出："只要是愿意抗日的比较忠实的比较能吃苦耐劳的知识分子，都应该多方吸收，加以教育，使他们在战争中在工作中去磨练，使他们为军队、为政府、为群众服务，并按照具体情况将具备了入党条件的一部分知识分子吸收入党。"[①]毛泽东在1940年1月的《新民主主义论》中认为，新民主主义文化是大众的民主的文化，"它应为全民族中百分之九十以上的工农劳苦民众服务，并逐渐成为他们的文化。"[②]

1942年5月，毛泽东的《在延安文艺座谈会上的讲话》结论部分，明确提出"我们的文艺是为什么人的？"这一问题，提出要利用文艺的旧形式，来创作出"为人民服务"的文艺。他说："对于过去时代的文艺形式，我们也并不拒绝利用，但这些旧形式到了我们手里，给了改造，加进了新内容，也就变成革命的为人民服务的东西了。"[③]毛泽东在谈到知识分子与劳动群众相结合时提出："知识分子要和群众结合，要为群众服务，需要一个互相认识的过程。"[④]

1944年9月8日下午，毛泽东在中央警备团追悼张思德的会上发表讲演，这就是著名的《为人民服务》一文。张思德是中央警备团的战士，于1944年9月5日在安塞石峡峪烧木炭时牺牲。毛泽东的演讲一开头就说："我们的共产党和共产党所领导的八路军、新四军，是革命的队伍。我们这个队伍完全是为着解放人民的，是彻底地为人民的利益工作的。"他接下来说："因为我们是为人民服务的，所以，我们如果有缺点，就不怕别人批评指出。不管是什么人，谁向我们指出都行。"[⑤]这篇讲话是毛泽东即

① 毛泽东选集 第2卷[M].北京:人民出版社,1991:618,619.
② 毛泽东选集 第2卷[M].北京:人民出版社,1991:708.
③ 毛泽东选集 第3卷[M].北京:人民出版社,1991:855.
④ 毛泽东选集 第3卷[M].北京:人民出版社,1991:877.
⑤ 毛泽东选集 第3卷[M].北京:人民出版社,1991:1004.

兴演讲，没有书面稿。讲完后，李克农安排罗青长和许立群整理这个讲话。整理出来后，登在中央警卫团的团报《战卫报》上。延安的《解放日报》要转载，叶子龙送给毛泽东看了，毛泽东认可后，由《解放日报》于1944年9月21日发表。此后，根据地的一些报纸相继转载。当时周恩来在重庆，于是重庆的《新华日报》也转载了，并通过一些外国记者，传到了国际上。①这篇演说明确地把为人民服务提高到党和人民军队宗旨的高度，是毛泽东最精粹的著作之一，也是在传播“为人民服务”思想方面影响最大的著作。

值得注意的是，毛泽东的讲话通篇都是为人民服务的思想，但是“为人民服务”的提法只出现了一次。而且并不是作为核心概念和核心命题提出来的，而是在讲到我们不怕别人提批评意见的话中讲出来的。当时还没有从中提炼出《为人民服务》的标题。《为人民服务》的标题是在把讲话编入《毛泽东选集》时加上的。②

如果说“为人民服务”在文中只出现过一次，那么“为人民利益”则出现了多次。比如，“为人民的利益工作”“为人民利益而死”“为人民的利益坚持好的”“为人民的利益改正错的”“想到人民的利益”等。而且，毛泽东为张思德题写的挽词是“向为人民利益而牺牲的张思德同志致敬”。可见，这篇极为精彩的短文反复出现的概念和主旋律是“为人民利益”。从当时《解放日报》的发表稿看，原文为“为人民利益服务”。但也正是在反复阐述“为人民利益”的过程中，“为人民服务”从中脱颖而出了。尽管毛泽东在五年前给张闻天的信中已经使用过“为人民服务”的提法，但此时的演讲并不是再次重申已有的概念和命题，而是从真情实感出发，重新从“为人民利益”中提炼和升华出“为人民服务”这一经典命题。

此后，毛泽东就开始明确地阐述“为人民服务”了。1944年9月18日，毛泽东在中共中央办公厅举办的招待八路军留守兵团全体模范学习代

① 参见临青，魏亚平.《为人民服务》大型电视片解说词精选[M].北京：党建读物出版社，2001:5.

② 毛泽东年谱(1893—1949)中[M].北京：人民出版社，中央文献出版社，1993:544.

表及从敌后转战归来参加整训的各部队战斗英雄代表大会上，再次从批评和自我批评的角度谈到“为人民服务”，但这次是明确强调了这一命题：“我们的军队是真正人民的军队，我们的每一个指战员以致每一个炊事员、饲养员，都是为人民服务的。我们的部队要和人民打成一片，我们的干部要和战士们打成一片。与人民利益适合的东西，我们要坚持下去，与人民利益矛盾的东西，我们要努力改掉，这样我们就能无敌于天下。”[①]这篇讲话发表在1944年9月23日的《解放日报》上。从这段话中可以看出，核心命题已经是“为人民服务”，而“人民利益”则是用来解释这一核心的了。

1945年4月24日，毛泽东在党的七大上做《论联合政府》的政治报告，他明确提出“全心全意为人民服务”，并以此作为党的宗旨。他指出：“我们共产党人区别于其他任何政党的又一个显著的标志，就是和最广大的人民群众取得最密切的联系。全心全意地为人民服务，一刻也不脱离群众；一切从人民的利益出发，而不是从个人或小集团的利益出发；向人民负责和向党的领导机关负责的一致性；这些就是我们的出发点。”[②]1945年5月1日，毛泽东为八路军第一二〇师第三五九旅第七一九团烈士碑题词：“热爱人民，真诚地为人民服务，鞠躬尽瘁，死而后已。”毛泽东在重庆谈判期间，于1945年9月20日为大公报社职工题词：“为人民服务。”

（节选自刘建军：《“为人民服务”的命题史考察》，《马克思主义研究》，2011年第7期）

青年的楷模　学习的榜样

习近平总书记寄语青年：“人生的扣子从一开始就要扣好。”总书记的七年知青岁月就是对这句话的最好注脚。对于每一个人来讲，扣人生第一粒扣子时的外部环境是很不一样的。有人可以在亲人的帮助下扣，有人可

① 毛泽东文集 第3卷[M].北京：人民出版社，1996:210.

② 毛泽东文集 第3卷[M].北京：人民出版社，1996:1094-1095.

以在阳光下、灯光下扣，而总书记当初是在黑暗中摸索，在“苦其心志、劳其筋骨、饿其体肤”的环境下，艰难而又准确地扣好这人生第一粒扣子的。惟其艰难，更显伟大，更能够给当代青年以丰富的教益与启迪。

青年一代向总书记学习，就是要坚定听党话、跟党走的理想信念。习近平总书记指出，广大团员青年坚定跟党走，就是初心。不忘这个初心，是我国广大青年的政治选择，也是我国广大青年的人生航向。总书记曾经说过：“人生的道路要靠自己来选择。如何选择一条正确的道路，关键是要有坚定的理想信念。否则，环境再好照样会走错路。”总书记青年时期先后写了8份入团申请书、10份入党申请书，即便是在个人处境极为艰难的条件下，始终没有对党产生过怀疑和动摇。这就为我们生动诠释了什么叫矢志不渝、什么叫理想坚定，为广大青年树立了坚守初心不动摇的学习楷模。党的十八大以来，习近平总书记反复强调理想信念是精神之钙；在谈到青年成长道路问题时，每次必讲理想，而且都是第一位的要求。广大青年要把总书记的要求和他青年时代的实践结合起来学习，把理想信念建立在对科学理论的理性认同上，建立在对历史规律的正确认识上，建立在对基本国情的准确把握上，真正牢固树立为实现中华民族伟大复兴中国梦而奋斗的远大理想，坚定跟党走中国特色社会主义道路的坚定信念。

青年一代向总书记学习，就是要永葆肯吃苦、不怕苦的奋斗精神。在七年知青岁月里，别人做事从“零”开始，青年习近平却要从“负数”开始，深深体味了最苦、最难的生活，并在苦难中完成了人生的一次升华。从“扁担把他的肩膀磨得一层一层掉皮、出血”到“肩膀上磨出了厚厚的茧子，就不怕扁担磨了”；从“躺在跳蚤堆里睡觉，一咬一挠，浑身发肿”到“对跳蚤的毒素产生抵抗力”；从一开始劳动“连婆姨都不如的每天五六个工分”到两年后“拿到壮劳力的10个工分，成了种地的好把式”。不管多累多苦，青年习近平总是一直拼命干，从来不“撒尖儿”，一步一步地过了跳蚤关、饮食关、劳动关、思想关这“四关”。每过一关都是一份磨砺，都有一份收获，不断积蓄着人生升华与超越的能量。这种苦难的磨砺，既是物质上、身体上的，更是精神上、心灵上的。总书记从不谙世事的“知青”到自称“是个普通农民”“是黄土地的儿子”，体现的是思想深处对农村和农民感情的深刻变化，证明已经完全融入了人民群众之中、深深扎根在中国的大地之中。“青年时代，选择吃苦也就选择了收获。”不同年代，吃苦的含义是不一样的。当代青年不会再有当初大规模上山下乡的那种历练，也很少会有吃不饱肚子的担忧，但是同样会碰到“苦”的环境、尝到“苦”的滋味。作为生活在新时期的青年一代，没有任何理由怨天尤人，必须像青年习近平那样，敢于吃苦、乐于吃苦、善于吃苦、不忘吃苦，在奋斗中创造属于自己的无悔青春。

青年一代向总书记学习，就是要养成爱读书、善读书的生活方式。酷爱读书，是《岁月》中几乎每一位受访者都谈到的对习近平总书记的深刻印象。青年习近平到陕北插队，只带了两个行李箱，里面装的全是书；“白天劳动、晚上看书”成为总书记知青岁月的生活常态，而且一直坚持，广泛涉猎了历史、政治、哲学、文学、外交、传统文化等领域的大量书籍，留下了“30里借书、30里讨书”的生动故事，用梁家河老乡的话说，“近平读书有‘书瘾’”，已经到了痴迷的程度。在当时那么差的学习条件下、不怕考试得零分的社会氛围中，青年习近平从来没有放弃读书和思考，这是难能可贵的。他不仅爱读书，而且善读书，“经常是几本书同时看，有所对比，有所分析”，“既知其然，又知其所以然”；注重从实践中求真知，指出“我们读了很多书，但书里有很多水分，只有和群众结合，才能把水分蒸发掉，得到真正的知识”。在总书记青年时代，书很少，很多时候是有什么书就读什么书；现在，书多了，想读什么书就有什么书，但我们的读书学习越来越快餐式、碎片化、浅层次。针对这一问题，总书记在多次讲话中强调，青年抓学习要“下一番心无旁骛、静谧自怡的功夫”，“特别是要克服浮躁之气，静下来多读经典，多知其所以然”，“努力做到又博又专、愈博愈专”。这些要求很有现实针对性，广大青年应当结合青年习近平读书学习的事例，养成爱读书、善读书的生活方式，真正在向书本学习、向实践学习中打牢自身成长的根基。

（节选自贺军科：《青年的楷模　学习的榜样——读〈习近平的七年知青

岁月》》,《中国青年报》,2017年9月22日第2版)

五、热点问题探讨

◇“在今天这个追求个性自由、放飞自我、实现自我价值的时代，还有讲奉献、创造社会价值的必要吗？为人民服务的人生目的早已经过时了。”如何认识这种观点？

◇“要创造人生价值，只能依靠自己的努力，除此别无他径。”你怎么看待这一观点？

六、实践活动推介

组建大学生志愿接力团队：以院系为单位，组建大学生志愿团队，为社区的孤寡老人或留守儿童提供定期服务，并以年级为接力单位，将服务项目一级一级接力下去，使服务不间断。为大学生体验服务他人的快乐创造平台和机会，使大学生在服务他人中真正体验为人民服务实质就是为自己服务的意境。

七、阅读书目推荐

1. 中共中央文献研究室. 毛泽东邓小平江泽民论世界观人生观价值观[M]. 北京：人民出版社，1997.

2. 顾坚. 透视人生：世界观、人生观、价值观通俗讲话[M]. 北京：党建读物出版社，2002.

3. 邱鹏."从头再来"：如何在变化的环境中正确面对人生的成败[M]. 北京：人民日报出版社，2004.

4.[德]鲁道尔夫·欧肯. 人生的意义与价值[M]. 李斯，等译. 长春：时代文艺出版社，2006.

5. 马巍. 人际关系决定一生[M]. 北京：中国戏剧出版社，2006.

6. 赵晓波. 逆境磨炼人生价值[M]. 呼和浩特：内蒙古人民出版社，2009.

7. 张君劢，胡适，梁启超，等. 科学与人生观[M]. 北京：中国致公出版社，2009.

8. 张竞生. 美的人生观[M]. 北京：北京大学出版社，2010.

第二章　坚定理想信念

一、学习目的与要求

通过本章内容的学习与实践，准确理解理想信念的含义和特征，深刻认识理想信念对人生的重要意义；确立马克思主义的科学信仰，树立共产主义的远大理想和中国特色社会主义共同理想；正确认识理想与现实、个人理想与社会理想的关系，立志当高远，立志做大事，立志须躬行，在实现中国梦的实践中放飞青春梦想。

二、内容提要

理想信念的内涵与特征。理想是人们在实践中形成的、有实现可能性的、对未来社会和自身发展目标的向往与追求，是人们的世界观、人生观和价值观在奋斗目标上的集中体现。理想具有超越性、实践性和时代性的特点。

信念是人们在一定的认识基础上确立的对某种思想或事物坚信不疑并身体力行的精神状态。信念具有执着性和多样性的特点。

理想信念是精神之“钙”。理想指引方向，信念决定成败。理想信念对人生具有重要作用：理想信念昭示奋斗目标，提供前进动力和提高精神境界。

马克思主义的科学信仰。马克思主义作为我们立党立国的根本指导思想，是近代以来中国历史发展的必然结果，是中国人民长期探索的历史选择，这是由马克思主义严密的科学体系、鲜明的阶级立场和巨大的实践指导作用决定的。马克思主义体现了科学性和革命性的统一，具有鲜明的实践品格和持久的生命力。

共产主义远大理想。马克思主义科学预测了未来社会的理想状态，指明了人类社会的发展方向。共产主义社会是物质财富极大丰富、实现按需分配、人的精神境界极大提高、每个人自由而全面发展的社会。共产主义只有在社会主义社会充分发展和高度发达的基础上才能实现。因此，共产主义是现实运动和长远目标相统一的过程，共产主义远大理想的最终实现是一个漫长、艰辛的历史过程，需要一代又一代人付出艰苦的努力。

中国特色社会主义共同理想。新时代坚持和发展中国特色社会主义，总任务是实现社会主义现代化和中华民族伟大复兴，在全面建成小康社会的基础上，再奋斗十五年，基本实现社会主义现代化；到21世纪中叶，把我国建成富强民主文明和谐美丽的社会主义现代化强国。中国特色社会主义共同理想，把国家、民族与个人紧紧地联系在一起，把各个阶层、各个群体的共同愿望有机结合在一起，集中代表了我国工人、农民、知识分子和其他劳动者、建设者、爱国者的利益和愿望，有着广泛的社会共识，具有令人信服的必然性、广泛性和包容性。

理想与现实的关系。理想与现实是对立统一的。理想和现实存在着对立的一面，二者的矛盾与冲突，属于“应然”和“实然”的矛盾。假如理想与现实完全等同，那么理想的存在就没有意义。理想与现实又是统一的。理想受现实的规定和制约，是在对现实认识的基础上发展起来的。一方面，现实中包含着理想的因素，孕育着理想的发展；另一方面，理想中也包含着现实，既包含着现实中必然发展的因素，又包含着由理想转化为现实的条件，在一定的条件下，理想可以转化为未来的现实。脱离现实而谈理想，理想就会成为空想。

个人理想与社会理想的关系。社会理想与个人理想之间相互联系、相互影响、相互制约。个人理想以社会理想为指引。社会理想是对个人理想的凝练和升华。坚持个人奋斗目标与国家、民族的奋斗目标相统一，把个人理想融入社会理想之中，在为实现社会理想而奋斗的过程中实现个人理想，这是大学生成长成才的必由之路。

在实践中实现人生理想。大学生肩负实现中华民族伟大复兴中国梦的历史重任，只有把实现理想的道路建立在脚踏实地的奋斗上，才能放飞青春梦想，实现人生理想。因此，新时代的大学生要立志当高远，立志做大事，立志须躬行，在艰苦奋斗中实现人生理想。

三、重点难点内容

（一）深刻理解理想信念对人生的重要意义

理想信念是人的精神之“钙”。没有理想信念，人生就缺失前进的方向和动力，终将一事无成。

首先，理想信念昭示人生的奋斗目标。人生是一个在实践中奋斗的过程。要使生命富有意义，就必须在科学的理想信念指引下，沿着正确的人生道路前进。理想信念是人的思想和行为的定向器，一旦确立就可以使人方向明确、精神振奋，即使前进的道路曲折、人生的境遇复杂，也能使人看到未来的希望和曙光，永不迷失前进的方向。只有理想信念坚定的人，才能始终不渝、百折不挠，不论风吹雨打，不怕千难万险，坚定不移为实现既定目标而奋斗。人的理想信念，反映的是对社会和人自身发展的期望。因此，有什么样的理想信念，就意味着以什么样的期望和方式去改造自然和社会，塑造和成就自身。只有树立起崇高的理想信念，才能够解答好人生的意义、奋斗的价值以及做什么样的人等重要的人生课题。

其次，理想信念提供人生前进动力。志向高远，便力量无穷。一个人有了崇高坚定的理想信念，才会以惊人的毅力和不懈的努力成就事业。与此相反，一个人如果没有崇高坚定的理想信念，就有可能浑浑噩噩、庸庸碌碌、虚度一生，甚至腐化堕落、走上邪路。无数杰出人物之所以能在平凡的岗位上做出不平凡的业绩，在极其困难的条件下创造奇迹，一个重要的原因就在于他们具有崇高坚定的理想信念，从而具有披荆斩棘、锲而不舍的动力。大学时期确立的理想信念，对今后的人生之路将产生重大影响，甚至会影响终身。大学生人生目标的确立、生活态度的形成、知识才能的丰富、发展方向的设定、工作岗位的选择，以及如何择友、如何面对挫折、如何克服困难等问题的解决，都需要一个总的原则和目标，都离不开理想信念的指引和激励。大学生应当重视理想信念的选择和确立，努力树立科学崇高的理想信念，使人生道路越走越宽广，使宝贵的人生富有价值。

最后，理想信念提高精神境界。理想信念是衡量一个人精神境界的重要标尺。理想信念作为人的精神世界的核心，一方面能使人的精神生活的各个方面统一起来，使人的精神世界成为一个健康有序的系统，避免精神空虚和迷茫；另一方面又能引导人们不断地追求更高的人生目标，并在追求和实现理想目标的过程中提升精神境界、塑造高尚人格。在追求理想和实现理想的过程中，人们要不断面对各种挑战、抵御各种诱惑、突破各种局限、克服各种困难。这个过程是人的精神世界从狭隘走向高远、从空虚走向充实、从犹疑走向执着的过程，也是一个人沿着自我成长和完善的阶梯不断攀登、逐步提升精神境界的过程。

大学生只有树立崇高的理想信念，才能激发起为民族复兴和人民幸福而发愤学习的强烈责任感与使命感，掌握建设祖国、服务人民的本领。不论今后从事什么职业，大学生都要把个人的奋斗志向同国家和民族的前途命运紧紧联系在一起，把个人的学习进步同祖国的繁荣昌盛紧紧联系在一起，使理想信念之花结出丰硕的成长成才之果。

（二）确立马克思主义科学信仰

确立马克思主义科学信仰，必须建立在对马克思主义的深刻理解之上，建立在对历史规律的深刻把握之上。马克思主义在人类思想史上第一次确立了科学的世界观和方法论，不仅为全世界无产阶级和全人类的解放指明了正确的道路，而且指导无产阶级的解放斗争取得重大胜利，并随着社会实践的发展而不断发展。大学生只有确立马克思主义的科学信仰，才能真正确立崇高的理想信念，在错综复杂的社会现象中看清本质、明确方向，为服务人民、奉献社会作出更大的贡献。

首先，马克思主义体现了科学性和革命性的统一。马克思主义深刻揭示了自然界、人类社会、人类思维发展的普遍规律，为人类社会发展进步指明了方向；马克思主义坚持实现人民解放、维护人民利益的立场，以实现人的自由而全面的发展和全人类解放为己任，反映了人类对理想社会的美好憧憬；马克思主义揭示了事物的本质、内在联系及发展规律，是“伟大的认识工具”，是人们观察世界、分析问题的有力思想武器。时代在变化，社会在发展，但马克思主义基本原理依然是科学真理。尽管我们所处的时代同马克思所处的时代相比发生了巨大而深刻的变化，但从世界社会主义五百年的大视野来看，我们依然处在马克思主义所指明的历史时代。这是我们对马克思主义保持坚定信心、对社会主义保持必胜信念的科学根据。

其次，马克思主义具有鲜明的实践品格。马克思主义不仅致力于科学解释世界，而且致力于积极改变世界。在伦敦海格特公墓的马克思墓碑上，镌刻着马克思的一句名言：“哲学家们只是用不同的方式解释世界，而问题在于改变世界。”这鲜明地表明了马克思主义重视实践、以改造世界为己任的基本特征。170年来，正是在马克思主义的指导下，社会主义由空想变成科学，由科学理论转变为社会实践。社会主义国家的出现和社会主义制度的建立，深刻改变着人类历史的走向。虽然东欧剧变和苏联解体使世界社会主义运动遭受了严重挫折，但是历史发展的总趋势并没有改变。特别是中国特色社会主义的成功实践，无可辩驳地证明马克思主义是认识世界和改造世界的强大思想武器，社会主义具有光明的未来。在人类思想史上，还没有一种理论像马克思主义那样对人类文明进步产生如此广泛而巨大的影响。

最后，马克思主义具有持久生命力。马克思主义具有与时俱进的理论品格和持久生命力。马克思主义诞生于19世纪中叶，但并没有停留在19

世纪。作为一个开放的理论体系，马克思主义不但不排斥而且最能够吸收、提炼人类创造的一切科学知识和文明成果，并将其运用于推动社会历史的进步。马克思主义进入中国，既引发了中华文明的深刻变革，也走过了一个逐步中国化的过程。在革命、建设、改革各个历史时期，中国共产党坚持马克思主义基本原理同中国具体实际相结合，运用马克思主义立场、观点、方法研究解决各种重大理论和实践问题，不断推进马克思主义中国化、时代化、大众化，指导党和人民取得了新民主主义革命、社会主义革命和社会主义建设、改革开放的伟大成就。实践证明，马克思主义只要与本国国情相结合、与时代发展同进步、与人民群众共命运，就能焕发出强大的生命力、创造力和感召力。无论时代如何变迁、科学如何进步，马克思主义依然占据着真理和道义的制高点，仍然具有强大持久的生命活力。

马克思主义是党和人民事业不断发展的参天大树之根本，是党和人民不断奋进的万里长河之泉源。背离或放弃马克思主义，就会失去灵魂、迷失方向。大学生坚定马克思主义信仰，最重要的是学习和掌握马克思主义的立场、观点、方法，确立正确的世界观和历史观，准确把握时代发展潮流，以科学的理想信念指引人生前进的道路和方向。

（三）要胸怀共产主义远大理想

马克思主义认为，共产主义社会建立在高度发达的社会生产力，人们的科学文化水平、思想觉悟和道德水平极大提高的基础之上，是实行各尽所能、按需分配原则的劳动者有序自由联合的社会经济形态。共产主义社会是人类未来社会的理想状态，是人类社会的发展方向。中国共产党从成立之日起，就确立了共产主义的远大理想，始终团结带领中国人民朝着这个伟大理想前行。

首先，共产主义是现实运动和长远目标相统一的过程。共产主义是崇高的社会理想，是关于无产阶级解放的学说，同时也是一种现实运动。共产主义远大理想既是面向未来的，又是指向现实的，不仅反映了人们对未来社会的美好向往，更是一个从现实的人出发，不断满足人的现实利益需求、推进人的全面发展、推动社会发展进步的历史过程与现实运动。

其次，共产主义远大理想的最终实现是一个漫长、艰辛的历史过程，需要一代又一代人付出艰苦的努力。回顾共产主义运动的历史进程，从1848年《共产党宣言》问世到1917年第一个社会主义国家建立，从第二次世界大战后一大批社会主义国家勃然兴起到20世纪80年代末90年代初东欧剧变、苏联解体，再到新时代中国特色社会主义焕发出前所未有的生机和活力，社会主义和共产主义的理想与实践不仅没有戛然而止，反而在长期的艰辛探索中展现出更加光明的前景。理想实现的路途是艰难曲折的，共产主义远大理想的实现更是需要一代又一代人的不懈奋斗和接续努力。

作为当代大学生，我们要正确认识共产主义远大理想和中国特色社会主义共同理想之间的关系。实现共产主义是我们的远大理想，坚持和发展中国特色社会主义，就是向着远大理想所进行的实实在在的努力。心中有信仰，脚下有力量。走好新时代的长征路，大学生要不断增强中国特色社会主义道路自信、理论自信、制度自信、文化自信，自觉做共产主义远大理想和中国特色社会主义共同理想的坚定信仰者、忠实实践者，为崇高理想信念而矢志奋斗。

（四）在实现中国梦的实践中放飞青春梦想

首先，立志当高远。中国传统文化中有许多励志警句。例如，“志不强者智不达”“志当存高远”。这里的“志”具有双重含义：一是对未来目标的向往，二是实现奋斗目标的顽强意志。志向，就是理想信念；立志，就是确立理想信念。远大的志向如太阳，唯其大，才有永不枯竭的热能；如灯塔，唯其高，才能照亮前进的航程。有志者，事竟成；有大志者，人生事业才能辉煌。志向高远，就是要放开眼界，不满足于现状，也不屈服于一时一地的困难与挫折，更不要斤斤计较个人私利的多少与得失。大量事实告诉人们，那些在事业上取得伟大成就、对人类作出卓越贡献的人，都是在青年时期就立下了鸿鹄之志，并为之坚持不懈、努力奋斗。树雄心、立壮志，是关系大学生一生前途命运的重大课题。

其次，立志做大事。中国民主革命的先行者孙中山曾激励广大青年：要立志做大事，不要立志做大官。其中的道理就是希望青年以国家民族的命运为己任，而不要以个人的荣华富贵为人生的理想。如果一个人不顾自身所处时代的召唤，脱离自己所归属的国家和民族繁荣发展的需要，一切以自我为中心，天马行空、独来独往，那么，不仅他的人生价值取向是错误的，而且这种追求因为脱离了国家、民族和时代的需要，往往也是难以实现的。在今天，做大事就是献身于新时代中国特色社会主义伟大事业。无论从事什么具体、平凡的工作，只要是与这一伟大事业相联系、服务于祖国和人民的，就值得我们去做。新时代的大学生应该把个人的命运与国家和人民的命运联系在一起，立为国奉献之志，立为民服务之志，为祖国和人民的利益而奋斗，在为实现社会理想而奋斗的过程中实现个人理想。

最后，立志须躬行。漫长征途需要一步一步地走，崇高理想的实现需要一点一滴地奋斗。通往理想的路是遥远的，但起点就在脚下，就在一切平凡的岗位上，就在扎扎实实的学习和工作中。踏踏实实、循序渐进，与雄心壮志、力争上游并不矛盾。不踏踏实实打好基础，就无法攻尖端、攀高峰，有时表面上看好像是爬上去了，但实际上底子是空的。大学生要牢记“空谈误国、实干兴邦”，志存高远、脚踏实地、埋头苦干，充分展现自己的抱负和激情，用勤劳的双手成就属于自己的精彩人生。

祖国的富强、民族的繁荣、人民的幸福，需要每一个社会成员尽其才、奋其志。中国梦是中华民族的振兴之梦，也是每一个大学生的成才之梦。中国梦让生活在这个时代的大学生与祖国人民一起共同享有人生出彩的机会，共同享有梦想成真的机会，共同享有同祖国和时代一起成长与进步的机会。青春只有在为祖国和人民的真诚奉献中才能更加绚丽多彩，人生只有融入国家和民族的伟大事业才能闪闪发光。

四、课堂拓展

让理想信念的明灯永远在心中闪亮

关于坚定理想信念的论述，是习近平同志系列重要讲话的重要组成部分，也是习近平同志党建思想的精粹之一。

1.共产党人必须坚定对马克思主义的信仰和对社会主义、共产主义的信念

中国共产党是一个有理想信念的党，坚定理想信念是我们党的一大政治优势。我们党之所以能够从小到大、由弱到强，一路走到今天，有很多原因，其中理想信念坚定是一个最主要的原因。

我们党一贯重视对党员、干部及群众的理想信念教育，并不断取得重要成效。在改革开放和发展社会主义市场经济条件下，这个教育还有没有必要，这个问题还要不要强调，一个时期以来在一些人的头脑中已经不是那么清楚了。有的人仅仅把它挂在口头上、写在文件中，甚至有人认为理想信念是空话、大话、套话，没有什么用，而且在口头上也不愿意多讲了，在文件中也不愿意多写了。习近平同志则恰恰相反，他在担任总书记之后以及担任总书记之前，甚至在地方工作时，就在多个场合对这个问题大讲特讲。习近平同志准确阐明了理想信念的科学内涵及其极端重要性。2010年9月1日，他在中共中央党校秋季学期开学典礼的讲话中指出："理想信念，是世界观和政治信仰在奋斗目标上的具体体现。一个国家、一个民族、一个政党，任何时候任何情况下都必须树立和坚持明确的理想信念。如果没有或丧失理想信念，就会迷失奋斗目标和前进方向，就会像一盘散沙而形不成凝聚力，就会失去精神支柱而自我瓦解。"这是从国家、民族、政党层面强调其内涵和意义。如果具体到国家的一个公民、民族的一个分子、政党的一个成员，他认为道理是一样的，理想信念也必不可少。"理想指引人生方向，信念决定事业成败"。理想离不开信念，以信念为支撑；信念依靠理想，以理想来引领。理想信念是人类社会所特有的精神活动和精神现象，是人类不可或缺的精神支撑和精神动力。

那么，共产党人的理想信念是什么？习近平同志在多次讲话中旗帜鲜明地指出，就是“对马克思主义的信仰，对社会主义和共产主义的信念”。他说，这是共产党人的政治灵魂，是共产党人经受住任何考验的精神支柱。中国共产党从诞生之日起就把马克思主义写在自己的旗帜上，把实现共产主义确立为最高理想。我们的理想信念不是空的，也不是虚幻的，而是“建立在对科学理论的理性认同上，建立在对历史规律的正确认识上，建立在对基本国情的准确把握上”。为什么这样说？有什么依据？我们的依据来自马克思主义教给我们的世界观和方法论，来自国际共产主义运动和我国革命、建设、改革的伟大实践。马克思主义是中国共产党的思想理论基础，马克思主义诞生51年后才来到中国，来到中国22年后才被中国的先进分子在众多理论和主义的比较、鉴别中所选择并接受，最后被确定为中国共产党的指导思想。马克思主义由三个部分组成，即哲学、政治经济学和科学社会主义。马克思主义哲学集人类哲学优秀成果之大成，成为人类“伟大的认识工具”。马克思、恩格斯运用这个工具研究资本主义社会，创立了马克思主义政治经济学。他们从对资本主义社会矛盾运动规律的揭示中，宣告资本主义社会一定会被更高形态的共产主义社会所取代，得出“两个不可避免”和“两个历史必然”的结论，由此创立了科学社会主义。

中国共产党人把马克思主义基本原理同中国实际和时代特征相结合，不断推进马克思主义中国化，创立了毛泽东思想、邓小平理论、“三个代表”重要思想和科学发展观，党的十八大后又形成了习近平同志系列重要讲话。中国共产党人的理想信念以科学理论为指导，建立在对共产党执政规律、社会主义建设规律、人类社会发展规律不断探索和深化认识基础上，是生长于中国大地、完全符合中国实际、得到全国最广大人民衷心拥护和支持的。我们所强调的“革命理想高于天”，体现了精神变物质、物质变精神的辩证法。理想信念没有科学理论指导不行，没有实际行动不行，没有人民群众的广泛参与和支持也不行。有了这一切，它就是科学的，就是可以实现的，就会产生精神变物质的巨大力量。

2.理想信念始终是共产党人安身立命的根本

共产党人以解放全人类为己任，坚定理想信念是其本质使然。习近平同志指出："坚定理想信念，坚守共产党人精神追求，始终是共产党人安身立命的根本。"他还强调："有了坚定的理想信念，站位就高了，眼界就宽了，心胸就开阔了，就能坚持正确政治方向，在胜利和顺境时不骄傲不急躁，在困难和逆境时不消沉不动摇，经受住各种风险和困难考验，自觉抵御各种腐朽思想的侵蚀，永葆共产党人政治本色。"

马克思主义是共产党人的老祖宗和灵魂，《共产党宣言》是马克思主义诞生的标志，它给共产党人提供了行动纲领。《共产党宣言》论述了无产阶级政党的性质、使命和自身要求，特别是强调了无产阶级只有解放全人类才能最后解放自己的重要思想。共产党是近代工业社会劳资对立的产物，它一诞生就向世人宣告：党没有自己的私利，它的利益是无产阶级的利益，是广大人民的利益。如果党有了自己的私利，它的任何奋斗都将失去意义。共产党是无产阶级、广大人民和整个民族利益的忠实代表。因此，共产党人要坚定理想信念，就要搞清楚、弄明白人类是从哪里来的、要到哪里去，历史是怎么走过来的、要怎样走下去，这些问题都是大本大原的问题。这些问题搞清楚了、解决好了，我们的党员、干部就能坚持党的最高纲领和远大理想不动摇，同时又能带领群众为实现现阶段的基本纲领而努力，立足本职做好工作。路是人一步步走出来的，共产主义远大理想的最终实现，要靠每个历史阶段中的每个人的当下努力和积累。正所谓"不积跬步，无以至千里；不积小流，无以成江海"。

在我们党90多年的历史中，无数共产党人不惜流血牺牲，靠的就是坚定的理想信念。尽管他们知道，自己追求的理想并不会在自己手中实现，但他们坚信，一代又一代人为之持续努力，一代又一代人为此作出牺牲，崇高的理想就一定能实现。党的创始人之一李大钊为了传播马克思主义，在军阀的绞刑架下英勇就义。抗日英雄杨靖宇在冰天雪地的山林里与日寇激战数日，在只剩下一个人的情况下，仍然毫不畏惧，顽强抗击，最后壮烈殉国。当敌人剖开他的腹部看到胃肠里是未能消化的枯草、树皮和棉絮时，无不震惊。毛泽东同志为革命牺牲6位亲人，徐海东同志的家族牺牲70多人，贺龙同志的宗亲中牺牲的有名有姓的烈士就有2050人。在革命战争年代，革命先烈在生死考验面前之所以视死如归，就是因为他们有坚定的理想信念。在和平建设时期和改革开放新时期涌现出的雷锋、王进喜、焦裕禄、钱学森、谷文昌、孔繁森、杨善洲、沈浩等一大批先进模范人物，他们之所以能够助人为乐、无私奉献，攻坚克难、勇挑重担，在平凡的岗位上作出不平凡的业绩，为党和人民的事业作出巨大贡献，也是因为他们有坚定的理想信念。

如果从反面典型和实例看，正像习近平同志所指出的那样，“事实一再表明，理想信念动摇是最危险的动摇，理想信念滑坡是最危险的滑坡”“形象地说，理想信念就是共产党人精神上的‘钙’，没有理想信念，理想信念不坚定，精神上就会‘缺钙’，就会得‘软骨病’”。革命战争年代，有的党员经不起“生与死”“血与火”的考验，叛党投敌，当了叛徒，当了怕死鬼。和平建设时期和改革开放新时期，也有一些党员和领导干部经不起执政、改革开放、市场经济、外部环境的考验，腐化堕落，变成腐败分子，走到党和人民的对立面。究其原因，也是他们忘了根、忘了本，忘记了初衷，动摇了理想信念。他们是“缺钙”的人、得了“软骨病”的人。当前，从我们党的干部队伍状况看，大多数干部理想信念是坚定的，政治上是可靠的。“同时，在我们的干部队伍中，也有的对共产主义心存怀疑，认为那是虚无缥缈、难以企及的幻想；有的不信马列信鬼神，从封建迷信中寻找精神寄托，热衷于算命看相、烧香拜佛，遇事‘问计于神’；有的是非观念淡薄、原则性不强、正义感退化，糊里糊涂当官，浑浑噩噩过日子；有的甚至向往西方社会制度和价值观念，对社会主义前途命运丧失信心；有的在涉及党的领导和中国特色社会主义道路等原则性问题的政治挑衅面前态度暧昧、消极躲避、不敢亮剑，甚至故意模糊立场、耍滑头，等等。”这些现象和问题，应引起我们全党的高度警醒和注意。

坚定理想信念既是原则，也很具体。从具体内容上讲，按照党章对党员所尽义务的要求做到了、做好了，就是理想信念坚定的表现。习近平同志指出："今天，衡量一名共产党员、一名领导干部是否具有共产主义远大理想，是有客观标准的，那就要看他能否坚持全心全意为人民服务的根本宗旨，能否吃苦在前、享受在后，能否勤奋工作、廉洁奉公，能否为理想而奋不顾身去拼搏、去奋斗、去献出自己的全部精力乃至生命。"共产主义理想是伟大的，但要经过相当长的历史阶段才能实现。社会主义是崇高的，为社会主义奋斗是值得的。这同时也是为共产主义奋斗。习近平同志强调："没有远大理想，不是合格的共产党员；离开现实工作而空谈远大理想，也不是合格的共产党员。"我们每一名共产党员都应该按照这样的标准来要求自己，在工作和生活中不断实践，不断加以锤炼。

3. 用科学理论武装头脑，不断培植我们的精神家园

坚定的理想信念不是先天就有的，不是随意就可以得到的，也不会自发地产生。怎样坚定共产党人的理想信念？途径有两个：一个是学习，一个是实践；要依靠两种力量：一种是真理的力量，一种是人格和道德的力量。重视学习是我们党的优良传统，勇于实践是我们党的优良作风；真理的力量是马克思主义和马克思主义中国化的成果赋予我们的；人格和道德的力量是我们党的领袖、老一辈革命家和党内涌现出的众多先进人物、模范人物、英雄人物展示和提供给我们的。我们要坚定理想信念，就要刻苦学习理论，就要努力以先进典型为榜样，从中获取智慧和力量。

习近平同志强调："要炼就'金刚不坏之身'，必须用科学理论武装头脑，不断培植我们的精神家园。"党的领导干部特别是高级干部，要把系统掌握马克思主义基本理论作为看家本领。马克思把无产阶级作为人类解放的心脏，把哲学作为人类解放的头脑。马克思主义哲学把无产阶级当作自己的物质武器，无产阶级把马克思主义哲学当作自己的精神武器。理论一经掌握群众，也会变成物质力量。马克思主义和马克思主义中国化的成果是我们认识世界、改造世界的强大思想武器。广大党员、干部要老老实实、原原本本地学习马克思列宁主义、毛泽东思想、邓小平理论、"三个代表"重要思想和科学发展观，学习习近平同志系列重要讲话。学习中要坚持问题导向，理论联系实际，联系国际国内的实际，联系本地区本部门本单位的实际，联系个人的思想和工作实际。通过坚持不懈、持之以恒的学习，学会运用马克思主义的立场观点方法观察问题、分析问题、解决问题，不断筑牢理想信念，做到虔诚而执着、至信而深厚。

坚定理想信念，要强化政治意识、大局意识、核心意识、看齐意识，向以习近平同志为核心的党中央看齐，向党的理论和路线方针政策看齐，向党章党规的基准看齐。学习党的领袖、老一辈革命家、先进典型、模范人物和革命英雄的崇高精神和道德风范，真比、实看、细照、笃行。同时，要对照反面典型提供的反面教材，不断自我警觉、警醒、警示、警策。加强道德修养，培养健康的生活情趣，不断提升思想境界，努力做一个有理想信念的人、一个理想信念坚定的人。

（选自曲青山：《让理想信念的明灯永远在心中闪亮》，《人民日报》，2016年5月9日第7版）

感悟中国梦的深刻内涵

正如人在现实性上是社会关系的总和、人的自由全面发展需要正确把握和处理各种社会关系一样，一个人的梦想、一个国家的愿景、一个社会的目标同样是在协调各种社会关系的过程中得以形成、得到认同、走向现实的。实现中华民族伟大复兴的中国梦，需要从认识和行动上把握和处理三个“高度统一”的辩证关系。

国家民族奋斗目标与个人梦想的高度统一。国家不富强，就会被人欺侮；民族不复兴，我们无颜担当龙的传人。中国梦讲复兴，不是简单地重新寻回昔日的荣光，而是要让一个曾经饱受帝国主义列强欺侮、目前尚是发展中国家的中国经济发展、政治昌明、文化繁荣、社会和谐、生态文明，到本世纪中叶成为富强民主文明和谐的社会主义现代化国家，巍然屹立在世界东方。中国梦要实现国家富强、民族振兴，所以毫无疑问是国家梦、民族梦。同时，强国才能富民，强国也是为了富民。没有人民富裕，发展就不算成功；没有人民幸福，复兴就不算完成。我们谈复兴，不是为强大而强大、为发展而发展，而是要让我们的人民有更好的教育、更稳定的工作、更满意的收入、更可靠的社会保障、更高水平的医疗卫生服务、更舒适的居住条件、更优美的环境，我们的孩子们能成长得更好、工作得更好、生活得更好。更进一步说，就是要让中国人民自己当家作主，过上更加富裕、更有尊严的生活，让13亿多中国人实现自由全面发展。中国梦让每一个中国人都能共同享有人生出彩的机会，共同享有梦想成真的机会，共同享有同祖国和时代一起成长与进步的机会，所以中国梦归根到底是人民的梦。

软实力与硬实力的高度统一。中国梦追求的复兴，不仅是物质文明等硬实力的复兴，更是文化软实力的复兴。我们要通过中华民族伟大复兴，让传承5000多年悠久文明，能将自己的价值观与世界共享，能用自己的软实力促进世界共荣共进的中华民族傲然屹立于世界民族之林。往昔中华民族对世界的贡献绝非仅仅是经济富庶与国力强盛，更是文明的传播与文化的弘扬，当代中国同样需要在文明的传承创新方面为世界作出新的贡献。因此，复兴最根本的是文明的复兴，中国梦究其根本是文明梦。文明的核心是价值理念及其主导的思维与行为模式。中华文明源远流长又与时维新的“和谐”价值理念，特别是由此展开的人与自然和谐、人与人和谐、身与心和谐等思维与行为模式，不仅为中国梦抹上了浓浓的文明底色，更为“让世界变得更好”提供了一种新的文明图景。人与自然的和谐，让早已不堪重负的地球实现休养生息成为可能；人与人的和谐，为不同种族、不同国家和平共处、和平发展提供了文明范式；心与物、身与心的和谐，为实现人生圆满幸福提供了价值导引。西方社会以对外征服开启文明进程，结果走得越远越迷惘，斩获越丰越空虚。如何反观自我、涵养心身，体悟人生的真谛、发现人生的意义，走出心与物、身与心的二元对立分裂，不再心为物役，给世界也给自己一份祥和，中国梦为世界贡献了“中国智慧”与“中国方案”。

中华民族复兴与世界和平发展的高度统一。用占世界7.2%的土地让占世界人口20%的人民过上好日子，用与美国相当的疆域养育4倍于美国人的人口，实现人民安居乐业、幸福成功的中国梦，本身就是对世界的最大贡献。同时，中国梦不是也不满足于“独善其身”，而是要在“兼济天下”中发展自己，通过发展自己更好地兼济天下、造福世界。中国人用自己的行动告诉世界一个事实，中国好世界可以更好。伴随着科学技术的进步、社会文化交流的拓展，当今世界越来越呈现为一个开放动态的大系统。在这个系统中，1+1是大于2的，“正和博弈”不仅会是常态而且将逐渐成为主流。中国持续快速发展得益于世界繁荣与发展，中国发展也为世界各国提供了共同发展的宝贵机遇和广阔空间。中国梦用宽广的视野和辩证的思维表明：每个国家、每个民族的自由发展是一切国家、一切民族自由发展的前提。历史并没有终结，人类社会并不是只有资本主义一条现成的路，还有很多的新路有待我们去开辟；人类的价值从来不是单一的，五彩缤纷的价值争奇斗艳、共存共生，才是人类社会应有的价值图景。

（选自辛鸣:《感悟中国梦的深刻内涵》,《人民日报》,2016年5月4日第7版）

探索跨越“中等收入陷阱”的中国方案

党的十八届五中全会提出了创新、协调、绿色、开放、共享的新发展理念。新发展理念是在深刻总结国内外发展经验教训和深刻分析国内外发展大势的基础上形成的，集中反映了以习近平同志为核心的党中央对经济社会发展规律认识的深化，是我国跨越“中等收入陷阱”、确保全面建成小康社会、开启社会主义现代化建设新征程的行动指南。

1.中等收入阶段的基本特征

“十三五”时期是我国全面建成小康社会的决胜阶段，也是跨越“中等收入陷阱”的关键时期。当前，我国人均国内生产总值约8000美元，按照世界银行的标准已进入中等偏上收入阶段。世界现代化进程表明，这个阶段是经济增长方式由粗放型向集约型提升、产业结构由中低端向中高端提升、国民财富由中低收入水平向中高收入水平提升、社会阶层结构由“哑铃型”向“橄榄型”提升、生产生活方式从传统农业社会向现代工业社会提升的转型时期。转型成功，就能跨越“中等收入陷阱”；转型失败，则会落入“中等收入陷阱”。

从世界范围看，一国经济进入中等收入阶段后，会呈现一些共同的基本特征，从中可以看出跨越“中等收入陷阱”、成功实现转型发展需要解决的关键问题。一是经济增长进入速度下行期。在中等收入阶段，随着劳动力数量及其占总人口比重下降，人口红利逐步消失，不可再生资源快速消耗，特别是粗放型增长逐步低效化、资本投资收益递减等，必然导致经济增速下行。但增速下行不等于可以放任“失速”。下行而不失速、不失控，才能实现成功转型。二是经济增长进入动力转换期。增速下行的根本原因，是支撑经济增长的旧动力日趋消退，新动力尚未形成。新旧发展动力的转换是实现转型发展的核心所在。为此，必须加快培育新的增长点，同时要注重旧动力的提质增效。三是经济结构进入磨合期。工业化“起飞”、城镇化快速发展后，以扩大规模为主的增长方式和以工业为主的产业结构会逐渐滞后于国内外市场需求结构的变化。三次产业结构、城乡经济结构、新旧产业结构、消费需求结构发生重大变化，加之资本市场迅速发展，经济结构进入调整期，供给侧矛盾越来越突出，需要加快调整变革。此外，中等收入阶段还有其他一些共同特征，包括：经济发展成本进入上升期、企业结构进入重组期、金融资本形态进入创新期、自然生态环境进入修复期、城乡区域空间结构进入重构期、社会收入差距进入分化期、社会阶层结构进入重组期、社会矛盾进入多发期、国际市场竞争进入磨合期等。

可见，一国在从中等收入阶段向高收入阶段跃升的过程中，普遍会遇到“转型烦恼”，而且不限于经济领域，还包括城乡发展不协调、居民收入差距扩大、社会阶层分化、生态环境失衡等。因此，跨越“中等收入陷阱”、成功实现转型发展，必须从经济、政治、文化、社会、生态文明等各个方面发力，针对突出矛盾和问题提出系统解决方案。

2. 跨越“中等收入陷阱”、成功实现转型发展的中国优势

我国“十三五”以至更长一个时期经济社会发展的基本特征是转型发展，即在转型中促进发展，在发展中实现转型，从而成功跨越“中等收入陷阱”，迈上社会主义现代化新征程。我国有充分的优势和条件跨越“中等收入陷阱”，全面建成小康社会，开拓现代化发展新境界。这些优势和条件主要表现在以下几个方面。

中国共产党的坚强领导。社会转型期通常是各种社会资源分流、各种社会力量分散、各种社会思潮分歧、各种社会组织分化、各种社会矛盾多发时期，客观上需要强有力的执政党。中国共产党具有自觉把握中国特色社会主义发展规律的科学理论、无私无畏造福民族和人民的崇高品格、强大的组织动员和统筹协调能力、勇于改革创新的坚强意志和丰富的执政经验。所有这些，为我国跨越“中等收入陷阱”、成功实现转型发展提供了强有力的理论、思想、组织保证。

独特的社会制度优势。社会制度是社会运行的基本规则，其核心要义是平衡协调效率与公平、权力与权利之间的关系。中国特色社会主义根本政治制度、基本政治制度、中国特色社会主义法律体系、基本经济制度以及各方面体制机制等具体制度，借鉴了人类政治文明和社会制度的合理成分，继承了中华优秀传统制度文化，改革了过去高度集中的计划经济体制。中国特色社会主义制度结合新的国情和世界发展的时代特征，通过广泛深刻的改革探索，形成了独特的制度优势，能够较好地协调社会利益、解决社会矛盾，保持经济社会高效运行和有序发展。这是我们跨越“中等收入陷阱”、成功实现转型发展的社会制度基础。

厚实的发展基础。新中国成立特别是改革开放30多年来，我国经济社会发展取得了丰硕成果，经济总量稳居世界第二，经济竞争力、科技创新力和文化影响力也有了新的历史性提升。这些发展成就为继续推进转型发展打下了坚实的物质基础。同时，我国地域辽阔，各地发展差距大、互补性强，区域发展空间广阔，人口众多、劳动力丰富，市场需求潜力巨大，发展韧性和回旋余地大。这为我国跨越“中等收入陷阱”、成功实现转型发展提供了广阔的发展空间和强劲的发展动力。

悠久的传统文化。中华民族具有源远流长、深邃厚实的优秀传统文化，这是凝聚各族人民的共同精神家园，是中华儿女齐心协力追求美好梦想的强劲动力。中国自古就是一个开放包容的多民族国家，近现代以来与其他国家和民族的文化交流更趋广泛深入。当代中国共产党人胸怀广阔、海纳百川，继承中华优秀传统文化，既坚持走自己的路，又勇于改革开放，善于学习借鉴别国发展经验。这为我们跨越“中等收入陷阱”、成功实现转型发展提供了重要条件。

3. 新发展理念对我国跨越“中等收入陷阱”、成功实现转型发展的重大意义

党的十八大以来，以习近平同志为核心的党中央勇于实践、善于创新，形成了一系列治国理政新理念新思想新战略。创新、协调、绿色、开放、共享的新发展理念，正是针对我国发展中的突出矛盾和问题提出来的，是针对我国经济发展进入新常态、世界经济复苏低迷开出的药方，是跨越“中等收入陷阱”、成功实现转型发展的中国方案。

创新是引领转型发展的第一动力，是牵动经济社会发展全局的“牛鼻子”。在创新中谋转型、在创新中求突破，才能推动经济社会发展不断迈上新台阶。协调发展是制胜要诀，是经济社会持续发展的内在要求，事关发展的局部与全局、发展节奏的快与慢、发展布局的重与轻等重大关系。只有不断增强发展的整体性和协调性，才能更好更快地推进转型发展。绿色是永续发展的必要条件和人民对美好生活追求的重要体现，是当今时代科技革命和产业变革的基本方向之一，也是促进人与自然和谐共生的根本出路。走生态优先的绿色发展道路，全面建设美丽中国，既能为子孙后代留下可持续发展的“环境财富”，又能为全球生态安全作出中国贡献。开放是国家繁荣发展的必由之路，解决的是发展的国际国内两个市场、两种资源的联动问题。共享发展注重的是解决社会公平正义问题，是中国特色社会主义基本制度优势的集中体现。发展过程人人参与、发展成果人人分享、人们的创造热情和创新活力极大迸发，是我国社会主义现代化建设事业不竭的动力源泉。

新发展理念引领科学发展航向。在新发展理念指引下，我国必将跨越“中等收入陷阱”、成功实现转型发展。这无论对中华民族伟大复兴还是对世界现代化进程都具有里程碑意义。一是能够开启实现中国梦的新征程。我国到2020年全面建成小康社会时，将实现国内生产总值和城乡居民人均收入比2010年翻一番，将接近高收入国家水平。因此，全面建成小康社会是中华民族发展史和社会主义现代化建设史上一个新的里程碑。届时，中国发展将进入向着现代化强国迈进的新时代，为到新中国成立100周年时建成富强民主文明和谐的社会主义现代化国家、实现中华民族伟大复兴的中国梦奠定坚实基础。二是对经济社会发展规律的认识将达到新高度。经济社会发展是人类文明进步的基石，是人类社会永恒的主题，也是中国共产党人执政兴国的第一要务。以创新、协调、绿色、开放、共享的新发展理念引领发展，成功跨越“中等收入陷阱”，是当代中国共产党人对我国经济发展进入新常态所面对的新课题的科学回答，也是对当今时代人类所面临的发展难题作出的“中国思考”，表明我们党对经济社会发展规律的认识达到了一个新的历史高度。三是将开辟人类现代化新道路。走中国特色社会主义道路，全面建成小康社会，全面推进社会主义现代化建设，可以充分展示马克思主义的强大真理力量：不仅能科学阐释人类社会发展规律，而且能有力推动人类社会发展进程。马克思主义发展观坚持发展的合规律性与合目的性有机统一。对于中国这样的发展中大国，走出具有本国特色的现代化发展之路，不仅会开创中华民族发展的新时代，而且会开辟人类现代化的新道路。

新发展理念既总结提炼了我国长期发展实践的成功做法，全面提出了“十三五”和未来一个时期转型发展的基本方略，又借鉴吸取了人类现代化进程中的经验教训，回答了当今人类社会发展中遇到的全球性难题。贯彻落实新发展理念，努力使我国经济社会发展更加注重质量效益、注重创新驱动、注重整体协调、注重公平公正、注重绿色低碳、注重对外开放，就能成功“跨越中等收入陷阱”，确保如期全面建成小康社会，使中国特色社会主义现代化道路越走越宽广。

（选自王永昌:《探索跨越“中等收入陷阱”的中国方案》,《人民日报》,2016年3月14日第7版）

五、热点问题探讨

◇个人理想与中国特色社会主义共同理想的关系是什么？

◇在实现中国梦的历史进程中，大学生肩负着什么样的历史责任？

六、实践活动推介

组织学生集体观看大型八集纪录片《长征》，活动环节主要包括：一是观看《长征》，从革命的队伍红军身上感悟理想信念的力量，真正理解理想信念对于大学生健康成长成才的重要意义；二是相互交流观后的感悟和启示，形成关于理想信念重要作用的共鸣；三是以“长征的力量来自哪”为主线，以“我的中国梦”为主题撰写观后感；四是以班级或院系为单位，开展以“我的中国梦”为主题的演讲比赛。

七、阅读书目推荐

1. 毛泽东选集 第2卷[M]. 北京：人民出版社，1991.

2. 邓小平文选 第3卷[M]. 北京：人民出版社，1993.

3. 江泽民文选 第3卷[M]. 北京：人民出版社，2006.

4. 喻跃龙，贺志军. 信仰·信念·信心·信任[M]. 长沙：中南大学出版社，2001.

5. 林伟. 政治社会化与大学生理想信念教育[M]. 杭州：浙江大学出版社，2014.

6. 陈勇，王欢. 信仰导航[M]. 北京：中国青年出版社，2015.

7. 洪向华. 民族复兴中国梦[M]. 北京：红旗出版社，2017.

8. 汪青松，季正聚，黄福寿. 中国梦的科学内涵与实现路径[M]. 上海：上海社会科学院出版社，2017.

9. 陈先达. 马克思主义信仰十讲[M]. 北京：人民出版社，2018.

10. 陈先达. 马克思与信仰[M]. 北京：中国人民大学出版社，2018.

第三章　弘扬中国精神

一、学习目的与要求

通过本章内容的学习与实践，准确理解和掌握中国精神的内涵，深刻理解中国精神对于实现中国梦的重要意义；全面认识爱国主义的科学内涵和时代要求，从而自觉地做一名忠诚的爱国者；认清改革创新是中华民族的禀赋，深刻理解改革创新是时代要求，自觉做改革创新的生力军。

二、内容提要

中华民族崇尚精神的优秀传统，表现在对物质生活与精神生活相互关系的独到理解上；中华民族崇尚精神的优秀传统，表现在中国古人对理想的不懈追求上；中华民族崇尚精神的优秀传统，表现在对道德修养和道德教化的重视上；中华民族崇尚精神的优秀传统，表现为对理想人格的推崇。中国共产党是中华民族重精神优秀传统的忠实继承者和坚定弘扬者。

中国精神是民族精神与时代精神的统一。以爱国主义为核心的民族精神和以改革创新为核心的时代精神，构成了中国精神的基本内容。

民族精神是一个民族在长期共同生活和社会实践中形成的，为本民族大多数成员所认同的价值取向、思维方式、道德规范、精神气质的总和，是一个民族赖以生存和发展的精神支柱。民族精神以爱国主义为核心，包括伟大创造精神、伟大奋斗精神、伟大团结精神、伟大梦想精神。时代精神是一个国家和民族在新的历史条件下形成和发展的，是体现民族特质并顺应时代潮流的思想观念、价值取向、精神风貌和社会风尚的总和，是一种对社会发展具有积极影响和推动作用的集体意识。改革创新精神是时代精神的核心，贯穿于改革开放的全部实践，体现在时代精神的各个方面。

民族精神与时代精神紧密关联，都是一个民族赖以生存和发展的精神支撑。民族精神赋予中国精神以民族特征，是中华民族的精神独立性得以保持的重要保证；时代精神赋予中国精神以时代内涵，是中国精神引领时代前行、拥有鲜明时代性和强大生命力的重要根源。民族精神和时代精神的交融汇通，使得中国精神既具有鲜明的民族性，又洋溢着强烈的时代性，成为中华民族共有的精神家园、奋力实现复兴的强大精神力量。

中国精神对于实现中国梦的重要意义。首先，中国精神是兴国强国之魂。实现中国梦，必须弘扬中国精神，以高扬的精神旗帜为指引，以强大的精神支柱为支撑，团结凝聚全体人民的智慧和力量，为实现中国梦而努力奋斗。其次，中国精神是凝聚中国力量的精神纽带，是激发创新创造的精神动力，是推进复兴伟业的精神定力。

爱国主义的内涵。爱国主义体现了人们对自己祖国的深厚感情，揭示了个人对祖国的依存关系，是人们对自己家园以及民族和文化的归属感、认同感、尊严感与荣誉感的统一。它是调节个人与祖国之间关系的道德要求、政治原则和法律规范，也是中华民族精神的核心。主要包括爱祖国的大好河山，爱自己的骨肉同胞，爱祖国的灿烂文化，爱自己的国家。

新时代爱国主义的基本要求。新时代的爱国主义基本要求是：坚持爱国主义和社会主义相统一、维护祖国统一和民族团结、尊重和传承中华民族历史和文化、坚持立足民族又面向世界。弘扬新时代的爱国主义，必须维护和推进祖国统一，促进民族团结，增强国家安全意识，做忠诚的爱国者。

改革创新是时代要求。中华民族是富有创新精神的民族。勇于创新创造的民族禀赋成就了辉煌灿烂的中华文明。首先，创新始终是推动人类社会发展的第一动力；其次，创新能力是当今国际竞争新优势的集中体现；最后，改革创新是我国赢得未来的必然要求。

做改革创新生力军。新时代的大学生置身于实现中华民族伟大复兴的时代洪流之中，首先，要树立改革创新的自觉意识：增强改革创新的责任感，树立敢于突破陈规的意识，树立大胆探索未知领域的信心；其次，要增强改革创新的能力本领：夯实创新基础，培养创新思维，投身创新实践。

三、重点难点内容

（一）中国精神的基本内容

中国精神的基本内容由以爱国主义为核心的民族精神和以改革创新为核心的时代精神有机构成。

1. 爱国主义为核心的民族精神

民族精神是一个民族在长期的历史发展中孕育而成的具有民族性、时代性、历史传承性、能动性和开放性的精神存在，是一个民族赖以生存和发展的精神支柱，是民族凝聚力的源泉。在5000多年的历史发展中，中华民族形成了以爱国主义为核心的伟大民族精神。

爱国主义是千百年来人们在社会实践中形成的对自己的祖国极其忠诚和热爱的深厚情感。中华民族从来就有爱国主义的光荣传统。一部中华民族的发展史，就是一部中华儿女的爱国奋斗史。在漫长的历史发展过程中，中华民族形成了追求进步、维护民族尊严和国家主权的光荣传统，形成了对外来侵略者无比痛恨、对卖国求荣的民族败类无比鄙视、对爱国志士无比崇敬的宝贵的民族性格。爱国主义成为动员和鼓舞人们为祖国的生存发展前赴后继、奋斗不息的伟大精神旗帜。以爱国主义为核心，中国人民在长期奋斗中培育、继承、发展起来的伟大民族精神主要包括：

首先是伟大创造精神。在几千年历史长河中，中国人民始终辛勤劳作、发明创造，我国产生了老子、孔子、庄子、孟子、墨子、孙子、韩非子等闻名于世的伟大思想巨匠，发明了造纸术、火药、印刷术、指南针等深刻影响人类文明进程的伟大科技成果，创作了诗经、楚辞、汉赋、唐诗、宋词、元曲、明清小说等伟大文艺作品，传承了格萨尔王、玛纳斯、江格尔等震撼人心的伟大史诗，建设了万里长城、都江堰、大运河、故宫、布达拉宫等气势恢宏的伟大工程。今天，中国人民的创造精神正在前所未有地迸发出来，推动我国日新月异向前发展，大踏步走在世界前列。

其次是伟大奋斗精神。在几千年历史长河中，中国人民始终革故鼎新、自强不息，开发和建设了祖国辽阔秀丽的大好河山，开拓了波涛万顷的辽阔海疆，开垦了物产丰富的广袤粮田，治理了桀骜不驯的千百条大江大河，战胜了数不清的自然灾害，建设了星罗棋布的城镇乡村，发展了门类齐全的产业，形成了多姿多彩的生活。中国人民自古就明白，世界上没有坐享其成的好事，要幸福就要奋斗。今天，中国人民拥有的一切，凝聚着中国人的聪明才智，浸透着中国人的辛勤汗水，蕴涵着中国人的巨大牺牲。

再次是伟大团结精神。在几千年历史长河中，中国人民始终团结一心、同舟共济，建立了统一的多民族国家，发展了56个民族多元一体、交织交融的融洽民族关系，形成了守望相助的中华民族大家庭。特别是第一次鸦片战争以后，在外来侵略寇急祸重的严峻形势下，我国各族人民手挽着手、肩并着肩，英勇奋斗，浴血奋战，打败了一切穷凶极恶的侵略者，捍卫了民族独立和自由，共同书写了中华民族保卫祖国、抵御外侮的壮丽史诗。今天，中国取得的令世人瞩目的发展成就，更是全国各族人民同心同德、同心同向努力的结果。中国人民从亲身经历中深刻认识到，团结就是力量，团结才能前进，一个四分五裂的国家不可能发展进步。

最后是伟大梦想精神。在几千年历史长河中，中国人民始终心怀梦想、不懈追求，我们不仅形成了小康生活的理念，而且秉持天下为公的情怀，盘古开天、女娲补天、伏羲画卦、神农尝草、夸父追日、精卫填海、愚公移山等我国古代神话深刻反映了中国人民勇于追求和实现梦想的执着精神。中国人民相信，山再高，往上攀，总能登顶；路再长，走下去，定能到达。近代以来，实现中华民族伟大复兴成为中华民族最伟大的梦想，中国人民百折不挠、坚忍不拔，以同敌人血战到底的气概、在自力更生的基础上光复旧物的决心、自立于世界民族之林的能力，为实现这个伟大梦想进行了170多年的持续奋斗。今天，中国人民比历史上任何时期都更接近、更有信心和能力实现中华民族伟大复兴。

2. 以改革创新为核心的时代精神

时代精神是一种共同的集体意识。每一个时代都有属于本时代的普遍的精神实质，只有那些代表时代发展潮流，标志一个时代的精神文明，对社会生产的发展产生积极影响的思想才是时代精神的体现。因此，时代精神反映社会进步的发展方向，引领时代的进步潮流，是社会的主旋律和时代的最强音。

改革开放以来，党带领人民在继承和弘扬伟大民族精神的基础上，立足新的时代条件，赋予中华民族精神以新的时代内涵，形成了以改革创新为核心的时代精神。

改革创新精神是时代精神的核心，贯穿于改革开放的全部实践，体现在时代精神的各个方面。改革是破除社会发展障碍、激发社会发展活力的引擎，创新则是民族进步的灵魂、国家兴旺发达的动力。改革创新精神既是对中华民族革故鼎新优良传统的继承弘扬，也是当代中国改革开放伟大实践中体现出来的精神品格和精神特征。

以改革创新为核心的时代精神，是当代中国人民精神风貌的集中写照，是激发社会创造活力的强大力量。中国特色社会主义事业是一项前无古人的创造性事业，只有坚持弘扬以改革创新为核心的时代精神，才能使全体人民始终保持昂扬向上的精神状态，不断推进中国特色社会主义伟大事业。

3. 民族精神与时代精神的辩证统一

民族精神与时代精神紧密关联，都是一个民族赖以生存和发展的精神支撑。一切民族精神都曾经是一定历史阶段中带动潮流、引领风尚、推动社会发展的时代精神。同时，一切时代精神都将随着历史的变迁逐步融入民族精神的长河之中，不断丰富和发展民族精神的时代内涵。弘扬和培育民族精神，必须自觉回应时代的要求，推动民族精神的不断革新，推动民族精神的创新性发展和创造性转化，从而为当下的实践提供精神力量；弘扬和培育时代精神，必须立足民族精神的根基，接续民族精神的血脉、承接民族精神的基因，使得时代精神既面向未来，又不忘本来，始终具有引领民族前行的强大吸引力和感召力。

民族精神和时代精神共同构成了当今的中国精神。民族精神与时代精神相互联系、相辅相成、相互支撑，统一于中国特色社会主义实践。民族精神为时代精神的发展提供价值引领，时代精神是民族精神的现代发展和延伸。只有不断注入以改革创新为核心的时代精神，民族精神才能充满生机活力，日益发展和丰富；只有坚持在以爱国主义为核心的民族精神的基础上不断改革创新，时代精神才能不移根基，不失本色。

（二）中国精神对实现中国梦的重要意义

中国精神是兴国强国之魂。中华民族伟大复兴的中国梦的实现过程，必定是全国各族儿女勠力同心、砥砺前行的过程。为此，必须凝聚中国力量，弘扬中国精神。

首先，中国精神是凝聚中国力量的精神纽带。推进民族复兴的时代伟业，我们必须有万众一心、众志成城的强大精神凝聚力。人民群众是历史发展和社会进步的主体力量。坚持和发展中国特色社会主义、实现中华民族的伟大复兴，最根本的力量在人民，最强大的力量在团结凝聚起来的人民。没有强大的精神力量，就会重演中国近代以来四分五裂、一盘散沙的悲剧。弘扬中国精神，对于维系中华民族的生存与发展、维护国家统一和民族团结发挥着重要的凝聚作用。在当代中国，必须用中国精神引领各族人民心往一处想、劲往一处使，用13亿人的智慧和力量汇集起不可战胜的磅礴力量，为实现中华民族伟大复兴的中国梦而努力奋斗。

其次，中国精神是激发创新创造的精神动力。当前，我们正在从事的中国特色社会主义事业是一项前无古人的创造性事业，中国精神作为兴国强国之魂的价值和意义更为凸显。纵观人类发展史，创新始终是一个国家、一个民族发展的重要力量，也始终是推动人类社会进步的重要力量。实现梦想、应对挑战、创造未来，动力从哪里来？只能从发展中来、从改革中来、从创新中来。中国共产党带领人民通过改革开放新的伟大革命开辟了中国特色社会主义道路，使中国大踏步赶上了时代。推进新时代的伟大事业，必须有创新创造、向上向前的强大精神奋发力，勇于变革、勇于创新，永不僵化、永不停滞，使全体人民始终保持昂扬向上的精神状态，为实现中国梦注入强大的精神力量。

最后，中国精神是推进复兴伟业的精神定力。世界上没有一个民族能够亦步亦趋走别人的道路实现自己的发展振兴，也没有一个民族会在心神不定、游移彷徨中成就自己的光荣和梦想。坚持和发展中国特色社会主义，需要我们正确认识当代世界和中国发展大势，正确认识中国特色和国际比较，坚定道路自信、理论自信、制度自信、文化自信。只有自觉弘扬中国精神，增强民族自尊心和自信心，坚定不移走自己的路，才能使全体人民在实现复兴伟业的征途中拥有坚如磐石的精神和信仰力量，不为困难吓倒，不为诱惑所动，不为干扰迷惑，坚定不移把我们的事业不断推向前进，直至光辉的彼岸。

（三）爱国主义的时代要求

1. 坚持爱国主义和社会主义相统一

我国爱国主义始终围绕着实现民族富强、人民幸福而发展，最终汇流于中国特色社会主义。祖国的命运和党的命运、社会主义的命运是密不可分的。只有坚持爱国和爱党、爱社会主义相统一，爱国主义才是鲜活的、真实的，这是当代中国爱国主义精神最重要的体现。

在当代中国，爱国主义首先体现在对社会主义中国的热爱上。爱国主义与爱社会主义的统一是中国历史发展的必然结果。社会主义制度的建立，为中国的繁荣发展提供了可靠的保障。社会主义在中国不是一句空洞的口号，而是集中代表着、体现着、实现着国家、民族和人民的根本利益。“没有共产党就没有新中国”，这是中国的历史和现实所昭示的真理。中国共产党的历史就是一部为实现民族独立和人民解放，为实现中华民族伟大复兴而奋斗的历史。中国共产党的历史上矗立着一座座爱国主义的丰碑。透过这一座座丰碑，不仅可以了解中国共产党的光辉历史，认识中国共产党的英明伟大，体会中国共产党的精神风骨，而且也能懂得中国共产党为国家、民族和人民谋利益的艰辛历程。中国的历史和现实充分证明，中国共产党是高举爱国主义旗帜并躬身实践的光辉典范，是中国特色社会主义事业的坚强领导核心。坚定拥护中国共产党的领导，是中华民族走向复兴、中国特色社会主义事业走向成功的必然要求，也是新时代爱国主义的必然要求。

2.维护祖国统一和民族团结

在新的时代条件下，弘扬爱国主义精神，必须把维护祖国统一和民族团结作为重要着力点和落脚点。维护和推进祖国统一，是中华民族走向伟大复兴的题中之义。解决台湾问题、实现祖国完全统一，是不可阻挡的历史进程，也是全体中华儿女的共同心愿。和平统一最符合包括台湾同胞在内的中华民族的根本利益。要从中华民族整体利益的高度把握两岸关系大局，在认清历史发展趋势中把握两岸前途，坚持增进互信、良性互动、求同存异、务实进取，促进两岸关系发展取得更多积极成果，努力增进两岸人民福祉，增进对两岸命运共同体的认知，不断拓宽两岸关系和平发展的道路。

多民族是我国的一大特色，也是我国发展的一大有利因素。各民族共同开发了祖国的锦绣河山、广袤疆域，共同创造了悠久的中国历史、灿烂的中华文化，造就了我国各民族在分布上的交错杂居、文化上的兼收并蓄、经济上的相互依存、情感上的相互亲近，形成了你中有我、我中有你、谁也离不开谁的多元一体格局。中华民族和各民族的关系，是一个大家庭和家庭成员的关系；各民族的关系，是一个大家庭里不同成员的关系。弘扬新时代的爱国主义精神，就要自觉维护全国各族人民大团结的政治局面，不断增强对伟大祖国、中华民族、中华文化、中国共产党、中国特色社会主义的认同，坚决维护国家主权、安全、发展利益，筑牢国家统一、民族团结、社会稳定的铜墙铁壁。

3. 尊重和传承中华民族历史和文化

对祖国悠久历史、深厚文化的理解和接受，是人们爱国主义情感培育和发展的重要条件。中华优秀传统文化是中华民族的精神命脉，其中蕴涵着中华民族世世代代形成和积累的思想营养和实践智慧，是中华民族得以延续的文化基因，也是我们在世界文化激荡中站稳脚跟的根基。中华文化独一无二的理念、智慧、气度、神韵，增添了中国人民和中华民族内心深处的自信和自豪。我们必须尊重和传承中华民族历史和文化，以时代精神激活中华优秀传统文化的生命力，延续文化基因，萃取思想精华，推进中华优秀传统文化创造性转化和创新性发展，在传承与创新中树立和坚持正确的历史观、民族观、国家观、文化观，增强做中国人的骨气和底气。

习近平指出："历史是一面镜子，从历史中，我们能够更好看清世界、参透生活、认识自己；历史也是一位智者，同历史对话，我们能够更好认识过去、把握当下、面向未来。"[①]抛弃传统、丢掉根本，就等于割断了自己的精神命脉。历史和现实都表明，一个抛弃了或者背叛了自己历史文化的民族，不仅不可能发展起来，而且很可能上演一场历史悲剧。"灭人之国，必先去其史。"一些人打着所谓"重评历史"的幌子，否定近现代中国革命历史、党的历史和中华人民共和国历史，抹黑英雄，诋毁革命领袖，企图混淆视听、扰乱人心，从根本上否定马克思主义指导地位和中国走向社会主义的历史必然性，否定中国共产党的领导。我们不是历史虚无主义者，也不是文化虚无主义者，不能数典忘祖、妄自菲薄。祖国是人民最坚实的依靠，英雄是民族最闪亮的坐标。"天地英雄气，千秋尚凛然。"一个有希望的民族不能没有英雄，一个有前途的国家不能没有先锋。我们要对中华民族的英雄心怀崇敬，自觉传承好中华民族辉煌灿烂的历史文化。

4. 必须坚持立足民族又面向世界

中国的命运与世界的命运紧密相关。经过改革开放40年的发展，中国日益走近世界舞台的中央。当今社会越来越成为你中有我、我中有你的命

① 习近平.习近平谈治国理政 第2卷[M].北京：外文出版社，2017:351.

运共同体。坚持新时代的爱国主义，要求我们正确处理好立足民族与面向世界的辩证统一关系，把弘扬爱国主义精神与扩大对外开放结合进来，既要尊重各国的历史特点、文化传统，尊重各国人民选择的发展道路，从不同文明中寻求智慧、汲取营养，增强中华文明生机活力，又要积极倡导求同存异、交流互鉴，促进不同国度、不同文明相互借鉴、共同进步，共同推动人类文明发展进步。

弘扬新时代的爱国主义，必须坚持立足民族，维护国家发展主体性。经济全球化是世界经济发展的必然趋势，但不等于全球政治、文化一体化。在经济全球化的条件下，国家仍然是民族存在的最高组织形式，是国际社会活动中的独立主体。只要国家继续存在，爱国主义就有坚实的基础。在参与经济全球化的过程中，必须坚定地捍卫自己国家的利益，这就更需要爱国主义的支撑。世界是丰富多彩的，不能以一个或几个国家的政治制度、价值观念和意识形态来衡量多样性的世界。用一种政治制度、价值观念和意识形态去统一世界，不仅是对别国的侵害，而且也是根本行不通的，只会危害世界的和平与发展。在参与经济全球化的过程中，我们一定要保持清醒的认识，既充分利用经济全球化所提供的机遇发展自己，又坚决维护国家的主权和尊严，按照本国国情坚持、发展自己的政治制度和民族文化。

弘扬新时代的爱国主义，必须面向世界，构建人类命运共同体。坚持推动构建人类命运共同体，是新时代坚持和发展中国特色社会主义基本方略的重要内容。当今世界，没有哪个国家能够独自应对人类面临的各种挑战，也没有哪个国家能够退回到自我封闭的孤岛。如何共同建设一个持久和平、普遍安全、共同繁荣、开放包容、清洁美丽的世界，是全人类的共同利益和共同价值追求。构建人类命运共同体的理念，源于中国，属于世界，是中国与世界的交响协奏。中国人民的梦想同各国人民的梦想息息相通，实现中国梦离不开和平的国际环境和稳定的国际秩序。当代中国的爱国主义继承并发扬了中华文化协和万邦、热爱和平的优秀传统，对内积极倡导社会主义的爱国主义，对外主张平等互利、和平共处的国际交往原则，积极维护国际和平与文明和谐。新时代弘扬面向世界的爱国主义精神，意味着我们要有更加宽广的世界胸怀和全球视野，为维护人类共同利益、推动人类文明发展进步提供中国智慧，始终做世界和平的建设者、全球发展的贡献者、国际秩序的维护者。

（四）大学生要做忠诚的爱国者

爱国既需要情感的基础，也需要理性的认识，更需要实际的行动。爱国不是简单的情感表达，而是一种理性的行为，要讲原则、守法律，以合理合法的方式来进行。只有把国家的安全、荣誉和利益放在高于一切的地位，始终做到爱国的深厚情感、理性认识和实际行动相一致，与祖国同呼吸、共命运，才是真正的爱国者。

1.维护和推进祖国统一

保持香港、澳门长期繁荣稳定，实现祖国完全统一，是实现中华民族伟大复兴的必然要求，是不可阻挡的历史进程，也是全体中华儿女的共同心愿。

首先，推进祖国统一，必须保持香港、澳门长期繁荣稳定。香港、澳门与祖国内地的命运始终紧密相连，实现中华民族伟大复兴的中国梦，需要香港、澳门与祖国内地坚持优势互补、共同发展，需要港澳同胞与内地人民坚持守望相助、携手共进。要始终准确把握“一国”和“两制”的关系。“一国”是根，根深才能叶茂；“一国”是本，本固才能枝荣。要坚定不移贯彻“一国两制”方针，把维护中央对香港、澳门特别行政区全面管治权和保障特别行政区高度自治权有机结合起来，确保“一国两制”方针不会变、不动摇，确保“一国两制”实践不变形、不走样；要始终依照宪法和基本法办事。要把中央依法行使权力和特别行政区履行主体责任有机结合起来，不断完善与基本法实施相关的制度和机制。要把发挥祖国内地坚强后盾作用和提高港澳自身竞争力有机结合起来，发展经济，改善民生。要始终维护和谐稳定的社会环境。在全球经济格局深度调整、国际竞争日趋激烈的背景下，只有着眼大局，理性沟通，凝聚共识，和衷共济，才能逐步解决问题，让香港、澳门同胞同祖国人民共担民族复兴的历史责任、共享祖国繁荣富强的伟大荣光。

其次，和平统一最符合包括台湾同胞在内的中华民族的根本利益。要从中华民族整体利益的高度把握两岸关系大局，在认清历史发展趋势中把握两岸前途，坚持增进互信、良性互动、求同存异、务实进取，促进两岸关系发展取得更多积极成果，努力增进两岸人民福祉，增进对两岸命运共同体的认知，不断拓宽两岸关系和平发展的道路。

坚持一个中国原则。一个中国原则是两岸关系的政治基础。体现一个中国原则的“九二共识”明确界定了两岸关系的根本性质，是确保两岸关系和平发展的关键。两岸双方应始终坚持“九二共识”的共同立场，在巩固和维护一个中国框架这一原则问题上形成更为清晰的共同认知，并在此基础上求同存异。大陆和台湾同属一个中国，是不可分割的整体，这个事实从未改变，也不可能改变。“和平统一、一国两制”是解决台湾问题的基本方针。

推进两岸交流合作。在两岸关系大局稳定的基础上，两岸各领域交流合作有着广阔空间。两岸双方应该为深化经济、科技、文化、教育等领域合作采取更多积极举措，提供更多政策支持，创造更加便利的条件，以拓宽合作领域，提高合作水平，产生更大效益，开创两岸关系和平发展新前景。

促进两岸同胞团结奋斗。两岸同胞是命运与共的骨肉兄弟，是血浓于水的一家人，有着共同的血脉、共同的文化、共同的联结、共同的愿景，这是推动两岸关系相互理解、携手同心、一起前进的重要力量。两岸双方应秉持“两岸一家亲”的理念，顺势而为、齐心协力，心心相印、守望相助，巩固和扩大两岸关系发展成果。

反对“台独”分裂图谋。“台独”分裂势力及其分裂活动仍然是对台海和平的现实威胁，必须继续反对和遏制任何形式的“台独”分裂主张和活动，不能有任何妥协。“台独”分裂行径必然走向彻底失败。我们坚决维护国家主权和领土完整，绝不容忍国家分裂的历史悲剧重演。一切分裂祖国的活动都必将遭到全体中国人坚决反对。我们有坚定的意志、充分的信心、足够的能力挫败任何形式的“台独”分裂图谋。我们绝不允许任何人、任何组织、任何政党在任何时候、以任何形式、把任何一块中国领土从中国分裂出去。要贯彻《反分裂国家法》，旗帜鲜明地反对一切损害两岸关系的言行。

大学生要感悟两岸关系和平发展的潮流，担当起实现民族伟大复兴的历史重任，为推动两岸关系和平发展、实现祖国统一作出自己的贡献。

2. 促进民族团结

处理好民族问题、促进民族团结，是关系祖国统一和边疆巩固的大事，是关系民族团结和社会稳定的大事，是关系国家长治久安和中华民族繁荣昌盛的大事。大学生都要像爱护自己的眼睛一样维护民族团结，像爱护自己的生命一样维护社会稳定，自觉做民族团结进步事业的建设者、维护者、促进者。

深化对党的民族理论和民族政策的认识，认真学习国家关于民族事务的法律法规，深入了解中华民族“多元一体”的发展历史，坚定“汉族离不开少数民族，少数民族离不开汉族，各少数民族之间也相互离不开”的思想观念。要牢固树立正确的祖国观、民族观，增强对伟大祖国的认同、对中华民族的认同、对中华文化的认同、对中国特色社会主义道路的认同。要铸牢中华民族共同体意识，加强各民族交往交流交融，促进各个民族像石榴籽那样紧紧抱在一起，共同团结奋斗、共同繁荣发展。在与其他民族同胞接触交往的日常生活中，维护和发展各民族的平等团结互助和谐关系，要尊重兄弟民族的传统文化、风俗习惯和宗教信仰，多说有利于民族团结、有利于社会稳定的话，多做有利于民族团结、有利于社会稳定的事，不说伤害民族感情的话，不做不利于民族团结和社会稳定的事。

认清“藏独”和“疆独”等各种分裂主义势力的险恶用心和反动本质，坚持原则、明辨是非，不信谣、不传谣，不受分裂分子挑拨煽动，不参与违法犯罪活动，与破坏民族团结的行为作坚决斗争。在危急关头、关键时刻，要立场坚定、挺身而出，敢于同各种分裂活动作斗争，坚决捍卫民族团结进步、共同繁荣发展的大好局面，筑牢各族人民共同维护祖国统

一、维护民族团结、维护社会稳定的钢铁长城。

3.增强国家安全意识

国家安全问题事关国家安危和民族存亡。在国家安全形势越来越复杂的今天，大学生要增强国家安全意识，对境内外敌对势力的渗透、颠覆、破坏活动保持高度警惕，切实履行维护国家安全的义务。

首先，确立总体国家安全观。国家安全是指一个国家不受内部和外部的威胁、破坏而保持稳定有序的状态。当前，我国国家安全内涵和外延比历史上任何时候都要丰富，时空领域比历史上任何时候都要宽广，内外因素比历史上任何时候都要复杂，必须坚持总体国家安全观，坚持国家利益至上，以人民安全为宗旨，以政治安全为根本，以经济安全为基础，以军事、文化、社会安全为保障，以促进国际安全为依托，走出一条中国特色国家安全道路。确立总体国家安全观，必须既重视外部安全，又重视内部安全；既重视国土安全，又重视国民安全；既重视传统安全，又重视非传统安全；既重视发展问题，又重视安全问题。要坚持走和平发展道路，既重视自身安全，又重视共同安全，打造人类命运共同体，推动世界朝着互利互惠、共同安全的目标相向而行。

其次，增强国防意识。强大的国防是国家生存与发展的安全保障。我国的国防是全民的国防。我国宪法明确规定，保卫祖国、抵抗侵略是中华人民共和国每一个公民的神圣职责。大学生既是社会主义现代化建设的有用人才，也是国防建设的后备人才，必须具有很强的国防观念和忧患意识，自觉接受国防和军事方面的教育训练，关心国防、了解国防、热爱国防、投身国防，积极履行国防义务，成为既能建设祖国、又能保卫祖国的优秀人才。

最后，履行维护国家安全的义务。我国宪法明确规定了公民维护国家安全的基本义务，国家安全法、保守国家秘密法、国防法、兵役法、反间谍法等法律明确规定了公民维护国家安全的各项具体的法律义务。大学生应自觉遵守国家安全法律，履行维护国家安全的法律义务：依照法律服兵役和参加民兵组织的义务，保守国家秘密的义务，为国防建设和国家安全工作提供便利条件或其他协助的义务，在国家安全机关调查了解有关危害国家安全的情况下如实提供有关证据、情况的义务，及时报告危害国家安全行为的义务，不得非法持有、使用专用间谍器材的义务，不得非法持有国家秘密文件、资料和其他物品的义务等。对每一项责任和义务，每个大学生都应当勇于担当，尽职尽责。

（五）改革创新是新时代的要求

在当代中国，社会发展离不开改革创新，改革创新是社会发展的重要动力，坚持改革创新是新时代的迫切要求。

首先，创新始终是推动人类社会发展的第一动力。16世纪以来，人类社会进入前所未有的创新活跃期，几百年里，人类在科学技术方面取得的创新成果超过过去几千年的总和。特别是18世纪以来，世界发生了几次重大科技革命，如近代物理学诞生、蒸汽机和机械、电力和运输、相对论和量子论、电子和信息技术发展等。在此带动下，世界经济发生多次产业革命，如机械化、电气化、自动化、信息化。每一次科技和产业革命都深刻改变了世界发展面貌和力量格局。一些国家抓住了机遇，经济社会发展驶入快车道，经济实力、科技实力、军事实力迅速增强，甚至一跃成为世界强国。发端于英国的第一次产业革命，使英国走上了世界霸主地位；美国抓住了第二次产业革命机遇，赶超英国成为世界第一。从第二次产业革命以来，美国就占据世界第一的位置，这是因为美国在科技和产业革命中都是领航者和最大获利者。从某种意义上说，创新决定着世界政治经济力量对比的变化，也决定着各国各民族的前途命运。

其次，创新能力是当今国际竞争新优势的集中体现。“在激烈的国际竞争中，惟创新者进，惟创新者强，惟创新者胜。”今天，国际竞争的新优势越来越集中体现在创新能力上。当今世界，谁牵住了科技创新这个“牛鼻子”，谁走好了科技创新这步先手棋，谁就能占领先机，赢得优势。当前，全球新一轮科技革命和产业变革正在孕育兴起，谁在创新上先行一步，谁就能拥有引领发展的主动权。新科技革命和产业变革将重塑全球经济结构。

再次，改革创新是我国赢得未来的必然要求。抓创新就是抓发展，谋创新就是谋未来。目前，虽然我国经济总量跃居世界第二，但大而不强、臃肿虚胖体弱问题相当突出，主要体现在创新能力不强，科技发展水平总体不高，科技对经济社会发展的支撑能力不足，科技对经济增长的贡献率远低于发达国家水平，这是我国这个经济大个头的"阿喀琉斯之踵"。在新一轮科技革命和产业变革中，我国能否在未来发展中后来居上、弯道超车，主要就看能否在创新驱动发展上迈出实实在在的步伐。必须把创新作为引领发展的第一动力，把人才作为支撑发展的第一资源，把创新摆在国家发展全局的核心位置，把创新驱动发展战略作为国家重大战略，不断推进理论创新、制度创新、科技创新、文化创新等各方面创新，让创新贯穿党和国家一切工作，让创新在全社会蔚然成风。

最后，如果把科技创新比作我国发展的新引擎，那么改革就是点燃这个新引擎必不可少的点火系。实施创新驱动发展战略，最根本的是要增强自主创新能力，最紧迫的是要破除体制机制障碍，最大限度地解放和激发科技作为第一生产力所蕴含的巨大潜能，打通从科技强到产业强、经济强、国家强的通道，让改革释放创新活力，让一切创新源泉充分涌流。只有通过全面深化改革，才能加快转变经济发展方式，推进经济结构战略性调整，在全社会积极营造鼓励大胆创新、勇于创新、包容创新的良好氛围，把创新驱动的新引擎全速发动起来，为我国经济社会发展提供前所未有的强劲动力。

（六）大学生要勇做改革创新的生力军

青年时期是创新创造的宝贵时期。作为中国特色社会主义事业的建设者和接班人，新时代大学生应当以时代使命为己任，把握时代脉搏，迎接时代挑战，增强创新创造的能力和本领，勇做改革创新的实践者，将弘扬改革创新精神贯穿于实践中、体现在行动上。

1.树立改革创新的自觉意识

首先，增强改革创新的责任感。改革创新表现为一种不甘落后、奋勇争先、追求进步的责任感和使命感。改革创新充满艰辛、奉献甚至牺牲，没有强烈的责任感和使命感，很难支撑人们克服和战胜改革创新过程中的艰难曲折。李大钊曾写下“铁肩担道义，妙手著文章”的警语，“铁肩、道义”讲的就是责任与使命。大学生要不断增强以改革创新推动社会进步，在改革创新中奉献服务社会、实现人生价值的崇高责任感和使命感，以时不我待、只争朝夕的紧迫感投身改革创新的实践中。

其次，树立敢于突破陈规的意识。陈规最易束缚人的思维和手脚，创新创造的过程往往充满艰辛。要创新，就要有强烈的创新意识，凡事要有打破砂锅问到底的劲头，敢于质疑现有定论，勇于开拓新的方向，攻坚克难，追求卓越。敢于大胆突破陈规甚至常规，敢于大胆探索尝试，善于观察发现、思考批判，不唯书、不唯上，只唯实，这是大学生在学习与实践中创新创造的重要前提。

最后，树立大胆探索未知领域的信心。创新就是要走前人没有走过的路。要创新，就要有强烈的创新自信。未知领域可能是人类认识的盲区，也可能是人类实践的处女地。未知常常令人心生怯意，人们常常因充满未知的风险而停下探索和求新的脚步，但未知领域也往往蕴含着发现的沃土和创新的机遇。青年应是常为新、敢创造的，理当锐意创新创造，不等待、不观望、不懈怠，勇做改革创新的生力军。

2. 增强改革创新的能力本领

首先，夯实创新基础。推行任何一项改革，做出任何一项创新，都是站在前人积累的专业知识基础之上的。缺乏深厚的专业知识积淀，盲目追求改革创新，往往容易流于不切实际的空想，或者是“无知者无畏”的蛮干。无视或轻视专业知识学习，不可能担负改革创新的重任。大学生作为改革创新的生力军，应从扎实系统的专业知识学习起步和入手，而不能好高骛远，空谈改革，坐论创新。

其次，培养创新思维。创新思维与守旧思维的区别在于，守旧思维往往求同、模仿，创新思维则注重求异、批判而不甘落入窠臼和俗套；守旧思维被动回答问题，创新思维善于发现问题；守旧思维往往机械、线性、封闭，创新思维则灵活而开放，发散而多维；守旧思维提出的观点人们往往因熟悉而易于接受，创新思维则常常因“异想天开”而被怀疑甚至嘲讽。大学生在专业学习与社会实践中应自觉培养创新型思维，勤于思考，善于发现，勇于创新。

最后，投身创新实践。实践出真知，实践长才干。当代大学生既置身于全球新一轮科技革命和产业变革兴起的历史机遇期，又置身于我国迈向现代化强国的历史新征程，应当在全面深化改革的伟大实践中深深体悟改革创新精神，增强改革创新的意识，锤炼改革创新的意志，增强改革创新的能力本领，勇做改革创新的实践者和生力军。

四、课堂拓展

中国精神的价值意蕴

“实现中国梦必须弘扬中国精神。这就是以爱国主义为核心的民族精神，以改革创新为核心的时代精神。这种精神是凝心聚力的兴国之魂、强国之魂。”①中国精神的价值意蕴就在于其是兴国之魂、强国之魂。鲁迅先生说过：“惟有民魂是值得宝贵的，惟有他发扬起来，中国才有真进步。”②人无魂不立，国无魂不兴。中国精神是兴国强国之魂，兴国强国就是要实现国家富强、民族振兴、人民幸福，就是要实现中华民族伟大复兴的中国梦。兴国强国之路需要精神作为支撑，实现中国梦，需要兴国魂。

1. 中国精神是支撑民族独立的思想基础

中国精神是支撑中华民族在历经重重磨难而顽强拼搏，实现独立并巍然屹立于世界民族之林的强大思想基础。从鸦片战争开始，我国进入了民主主义革命时期，从独立的封建社会逐步沦为半殖民地半封建社会，中华民族遭遇山河破碎、积贫积弱的危难，中华儿女经历苦难，艰难求索，同时也孕育了凝聚民族力量的伟大中国精神。中国精神在近代时期聚焦在救

① 习近平. 在第十二届全国人民代表大会第一次会议上的讲话[M]. 北京：人民出版社，2013:4.

② 鲁迅全集 第3卷[M]. 北京：人民文学出版社，2015:222.

亡图存。西方帝国主义列强不断侵蚀着中华民族，中华儿女不甘屈辱，奋起反抗，抛头颅，洒热血，书写了一部又一部可歌可泣反抗侵略的壮丽篇章。在这场充满拼搏与抗争、鲜血与牺牲的救亡图存征程之中，以爱国主义为重要内容的中国精神是激励和支撑中华儿女团结一致、前赴后继、英勇拼搏的重要思想基础与强大精神力量。近代以来陆续出现了太平天国起义、义和团运动、维新变法、辛亥革命等运动，在不同时间、不同地域，代表不同利益的阶级势力为抵御殖民侵略、救亡图存而尝试多种道路，进行多种努力，以雷霆万钧和排山倒海之势开展反帝反封建的斗争，沉重打击了西方的殖民侵略，严重动摇了封建腐朽统治的根基，最终推翻清王朝的封建统治。1921年中国共产党的成立，使中国革命的面貌焕然一新，更为中国精神发展注入了先进性的活力。中国共产党是以马克思主义为指导的无产阶级政党，具有无比的先进性与广泛的基础性，高扬爱国主义和马克思主义的精神旗帜，团结和带领全国各族人民进行了艰苦卓绝的探索与奋斗，推翻了帝国主义、封建主义和官僚资本主义三座大山，取得了新民主主义革命的胜利，真正实现了民族独立。

2. 中国精神是维系民族团结的精神纽带

中国精神是维系民族团结和祖国统一的重要精神纽带，在漫漫中国历史发展中，中国精神对维护民族团结统一和国家主权领土完整发挥着重要作用。中华民族几千年的历史中，虽然出现过三国、两晋、南北朝、五代十国等短暂分立时期，但总体上保持着团结统一，几千年的历史有力地证明：只有民族团结统一，国家才能强盛繁荣。如果民族分裂，战事频发，国家也不得安宁，积贫积弱。中国精神中包含的“协和万邦”“大同世界”“兼容并包”等精神在中华民族发展过程中逐渐融入中国人民的血脉之中。中华民族生生不息与团结统一，离不开在中国精神感召下的各族人民团结一心，携手奋进。中国精神注重整体性，推崇和为贵，引导不同民族气质和特点的各族人民融入中华民族大家庭之中，引导不同心理和性格的各族人民形成对中华民族强烈的民族认同感和民族归属感，从而将全国各族人民牢牢融合在一起，化身维系民族团结的精神纽带。

3. 中国精神是提升综合国力的重要保证

世界舞台上国家与国家之间综合国力的竞争日益激烈，中国精神是提升我国综合国力的重要保证。一个国家的综合国力是这个国家经济、政治、文化、科技和教育等方面发展水平和程度的整体能力，是一个国家赖以存在和发展的全部实力的综合体现。综合国力不仅包括经济实力、科技实力、国防能力和军事力量等“硬”指标，而且包括文化、教育、精神等“软”因素。在全社会大力弘扬以爱国主义为核心的民族精神和以改革创新为核心的时代精神，增强人民群众的精神文化素质，提振国魂，本身就是增强综合国力的过程。此外，弘扬中国精神，可以激励全国各族人民团结一致，齐心协力，在爱国主义感召下兴我中华，建设美丽中国；在改革创新的鼓舞下投身社会主义现代化建设之中，极大地推进经济实力、科技实力、国防能力和军事力量等“硬”指标的提升。相反，如果中国精神衰落不振，全国人民一盘散沙，何谈经济建设、科技发展和国防军事提升？中国精神凝聚涓涓溪流汇成汪洋大海，将个人力量融入祖国现代化建设，提升我国的综合国力，使我国在激烈的国际竞争之中始终立于不败之地，是提升综合国力的重要保证。

4. 中国精神是实现民族复兴的强大动力

中国精神是推动我们实现中华民族伟大复兴中国梦的强大动力。中华民族历史悠久，勤劳勇敢的中国人民曾创造了灿烂辉煌的中华文明，长期处于世界领先水平，为人类文明的发展与进步做出重要贡献。近代以来，由于外部殖民入侵和内部统治的腐朽，中国几近亡国的边缘。所谓民族复兴，就是恢复中国在世界舞台上领先他国的国际地位和大国风采。中国共产党在马克思主义指导下，带领中国人民实现民族独立，进行了社会主义革命、建设和改革，为中华民族伟大复兴奠定了重要基础，并一步一步接近伟大复兴的战略目标。之所以能出现这种历史转折，一个重要原因就是中国共产党带领中华民族在一次次探索之中逐步重构了中国精神，实现了中国精神的涅槃重生：形成了以爱国主义为核心的民族精神和以改革创新为核心的时代精神。弘扬中国精神，成为实现中华民族伟大复兴中国梦的强大动力和重要路径。在加快推进社会主义现代化建设和实现“两个一百年”奋斗目标过程中，中国精神作为兴国之魂、强国之魂的价值和意义更为凸显。

（节选自刘晓亮：《论中国精神的传统基源与价值意蕴》,《学校党建与思想教育》,2018年第4期）

爱国是一种情感，更是一种理性

爱国作为一种高贵的情感，不能没有理性的支撑，否则，爱国就会变成一种浅薄的情绪宣泄，就会失去本来应有的深厚底蕴。结果，要么冲动盲干、误入歧途，如个别打砸哄抢的流氓“爱国”者；要么一时热度、不能持久，如某些唾沫飞溅的口头“爱国”派。真正爱国者，既要有爱国之情，又要懂得如何爱国，线上线下都该如此。

爱国者的理性，当然不是经济动物的“理性”。实际生活中，有人表面上说着“我爱国”，私下里却嘀咕“国爱我吗?”，他们抱着没有好处不爱国的荒唐信条，时时处处都在打个人利益的小算盘。这种人虽然一时爱国，但只要环境一变，就可能投机卖国，值得我们警惕。此外，还有人喜欢打着爱国旗号，嚷嚷什么“消费爱国论”和“买房爱国论”，让熏天的铜臭亵渎了神圣的情感。这些不是理性，而是算计，与爱国无关。

爱国者的理性，源于对国情国史的敬重。只有深知国家从哪里来，我们才有发自内心的热爱。从空间上看，每个国家都有一个物理疆域；从精神上说，每个国家都是一个精神母体。一切深厚博大的爱国主义都建立在文化认同和情感认同的基石上。互联网上，少数人打着“揭秘”“解读”的幌子，歪曲历史事实，丑化历史人物，扰乱了部分网民的历史观，造成了极其恶劣的影响。对此，爱国者仅有道德义愤不行，还要敢于站出来，还原历史本来面目，揭露某些人的叵测居心。

爱国者的理性，源于对国家使命的担当。古人说：“天下兴亡，匹夫有责。”爱国就要聚焦使命，勇于担当。几年前，日本非法“购买”我国钓鱼岛，激发我国民众的强烈愤怒。除了依法游行示威、表达集体抗议，我们还能做什么，还应该做什么？有位年轻人在接受媒体采访时说：“我们要抵制日货，并不是要砸自己的日货，我们在各行各业，都要比它做得好。我们的官员，比他们的廉洁；我们的街道，比他们的干净；我们的桥，比他们的结实；我们的年轻人，比他们更有未来，更有希望。”这就是一种超越了愤怒的理性，标志着我国大多数青少年的爱国观念日趋成熟。

爱国者的理性，源于个人行动的自觉。爱国者要有精神自觉，更要有行动自觉。邓小平同志曾经指出，世界上的事情都是干出来的，不干，半点马克思主义都没有。爱国不是空洞的口号，而是具体的行动。爱国者要从现在做起，从小事做起，以爱国之行表达爱国之心，让我们的国家越来越好。正如一位学者说的：“你所站立的那个地方，正是你的中国。你怎么样，中国便怎么样。你是什么，中国便是什么。你有光明，中国便不黑暗。”

（节选自吴林红：《爱国是一种情感，更是一种理性》，《安徽日报》，2014年10月30日第9版）

坚持创新发展——“五大发展理念”解读之一

创新是历史进步的动力、时代发展的关键，位居今日中国“五大发展理念”之首。习近平同志在党的十八届五中全会上提出的创新、协调、绿色、开放、共享“五大发展理念”，把创新提到首要位置，指明了我国发展的方向和要求，代表了当今世界发展潮流，体现了我们党认识把握发展规律的深化。用以创新为首的“五大发展理念”引领时代发展，必将带来我国发展全局的一场深刻变革，为全面建成小康社会、实现中华民族伟大复兴中国梦提供根本遵循、注入强劲动力。

1. 创新发展居于国家发展全局的核心位置

创新立足传统、突破传统，依托现实、推动变革。创新居于什么位置？国家发展全局的核心位置。习近平同志对创新在我国经济社会发展中的重要地位和作用的崭新概括，具有重大意义。

今日世界，发展面临的最大矛盾仍是供需矛盾，尤其是资源有限性与需求无限性的矛盾。随着人口越来越多，需求越来越大，需求质量要求越来越高，这一矛盾越来越突出。解决这一矛盾的关键在于创新。创新尤其是科技创新成为世界主题、世界潮流、世界趋势。谁都知道创新重要，但究竟重要到什么程度，把它放在什么位置，怎样定位，却见仁见智。把创新放在国家发展全局的核心位置，体现了对人类社会发展规律的深刻认识，体现了对国家民族发展根本的深刻体认，在我国几千年治国理政思想史上是第一次，在我们党的历史上是第一次，在社会主义发展史上是第一次；放眼今日世界，把创新放在国家发展如此极端重要位置，放在制订未来五年发展规划理念的首要位置，也是极为少见的。

面对今日世界，只有把创新发展放在我国发展全局的核心位置，才能适应和引领时代发展大势。当今之世，一个国家走在世界发展前列，根本靠创新；一个民族屹立于世界民族之林，根本靠创新。现在，世界范围的新一轮科技革命和产业变革蓄势待发，信息科技、生物科技、新材料技术、新能源技术广泛渗透。世界大国都在积极强化创新部署，如美国实施再工业化战略、德国提出工业4.0战略。我国创新底子薄、创新力量相对不足，赶超世界创新大国的难度不小。这种情况下，是把创新放在核心位置还是一般位置，结果大不一样。把创新放在发展全局的核心位置，体现了以习近平同志为核心的党中央的坚定决心和历史担当，是党中央在我国发展关键时期作出的重大决策，凝聚的是立足全局、面向全球、聚焦关键、带动整体、持续发展的国家意志和国家战略。把创新放在发展全局的核心位置，就能紧扣世界创新发展脉搏，顺应世界创新发展大势，赶上世界创新发展脚步，从后发到先发、从跟跑到领跑，引领世界创新发展潮流。

纵观中国，只有把创新发展放在我国发展全局的核心位置，才能促进国家长治久安、民族永续发展。现代国家竞争，主要是综合国力竞争，根本是创新能力的竞争。创新兴则国家兴，创新强则国家强，创新久则国家持续强盛。500年来，世界经济中心几度迁移，但科技创新这个主轴一直在旋转、在发力，支撑着经济发展，引导着社会走向。一些欧美国家抓住蒸汽机革命、电气革命和信息技术革命等重大机遇，跃升为世界大国和世界强国。相形之下，因一次次错过世界科技革命浪潮，我国由全球经济规模最大的国家沦为落后挨打的半殖民地半封建社会。这是历史的教训、民族的悲哀。我们必须充分吸收古今中外的经验教训，立足新的历史起点，面对新的现实挑战，确立创新发展理念，实施创新驱动发展战略。创新已成为决定我国发展前途命运的关键、增强我国经济实力和综合国力的关键、提高我国国际竞争力和国际地位的关键。把创新放在发展全局的核心位置，不仅可以巩固已有发展成果，全面建成小康社会，而且能够推动国家持续健康发展、民族和谐发展，在更好基础、更高层次上，更有信心、更有决心、更有能力实现第二个百年奋斗目标。

立足全局，只有把创新发展放在我国发展全局的核心位置，才能实现认识把握创新规律的新飞跃，促进各项事业向更高层次迈进。理念具有根本性、整体性和长久性，理念变化将带来根本变化、整体变化和长远变化。把创新放在发展全局的核心位置，必然给发展全局带来根本变化、整体变化、长远变化。通观人类社会发展史和中国发展史，不仅一直存在创新规律，而且一直受创新规律支配。创新的本质特征在于革故鼎新，在政治上主要是改造旧世界、建设新世界；在经济上主要是提高传统生产要素的效率、创造新的生产要素、形成新的要素组合，为持续发展提供源源不断的内生动力；在思想文化上主要是弘扬传统精华、克服传统弊端，提出新思想、新观念、新学说、新风尚，创立新体系、新学派、新方法、新文风。把创新放在发展全局的核心位置，让创新贯穿党和国家一切工作，不断推进理论创新、制度创新、科技创新、文化创新等各方面创新，就能使全党对创新规律的认识把握达到新境界，使各行各业对创新规律的认识把握达到新高度，推动我国发展全局发生根本变化、整体变化和长远变化，把我国建设成为经济强国、创新大国，进而建成富强民主文明和谐的社会主义现代化强国。

2. 创新是引领发展的第一动力

把创新发展放在国家发展全局的核心位置，是因为创新是引领发展的第一动力。“核心位置”与“第一动力”相辅相成、交相辉映。

党的十八大以来，以习近平同志为核心的党中央毫不动摇坚持和发展中国特色社会主义，勇于实践、善于创新，形成一系列治国理政新理念新思想新战略，为在新的历史条件下深化改革开放、加快推进社会主义现代化提供了科学理论指导和行动指南。习近平同志在党的十八届五中全会上提出的“把创新摆在国家发展全局的核心位置”“把创新作为引领发展的第一动力”等重大论断，是马克思主义关于创新的理论的最新成果，是“科学技术是第一生产力”重要思想的创造性发展，丰富发展了中国特色社会主义理论宝库。

创新作为引领发展的第一动力，决定我国发展思路、发展方向和发展面貌。创新尤其是全面创新是涉及上层建筑与经济基础、生产关系与生产力的全要素、全系统、全方位变革。理论创新、制度创新、科技创新、文化创新对经济社会和国家发展全局具有深刻影响、强大推力。思想理论创新属“脑动力”创新，是社会发展和变革的先导，也是各类创新活动的思想灵魂和方法来源。制度创新属“原动力”创新，是持续创新的保障，能够激发各类创新主体活力，也是引领经济社会发展的关键，核心是国家治理创新，推进国家治理体系和治理能力现代化，形成有利于创新发展的体制机制。科技创新属“主动力”创新，是全面创新的重中之重。文化创新本质上是“软实力”创新，培植民族永葆生命力和凝聚力的基础，为各类创新活动提供不竭的精神动力。这四大创新标识出我国发展的创新思路、创新方向。当前，创新发展致力于促进我国发展方式从规模速度型粗放增长转向质量效率型集约增长，经济结构从增量扩能为主转向调整存量、做优增量并举，发展动力从主要依靠资源和低成本劳动力等要素投入转向主要依靠创新驱动。不难想象，这四大创新连同其他方面创新一起“发力”、一起“给力”，我国发展全局会是一个什么样的局面、一个什么样的面貌。

创新作为引领发展的第一动力，决定发展的速度、规模、结构、质量和效益。现代发展的一大特点是，自然资源越用越少，创新要素越用越多。我国经济规模虽然很大，但人口众多、人均自然资源少，走以土地、劳动力、资本等为主导的传统发展之路已行不通，必须依靠创新尤其是科技创新，走创新发展之路，实现可持续发展，才能破解经济社会发展瓶颈，跨越“中等收入陷阱”，避免出现“阿喀琉斯之踵”现象。当前，我国面临经济下行压力，说到底归因于创新乏力、创新不足。传统产业改造升级也好，新兴产业培育发展也罢，离开创新都没有出路，都寸步难行。我国经济发展进入新常态，从中低端迈向中高端、创造新常态下的新优势，根本出路在创新。只有创新，才能从根本上解决我国发展不平衡、不协调、不可持续问题，从根本上解决我国发展动力不足、发展方式粗放、产业层次偏低、资源环境约束趋紧等急迫问题；才能增强我国发展能力，加快形成以创新为主要引领和支撑的经济体系和发展模式，为转变经济发展方式、优化经济结构、改善生态环境、提高发展质量和效益开拓广阔空间，推动我国经济社会持续健康发展。

创新作为引领发展的第一动力，决定我国赶超世界先进科技水平的能力和实力。科技创新是国家竞争力的核心，是各类创新中最核心最关键的创新。创新能否成为引领发展的第一动力，关键在科技创新；创新能否解决当前需求无限性与资源有限性的矛盾，持续增加要素有效供给并形成高效组合，不断提高生产力，关键也在科技创新。习近平同志指出："谁牵住了科技创新这个牛鼻子，谁走好了科技创新这步先手棋，谁就能占领先机、赢得优势。"现在，我国需要高端技术、核心技术、关键技术，但引不进、买不来，只能靠我们自己创新。《中共中央关于制定国民经济和社会发展第十三个五年规划的建议》指出："在国际发展竞争日趋激烈和我国发展动力转换的形势下，必须把发展基点放在创新上，形成促进创新的体制架构，塑造更多依靠创新驱动、更多发挥先发优势的引领型发展。"这两个"更多"、一个"创新驱动"、一个"先发优势"、一个"引领型发展"，成为未来五年创新发展的指标性要求。这就需要依靠创新汇聚融合高端要素，培育我国经济发展新动力；依靠创新培育发展高端产业，构建我国经济发展新优势；依靠创新打造形成创新高地，拓展我国经济发展新空间；加强基础研究，强化原始创新、集成创新和引进消化吸收再创新，树立战略和前沿导向，推动关系发展全局的重大技术突破；强化企业创新主体地位和主导作用，形成一批具有国际竞争力的创新型领军企业，推动跨领域跨行业协同创新，加快政产学研用深度融合；坚持全球视野，推进开放创新，为经济转型升级提供强有力支撑。

3. 让创新在全社会蔚然成风

把创新发展放在国家发展全局的核心位置，发挥创新作为引领发展第一动力的功能作用，归根结底依靠上下同心、全社会一起努力，推动创新发展在全社会蔚然成风。

树立崇尚创新的发展观。理念引领观念，观念引导行动。树立崇尚创新的发展观，要求我们把认识和行动凝聚到创新发展上，形成抓创新就是抓发展、谋创新就是谋未来的共识。要求政府转变职能，从研发管理向创新服务转变，更加注重抓宏观、抓战略、抓前瞻、抓基础、抓环境、抓监督，在政策制定、制度安排和资源配置中，把科技创新等作为最重要的战略资源优先考虑；加大投入，提高创新资源的集聚能力和使用效率，发挥财政资金撬动作用，引导社会资源投入创新，形成财政资金、金融资本、社会资本多方投入的新格局，扩大创新创业投资规模。要求强化创新的法治保障，培育公平、开放、透明的市场环境，增强各类市场主体的创新动力，营造有利于创新发展的社会环境。要求各级各类社会组织和我们每一个人摒弃不适应、不适合甚至违背创新发展的思路做法，用创新发展理念解决发展问题、挖掘发展潜力、培植发展优势、开拓发展境界。

把人才作为支撑创新发展的第一资源。创新归根到底是人才创新，创新驱动归根到底是人才驱动，人才是支撑创新发展的第一资源。为此，应推动实施人才强国战略，加快人才结构战略性调整，突出“高精尖缺”导向，着力发现、培养、集聚战略科学家、科技领军人才、企业家人才、高技能人才队伍，造就一批世界水平的科学家、科技领军人才、工程师和高水平创新团队。实施更加开放的创新人才引进政策，更大力度引进急需紧缺人才，聚天下英才而用之。实施更加积极的创新人才引进政策，注重培养一线创新人才和青年科技人才，大力提高全民科学素质。完善人才评价激励机制和服务保障体系，赋予创新领军人才更大的人财物支配权、技术路线决策权，实行以增加知识价值为导向的分配政策，提高科研人员成果转化收益分享比例，让他们充分释放创新发展的才能和潜能。

让创新在全社会蔚然成风。崇尚创新，国家才有光明前景，社会才能充满活力。创新发展是全民参与、全民推动的宏伟事业。弘扬创新文化，倡导敢为人先、勇于冒尖的创新精神，使创新成为全社会的一种价值导向、一种思维方式、一种生活习惯。激活民间智慧和创造力，激发创新创业活力，推动大众创业、万众创新，鼓励发展众创、众包、众扶、众筹空间，最大程度地释放全社会创新潜力，让一切劳动、知识、技术、管理、资本的活力竞相迸发，形成人人崇尚创新、人人渴望创新、人人皆可创新的社会氛围。中国人民是勤劳勇敢、聪明智慧的，也是富于创新创造精神的。只要中国人民心往创新上想、劲往创新上使，什么人间奇迹都能创造出来，全面建成小康社会和中华民族伟大复兴的中国梦必将在亿万人民的创新创造中梦想成真、梦圆世界！

（选自任理轩：《坚持创新发展——“五大发展理念”解读之一》，《人民日报》，2015年12月18日第7版）

五、热点问题探讨

◇2018年7月6日，美国对818个类别、价值340亿美元的中国商品加征25%的进口关税，打响了中美贸易战的第一枪。2018年7月10日，美国贸易代表办公室又宣布将对额外价值2000亿美元的中国商品加征10%关税。为了应对美国挑起的贸易战，一些网友在网络空间号召中国人共同抵制美国商品，不购买美国商品，并列举了一系列美国的品牌。你怎么看待抵制美国商品的做法和观点？

◇2018年4月16日晚，美国商务部发布公告称，美国政府在未来7年内禁止中兴通讯向美国企业购买敏感产品。这就是所谓的“美国制裁中兴事件”。事件发生后，有分析认为，中兴占全球电信设备市场约10%的市场份额，占中国电信设备市场约30%市场份额。中兴有1—2月的零部件的存货，若不能尽快达成和解，会影响相关业务，同时对当前全球和中国的运营商网络建设带来一定影响，并有可能影响未来5G网络的推进。中兴事件对中国企业是个镜鉴，中国企业必须进一步提高创新，尽快把核心技术掌握在自己手中。结合自身实际，谈谈大学生应该如何真正成为改革创新的生力军。

六、实践活动推介

组织讲故事竞赛活动：通过讲英雄和先进人物的故事，使大学生记住更多的中国英雄和先进人物及其身上体现的中国精神。具体环节和要求：第一，对中国英雄和先进人物进行时代界定；第二，以班级为单位，将任务提前布置下去，让学生有时间在搜集大量史料的基础上进行创作；第三，推荐5到7位学生评委，并对学生评委的评分行为作出规定，以保证评分的公正性，并制作评分标准；第四，开展讲故事竞赛，评选出优胜者并进行奖励。

七、阅读书目推荐

1.[美]韦慕廷.孙中山——壮志未酬的爱国者[M].杨慎之,译.广州:中山大学出版社,1986.

2.林国建,李娟芬,吴云.百名中华爱国者的故事[M].北京:中国铁道出版社,1995.

3.涂元季.钱学森[M].贵阳:贵州人民出版社,2004.

4.潘亚玲.美国爱国主义与对外政策[M].上海:上海人民出版社,2008.

5.钟茂森.找寻中国精神[M].北京:中国华侨出版社,2010.

6.赵瑞琦.网络爱国主义:源流、利弊与策论[M].北京:中国传媒大学出版社,2012.

7.张瑞敏.爱国主义六论[M].北京:人民出版社,2014.

8.吴潜涛,等.中国精神教育读本[M].北京:人民出版社,2014.

9.佘双好.中国梦之中国精神[M].武汉:武汉大学出版社,2015.

第四章　践行社会主义核心价值观

一、学习目的与要求

通过本章内容的学习与实践，熟练掌握社会主义核心价值观的基本内容，深刻理解社会主义核心价值观的重要意义，从而坚定社会主义核心价值观自信，做社会主义核心价值观的积极践行者。

二、内容提要

社会主义核心价值观的基本内容。党的十八大提出，要倡导富强、民主、文明、和谐，倡导自由、平等、公正、法治，倡导爱国、敬业、诚信、友善，积极培育和践行社会主义核心价值观。坚持和发展中国特色社会主义，实现中华民族伟大复兴的中国梦，凝结着中华民族和中国人民对富强、民主、文明、和谐的价值追求。这一价值追求回答了我们要建设什么样的国家的重大问题，揭示了当代中国在经济发展、政治文明、文化繁荣、社会进步等方面的价值目标，从国家层面标注了社会主义核心价值观的时代刻度。自由、平等、公正、法治，反映了人们对美好社会的期望和憧憬，是衡量现代社会是否充满活力又和谐有序的重要标志。这一价值追求回答了我们要建设什么样的社会的重大问题，与实现国家治理体系和治理能力现代化的要求相契合，揭示了社会主义社会发展的价值取向。爱国才能承担时代赋予的使命，敬业才能创造更大的人生价值，诚信才能赢得良好的发展环境，友善才能形成和谐的人际关系。爱国、敬业、诚信、友善，这一价值追求回答了我们要培育什么样的公民的重大问题，涵盖了社会公德、职业道德、家庭美德、个人品德等各个方面，是每一个公民都应当遵守的道德规范。

社会主义核心价值观是当代中国发展进步的精神指引。培育和践行社会主义核心价值观，是有效整合我国社会意识、凝聚社会价值共识、解决和化解社会矛盾、聚合磅礴之力的重大举措，是保证我国经济社会沿着正确的方向发展、实现中华民族伟大复兴的价值支撑。社会主义核心价值观是坚持和发展中国特色社会主义的价值遵循，是提高国家文化软实力的迫切要求，是增进社会团结和谐的最大公约数。

社会主义核心价值观的历史底蕴。社会主义核心价值观深深地根植于中华优秀传统文化，是社会主义核心价值观历史底蕴的集中体现。中华优秀传统文化是涵养社会主义核心价值观的重要源泉，是中华民族的精神命脉。培育和弘扬社会主义核心价值观，必须立足中华优秀传统文化。

社会主义核心价值观的现实基础。社会主义核心价值观的现实基础，就是当今时代的中华民族所进行的人类历史上最为宏伟而独特的中国特色社会主义建设实践。中国特色社会主义建设是社会主义核心价值观的实践根据。中国特色社会主义建设也以无可辩驳的事实生动展示着社会主义核心价值观的生机活力。

社会主义核心价值观的道义力量。真理的力量加上道义的力量，才能行之久远。社会主义核心价值观以其先进性、人民性和真实性而居于人类社会的价值制高点，具有强大的道义力量。社会主义核心价值观的先进性，体现在它是社会主义制度所坚持和追求的核心价值理念。社会主义核心价值观的人民性体现在它所代表的是最广大人民的根本利益，反映的是最广大人民的价值诉求，引导着最广大人民为实现美好社会理想而奋斗。社会主义核心价值观的道义力量还源于它的真实性。

做社会主义核心价值观的积极践行者。首先，扣好人生的扣子。大学生成长成才和全面发展，离不开正确价值观的引领。其次，勤学修德明辨笃实。培育和践行社会主义核心价值观，既要目标高远，保持定力、不懈奋进，又要脚踏实地，严于律己、精益求精，将社会主义核心价值观转化为人生的价值准则，勤学以增智、修德以立身、明辨以正心、笃实以为功。

三、重点难点内容

（一）社会主义核心价值观的重大意义

中国特色社会主义进入新时代，世界正处于百年未有大变局之中，我国国内全面深化改革开放的任务异常艰巨，思想意识呈现出多样多变的新特点。在这一极其复杂的国际国内情势下，培育和践行社会主义核心价值观，意义重大而深远。2018年3月，十三届全国人大一次会议通过宪法修正案，把“国家倡导社会主义核心价值观”正式写入宪法，进一步凸显了社会主义核心价值观的重大意义。

首先，社会主义核心价值观是坚持和发展中国特色社会主义的价值遵循。中国特色社会主义是全面发展、全面进步的社会主义。它既需要不断完善经济、政治、文化、社会和生态文明等各方面的制度，也需要不断探索社会主义在精神和价值层面的本质规定性；既需要为人们描绘未来社会物质生活方面的目标，也需要为人们指出未来社会精神价值的归宿。在全社会大力弘扬社会主义核心价值观，明确中国特色社会主义事业到底追求什么、反对什么，要朝着什么方向走、不能朝什么方向走，坚守我们的价值观立场，坚定中国特色社会主义的道路自信、理论自信、制度自信和文化自信，为社会的有序运行、良性发展提供明确价值准则，保证中国特色社会主义事业始终沿着正确方向前进，是中国特色社会主义的铸魂工程。

其次，社会主义核心价值观是提高国家文化软实力的迫切要求。当今世界，文化越来越成为综合国力竞争的重要因素，成为经济社会发展的重要支撑，文化软实力越来越成为争夺发展制高点、道义制高点的关键所在。文化的力量，归根到底来自凝结其中的核心价值观的影响力和感召力；文化软实力的竞争，本质上是不同文化所代表的核心价值观的竞争。培育和践行社会主义核心价值观，用最简洁的语言介绍和说明中国，有利于增进国际社会对中国的理解，扩大中华文化影响力，展示社会主义中国的良好形象；有利于增强社会主义意识形态的竞争力，掌握话语权，赢得主动权，逐步打破西方的话语垄断、舆论垄断，维护国家文化利益和意识形态安全，不断提高我们国家的文化软实力。

最后，社会主义核心价值观是增进社会团结和谐的最大公约数。历史和现实一再表明，只有建立共同的价值目标，一个国家和民族才会有赖以维系的精神纽带，才会有统一的意志和行动，才会有强大的凝聚力、向心力。当前，我国正处在经济转轨和社会转型的加速期，思想领域日趋多元、多样、多变，各种思潮此起彼伏，各种观念交相杂陈，不同价值取向并存，所有这些表现出来的是具体利益、观念观点之争，但折射出来的是价值观的分歧。培育和践行社会主义核心价值观，能够在具体利益矛盾、各种思想差异之上最广泛地形成价值共识，有效引领整合纷繁复杂的社会思想意识，有效避免利益格局调整可能带来的思想对立和混乱，形成团结奋斗的强大精神力量。

（二）坚定社会主义核心价值观自信的理由

“一个民族、一个国家，必须知道自己是谁，是从哪里来的，要到哪里去，想明白了、想对了，就要坚定不移朝着目标前进。”[①]这种坚定不移朝着目标前进的精神状态，就是一个民族、一个国家高度自觉自信的状态。坚定的核心价值观自信，是中国特色社会主义道路自信、理论自信、制度自信和文化自信的价值内核。

1. 社会主义核心价值观的历史底蕴

任何一种价值观都不可能凭空产生，总是有其特定的历史底色和精神脉络。牢固的核心价值观，都有其固有的根本。抛弃传统、丢掉根本，就等于割断了自己的精神命脉。新时代的大学生应正确认识和准确把握社会

① 习近平.习近平谈治国理政[M].北京:外文出版社,2014:171.

主义核心价值观与中华优秀传统文化的内在关系。

首先，中华优秀传统文化是涵养社会主义核心价值观的重要源泉，是中华民族的精神命脉。在世界几大古代文明中，中华文明之所以能够没有中断并延续发展至今，一个重要原因就是中华民族有一脉相承的精神追求、精神特质、精神脉络。2000多年前，中国就出现过诸子百家的盛况，老子、孔子、墨子等思想家广泛探讨人与人、人与社会、人与自然的关系，提出了包括孝悌忠信、礼义廉耻、仁者爱人、与人为善、天人合一、道法自然、自强不息等很多理念，至今仍然深深影响着中国人的生活。这些丰富的思想和理念，不论过去还是现在，都有其鲜明的民族特色，都有其永不褪色的时代价值。

其次，培育和弘扬社会主义核心价值观，必须立足中华优秀传统文化。历史是从昨天走到今天再走向明天，不忘本来才能开辟未来，善于继承才能更好创新。中国人民的理想、价值观和精神世界是始终扎根于中华优秀传统文化的沃土之中的，同时又是随着历史和时代前进而不断与时俱进的。社会主义核心价值观，是对中华优秀传统文化的继承和升华。它把涉及国家、社会、公民的价值要求融为一体，赋予中华优秀传统文化以新的时代内涵。今天，培育和弘扬社会主义核心价值观，必须从中华优秀传统文化中汲取丰富营养，深入中华民族历久弥新的精神世界，把长期以来我们民族形成的积极向上向善的思想文化充分继承和弘扬起来，坚持历史唯物主义立场，坚持古为今用、推陈出新，有鉴别地加以对待，有扬弃地予以继承；推动中华优秀传统文化创造性转化和创新性发展，激活其生命力，增强其影响力和感召力，把跨越时空、超越国度、富有永恒魅力、具有当代价值的文化精神弘扬起来，把继承优秀传统文化又弘扬时代精神、立足本国又面向世界的当代中国文化创新成果传播出去。

2. 社会主义核心价值观的现实基础

社会主义核心价值观，不仅与中华民族悠久灿烂的历史文化相契合，具有深厚的历史文化底蕴，而且同我们正在进行的奋斗相结合，同我们所要解决的时代问题相适应，具有坚实的现实基础。

首先，中国特色社会主义建设是社会主义核心价值观的实践根据。价值观是人类在认识、改造自然和社会的过程中产生与发挥作用的。不同民族、不同国家由于其自然条件和发展历程不同，产生和形成的核心价值观也各有特点。建设富强民主文明和谐美丽的社会主义现代化强国，实现中华民族伟大复兴，是鸦片战争以来中国人民最伟大的梦想，是中华民族的最高利益和根本利益，承载着几代中国共产党人的理想和探索，寄托着无数仁人志士的意愿和期盼，凝聚着千千万万革命先烈的奋斗和牺牲，是近代以来中国社会发展的必然选择，是历史和人民的选择，凝聚着全国各族人民的奋斗和实践。推进中国特色社会主义建设，必然要求有自己鲜亮的精神旗帜，有明确有力的价值引领。社会主义核心价值观生成于中国特色社会主义建设实践，同当今中国最鲜明的时代主题相适应，是当代中国精神的集中体现，是中国特色社会主义本质规定的价值表达。它从价值观的层面，清晰地展现了我们所推进的中国特色社会主义建设的基本特征和根本追求，引领着中国特色社会主义建设铿锵前行。

其次，中国特色社会主义建设也以无可辩驳的事实生动展示着社会主义核心价值观的生机活力。改革开放以来，我们坚持走中国特色社会主义道路，在复杂的国内外形势下，抓住和用好了我国发展的战略机遇期，我国的综合国力、人民的生活水平、国际竞争力和国际影响力都迈上了新台阶，彰显了中国特色社会主义的巨大优越性和强大生命力。中国特色社会主义不是从天上掉下来的，也不是什么复制品、舶来品，而是有其自身的独特品质，中国特色的价值理念就是其中的内核。中国特色社会主义建设的成功经验，是对社会主义核心价值观正确性、可信性的检验。同时，中国特色社会主义建设的新推进，也不断为社会主义核心价值观注入丰富而鲜活的时代内涵，提出弘扬和践行社会主义核心价值观的新任务新要求，并为社会主义核心价值观的弘扬和践行创造提供了广阔空间及有力的物质基础、制度保障和相应条件。社会主义核心价值观之所以彰显出强大的生命力、吸引力和感召力，正因其深深地扎根于中国特色社会主义建设的生动实践之中。

3. 社会主义核心价值观的道义力量

坚定社会主义核心价值观自信，要求我们充分认识社会主义核心价值观的优越性及其在中国梦实现过程中的重大意义。

首先，社会主义核心价值观的先进性，体现在它是社会主义制度所坚持和追求的核心价值理念。社会主义制度建立在生产资料公有制的基础之上，消灭了剥削制度，劳动人民成为国家的真正主人，是人类社会迄今为止最先进的社会制度。中国特色社会主义制度是科学社会主义原则与中国实际的创造性结合，至今仍在不断地改革、完善和发展之中。中国特色社会主义所取得的开创性成就使得科学社会主义在21世纪的中国焕发出强大生机活力，为人类探索更加美好的社会制度提供了宝贵的中国智慧和中国方案。社会主义核心价值观反映着我国社会主义基本制度的本质要求，渗透于经济、政治、文化、社会、生态建设的各个方面，是我国社会主义制度的内在精神之魂。作为人类社会最为先进社会制度的本质规定在价值层面的集中反映，社会主义核心价值观代表着当今时代人类社会的价值制高点。

其次，社会主义核心价值观的人民性体现在它所代表的是最广大人民的根本利益，反映的是最广大人民的价值诉求，引导着最广大人民为实现美好社会理想而奋斗。马克思主义最根本的政治立场，就是始终站在广大劳动人民的立场上，以广大劳动人民的解放为旨归，竭尽全力为人民求福利、谋利益。与此相应，人民性也是以马克思主义为理论基础、以社会主义运动为实践根据的社会主义核心价值观的根本特性。在引导中国特色社会主义建设的进程中，中国共产党也反复强调，人民是历史的创造者，要践行全心全意为人民服务的根本宗旨，坚持以人民为中心、坚持人民当家作主，把人民对美好生活的向往作为奋斗目标；强调中国共产党人的初心和使命，就是为中国人民谋幸福，为中华民族谋复兴；强调中国共产党是为中国人民谋幸福的政党，也是为人类进步事业而奋斗的政党，始终把为人类作出新的更大贡献作为自己的使命。鲜明的人民性，使得社会主义核心价值观具有强大的道义感召力。

最后，社会主义核心价值观的道义力量还源于它的真实性。在人类社会发展进程中，许多统治阶级都曾提出了不少看上去非常美好的价值理念，其中有些在历史上也发挥了很大的积极作用，但由于其阶级和历史局限性，这些美好的价值理念并未能彻底地、真正地实现。民主、自由、博爱等便是资产阶级时刻挂在嘴边的价值主张。但正如列宁所指出的那样："资产阶级民主同中世纪制度比较起来，在历史上是一大进步，但它始终是而且在资本主义制度下不能不是狭隘的、残缺不全的、虚伪的、骗人的民主，对富人是天堂，对被剥削者、对穷人是陷阱和骗局。"①人民当家作主的社会主义制度，则为社会主义核心价值观的真正实现奠定了根本的制度前提和制度保障，使得自由、民主、公正等价值观"不是装饰品，不是用来做摆设的，而是要用来解决人民要解决的问题的"，成为真切、具体、广泛的现实。

（三）做社会主义核心价值观的积极践行者

青年的价值取向，既关系着自己的健康成长成才，又决定着未来整个社会的价值取向。青年是引风气之先的社会力量。在全社会培育和弘扬社会主义核心价值观，需要大学生始终走在时代前列，成为社会主义核心价值观的坚定信仰者、积极传播者、模范践行者。

1. 扣好人生的扣子

大学生在高校生活，少则三到四年，多则九到十年，正处在人生成长的关键时期，知识体系搭建尚未完成，价值观塑造尚未成型，情感心理尚未成熟，需要加以正确引导。青年的价值取向决定了未来整个社会的价值取向，而青年又处在价值观形成和确立的时期，抓好这一时期的价值观养成十分重要。

大学生成长成才和全面发展，离不开正确价值观的引领。当今世界和当代中国都处于大变革之中。这种变革反映到人们的思想观念中，自然会产生多种多样的思想理论和价值理念。面对世界范围内各种思想文化交流交融交锋的新形势，面对整个社会思想价值观念呈现多元多样、复杂多变

① 列宁选集 第3卷[M].北京：人民出版社，1995:601.

的新特点，大学生健康成长成才更加需要正确价值观的引领。正确的价值观能够引导大学生把人生价值追求融入国家和民族事业，始终站在人民大众立场，同人民一道拼搏、同祖国一道前进，服务人民、奉献社会，努力成为中国特色社会主义事业的合格建设者和可靠接班人。

核心价值观的养成绝非一日之功。大学生要坚持由易到难、由近及远，从现在做起，从自己做起，努力把核心价值观的要求变成日常的行为准则，形成自觉奉行的信念理念，并身体力行大力将其推广到全社会去，为实现国家富强、民族振兴、人民幸福的中国梦凝聚强大的青春能量。

2.勤学修德明辨笃实

对于大学生而言，就是要切实做到勤学、修德、明辨、笃实，使社会主义核心价值观成为一言一行的基本遵循。

首先是勤学。知识是树立社会主义核心价值观的重要基础。大学生正处于学习科学知识的黄金时期，要下得苦功夫，求得真学问，把学习作为一种精神追求、一种生活方式，努力扩大知识半径，既读有字之书，也读无字之书，培养道德品质，掌握真才实学，练就过硬本领。要努力掌握马克思主义理论，形成正确的世界观和科学的方法论，深化对社会主义核心价值观的认知认同。大学生要注重把所学知识内化于心，形成自己的见解，专攻博览，努力掌握为祖国、为人民服务的真才实学，让勤于学习、敏于求知成为青春远航的动力。

其次是修德。“德者，本也。”道德之于个人、之于社会，都具有基础性意义，做人做事第一位的是崇德修身。“核心价值观，其实就是一种德，既是个人的德，也是一种大德，就是国家的德、社会的德。国无德不兴，人无德不立。”①一个人只有明大德、守公德、严私德，其才方能用得其所。修德，既要立意高远，又要立足平实。要立志报效祖国、服务人民，这是大德，养大德者方可成大业。同时，还得从做好小事、管好小节开始起步，踏踏实实修好公德、私德，学会劳动、学会勤俭，学会感恩、学会助人，学会谦让、学会宽容，学会自省、学会自律。

① 习近平.习近平谈治国理政[M].北京:外文出版社,2014:168.

再次是明辨。培育和践行社会主义核心价值观，要增强自己的价值判断力和道德责任感，辨别什么是真善美、什么是假恶丑，自觉做到常修善德、常怀善念、常做善举。大学生一定要正视价值观选择和道德责任感，强化判断，善于明辨是非，善于决断选择，旗帜鲜明地弘扬真善美、贬斥假恶丑，树立正确导向，澄清模糊认识，匡正失范行为，形成激浊扬清、抑恶扬善的思想道德舆论，自觉做良好道德风尚的建设者、社会文明进步的推动者。

最后是笃实。道不可坐论，德不能空谈。于实处用力，从知行合一上下功夫，核心价值观才能内化为人们的精神追求，外化为人们的自觉行动。青年有着大好机遇，关键是要迈稳步子、夯实根基、久久为功。成功的背后，永远是艰辛努力。青年要把艰苦环境作为磨炼自己的机遇，把小事当作大事干，一步一个脚印往前走。滴水可以穿石。只要坚韧不拔、百折不挠，成功就一定在前方等你。

培育和践行社会主义核心价值观，既要勤于学习，深刻理解社会主义核心价值观的丰富内涵，掌握核心要义，又要崇善修德，明辨是非；追求高尚，从细微处着眼，外化于行，实现知行统一。

四、课堂拓展

社会主义核心价值观的形成、基础与本质

1. 社会主义核心价值观的共识如何形成

党十八大报告提出社会主义核心价值观后，在学术界和社会上引起了很大的反响。由于“自由”和“平等”在过去的党的重要报告和决议文件中没有提出过，因而引发不同声音。一种观点认为，社会主义核心价值观的创新之处就是提出新的社会价值——自由、平等、民主等，这是社会主义市场经济的应有之义，当然这些价值还没有得到实践的检验，对它的态度是“倡导”，所以应该把它看作是一个动态的演进过程。另一种观点不明白为何要把我们过去斥之为资产阶级虚伪价值观的“自由”“平等”等

概念纳入社会主义核心价值体系中，认为其是虚幻的，没有现实基础，与今天的市场经济基础不相适应，甚至是矛盾的。

这两种观点的共同之处是，都认为社会主义核心价值观缺乏现实基础，要由将来的实践来检验；或者是与现实经济基础相矛盾的虚幻构造，不是真正的社会主义核心价值观。

如果回顾建国以来特别是改革开放以来在国家、社会和公民三个层面上价值取向的发展，可以看到，社会主义核心价值观的形成是有宪法和党的文件基础的。早在1949年建国初期作为临时宪法的《中国人民政治协商会议共同纲领》总纲中，“为中国的独立、民主、和平、统一和富强而奋斗”就有“民主”和“富强”的价值取向；在社会和公民层面规定“中华人民共和国境内各民族，均有平等的权利和义务”，妇女在政治、经济各方面“均有与男子平等的权利”等条款中，就有“自由”和“平等”的价值取向；在“提倡爱祖国、爱人民、爱劳动、爱科学、爱护公共财物为中华人民共和国全体国民的公德”中，也有公民道德素养的基本要求。1954年的我国宪法在民族关系中增加了“友爱互助”的表述。改革开放初期，党的十二大上提出了“要把我国建设成为现代化的、高度文明、高度民主的社会主义国家”，在把党的工作中心转到经济建设的同时，强调精神文明与物质文明一起抓。

随着改革开放进入社会主义市场经济阶段，党中央注意到“市场经济活动存在的弱点及其带来的消极影响”，提出了依法治国与以德治国相结合的治国方略、构建与社会主义市场经济相适应的道德体系、以“爱国守法、明礼诚信、团结友善、勤俭自强、敬业奉献”为基本道德规范。2004年宪法和2005年十五大报告中，国家层面的奋斗目标也表述为“建设成为富强、民主、文明的社会主义国家”。十六大后，党中央提出了构建社会主义和谐社会的战略目标，把民主法治、公平正义、诚信友爱、充满活力、安定有序以及人与自然和谐相处作为这一社会的基本特征，并提出了社会主义核心价值体系作为建立和谐社会和文化强国的兴国之魂。为了更好地“面对改革开放和发展社会主义市场经济条件下思想意识多元多样多变的新特点”，凝聚全党全社会的价值共识，经过十八大进一步概括提炼，形成了作为社会主义核心价值体系内核的社会主义核心价值观，即国家层面上的富强、民主、文明、和谐，社会层面上的自由、平等、公正、法治，公民层面上的爱国、敬业、诚信、友善。由此可见，这24个字既是社会主义核心价值观核心内容的首次表述，也是建国以来特别是改革开放以来全党全社会形成的历史共识。

2.社会主义核心价值观的理论与现实基础

首先，马克思恩格斯指出，人的生产方式包括人自身的生产和物质生活资料的生产。除了这两种生产以及受它们制约的精神的生产之外，还有一种生产方式往往为人们所忽略，即人的社会生活的生产。而社会生活的生产并不直接或完全随经济基础的变化而变化。也就是说，一个社会的核心价值观并不是完全以经济基础为转移的。如果这个核心价值观确实是在人们的社会生活生产和人自身的生产中起作用，那么即便不是经济基础，也是有现实基础为背景的。例如，维系人自身生产关系和人社会生活关系的伦理规范或伦理秩序，类似父慈子孝、尊老爱幼等，并不是直接由经济基础决定的，这就解释了为什么一些基本的传统道德观念仍能绵延至今，能够为不同经济基础的社会形式所承继。

其次，马克思主义理论充分肯定了资本主义生产方式的文明化趋势，充分肯定了它对人的个性、自由和权利的解放意义，充分肯定了它在流通领域中发展出来的自由、平等、所有权等价值观念的历史进步意义。但是，马克思从道德上揭示了资本主义在生产过程中造成的剥削、不平等、异化、金钱关系、拜金主义等现象，从而表明了马克思并非全盘否定资产阶级的自由平等，而是要将它们推进到生产领域，否定它们在生产领域中的形式性、虚伪性和不彻底性，并认为这些道德问题及其形式性虚伪性和不彻底性根源在于资本主义生产方式本身，由其内在活生生的矛盾所决定的。因此，只有通过消灭资本主义生产方式才能最终消除这种矛盾及其不道德问题的根源。

改革开放以来，在中国共产党的领导下，中国进行了一场马克思意义上的利用资本、利用市场的伟大实践。走市场经济之路，使我们的整个经济转型为以交换价值为目的的生产，一方面它极大地激发经营者的自主意识、竞争意识、效率意识、创新意识，另一方面也产生了不顾一切狂热追求利润增长的驱动力，产生了把所有使用价值包括权力、职业和人际关系都变成可以用金钱交换成商品的不良趋势，产生了经济社会化的趋势，造就了权钱交易、假冒伪劣等诚信问题和拜金主义的经济丑陋现象。同时我们也注意到，这种以交换价值为目的的生产方式，在流通领域用市场的语言表达了自由、平等、所有权和自我利益的要求，但在生产领域中同样出现了违背上述价值形式的虚伪性和不彻底性，出现了非人待遇、异化劳动、相对贫困化等问题。所以，一方面市场经济为十八大所倡导的自由、平等等价值观提供了现实的基础，但是另一方面，它也向十八大所提倡的公正、和谐等价值观提出了严峻的挑战。

3.全面深化改革与社会主义核心价值观

十八届三中全会通过强调全面深化改革，针对市场和资本对社会经济政治文化包括道德造成的巨大冲击和影响，提出建设新型社会的积极资源和推动力量，也就是说，用从制度体系上培育和实践社会主义核心价值的方式，回答了这一严峻挑战。

首先，用正确处理市场与政府的关系，恰当处理了市场经济的两重性矛盾趋向。十八大对市场经济以及政府与市场关系的新的定位和表述，具有三大重要意义。一是它表明中国共产党坚持并实践马克思充分肯定的流通领域中发展自由、平等、所有权和个人利益的道德正当性和历史进步意义，充分肯定对人的个性、自由和权利的巨大解放意义。二是它表明中国共产党清楚地认识到，市场只是对资源配置起决定性作用，不是起全部作用，政府只是转变职能，并没有放弃职能。这也就是要求政府在价值观和社会道德建设上，坚持公正、文明、和谐等原则和价值取向，抑制市场经济的唯利是图、极端个人主义、经济社会化等负面趋向。三是它表明中国共产党从体制上找准了腐败的七寸。通过确定市场对资源配置起决定性作用，搬掉过多干预经济的权力之手，割断以权谋私、权钱交易的体制根源，在权力与资本之间建立了一道防火墙，没有可用来交换金钱的权力，也就不能吸引用以交换权力的金钱，从而抑制严重的腐败现象，使市场的负面冲击得到抑制和正面引导，最大限度地发挥市场的正面价值和进步作用。

其次，用深化国企改革，明确表明了社会主义导向，坚持了社会主义的本质属性。一是强调积极发展国有资本、集体资本、非公有资本等交叉持股、相互融合的混合所有制，以增强国有经济的活力、控制力和影响力；二是明确规定国有资本投资运营要服务于国家战略目标，更多投向关系国家安全、国民经济命脉的重要行业、关键领域和重点提供公共服务、保护生态环境，更多用于保障和改善民生，改变了过去本着"赚钱"的原则和"大一统"的市场化道路推进国有企业改革的做法，纠正了一些领域的国有企业改革偏离了社会主义本质属性的倾向；三是从多个层面提出鼓励、支持、引导非公有制经济发展，激发非公有制经济的活力和创造力；四是在收入分配改革方面，形成合理有序的收入分配格局，包括以市场化机制和效率导向的初次分配、政府调节和公平正义的再分配等。这种以公共利益为目的和导向的改革，并不是孤立的，它代表了未来的一种方向。这也可以说在生产方式的性质上改变了雇佣劳动的性质，从而有利于破解不平等、异化等难题。

第三，从制度上把市场和资本对社会经济政治文化包括道德造成的巨大冲击和影响，转变为建设新型社会的积极资源和推动力量。市场经济对社会经济政治和文化造成的巨大冲击和影响，尤其是制度碎片化的特征，需要引起我们的高度重视。改变这种碎片化状况，构建成熟定型的制度体系，必然涉及而且要求回答按照什么规范价值来构建的问题。可以说，由十八大确定的社会主义核心价值观，就是为这种构建做了价值观上的准备，为即将构建的制度体系打造了价值标杆和精神龙骨。

（选自陆晓禾：《社会主义核心价值观的形成、基础与本质》，《解放日报》，2014年2月21日第10版）

准确把握培育和践行社会主义核心价值观新要求

1. 充分认识回应新时代发展的现实需要

新时代提出新任务。面对新时代新任务，培育和践行社会主义核心价值观可以说是文化建设的当务之急，具有重要的时代意义和现实价值。

培育和践行社会主义核心价值观是落实基本方略的新举措。十九大报告把坚持社会主义核心价值体系作为新时代坚持和发展中国特色社会主义的基本方略之一，并把培育和践行社会主义核心价值观作为落实基本方略的重要举措，不仅为更好地构筑中国精神、中国价值、中国力量提供了新方位，而且回应了新时代发展的现实需要。十九大报告关于培育和践行社会主义核心价值观的战略部署，既提升了培育和践行社会主义核心价值观的战略定位，也明确了培育和践行社会主义核心价值观是落实坚持社会主义核心价值体系的内在要求，是贯彻基本方略的新措施。

培育和践行社会主义核心价值观是掌握意识形态话语权的新需要。十九大报告指出，"意识形态决定文化前进方向和发展道路。必须推进马克思主义中国化时代化大众化，建设具有强大凝聚力和引领力的社会主义意识形态"。在新时代，建设具有强大凝聚力和引领力的社会主义意识形态，掌握意识形态话语权，社会主义核心价值观的培育和践行是必要环节。习近平总书记强调，"社会主义核心价值观是当代中国精神的集中体现，凝结着全体人民共同的价值追求"，"核心价值观，承载着一个民族、一个国家的精神追求，体现着一个社会评判是非曲直的价值标准"。在新时代，我们的主流意识形态是否具有话语权、是否具有主动权，关键取决于核心价值观的建设，可以说，社会主义核心价值观具有"凝魂聚气、强基固本"之效。为此，用社会主义核心价值观引领社会思潮、确立价值标准，是新时代掌握意识形态话语权的新需要。

培育和践行社会主义核心价值观是提升文化软实力的新策略。习近平总书记多次强调，"核心价值观是文化软实力的灵魂、文化软实力建设的重点。这是决定文化性质和方向的最深层次要素。一个国家的文化软实力，从根本上说，取决于其核心价值观的生命力、凝聚力、感召力”。十九大报告指出，要“发挥社会主义核心价值观对国民教育、精神文明创建、精神文化产品创作生产传播的引领作用，把社会主义核心价值观融入社会发展各方面，转化为人们的情感认同和行为习惯”。文化软实力是国家软实力的核心内容，核心价值观又是文化软实力的灵魂。因此，在新时代发挥社会主义核心价值观对文化建设、国民教育、文艺创造等精神活动的引领作用，以提升文化软实力，就显得尤为突出和重要。

2. 全面理解从深度和广度上丰富新内涵

十九大报告关于培育和践行社会主义核心价值观的相关论述，不仅丰富了社会主义核心价值体系的内涵，也阐释了社会主义核心价值观的新内涵。

提升了培育和践行社会主义核心价值观内涵的深度。在十九大报告中，无论是对富强、民主、文明、和谐国家层面的价值目标的论述，还是对自由、平等、公正、法治社会层面的价值取向的理解，乃至对爱国、敬业、诚信、友善个人层面的价值准则的认识，都有了进一步的深化和发展。如关于富强的内涵，习近平总书记早有明确论述，“人民对美好生活的向往，就是我们的奋斗目标”。根据富强目标的要求，十九大报告进一步明确，中国特色社会主义进入新时代，我国社会主要矛盾已经转化为人民日益增长的美好生活需要和不平衡不充分的发展之间的矛盾。为解决社会主要矛盾，必须深化改革、创新发展，要认识到“增进民生福祉是发展的根本目的……深入开展脱贫攻坚，保证全体人民在共建共享发展中有更多获得感，不断促进人的全面发展、全体人民共同富裕”。在新时代，富强就是全体人民共享、共同的富裕，这是对富强内涵的进一步深化。如关于民主的内涵，十九大报告指出，“我国社会主义民主是维护人民根本利益的最广泛、最真实、最管用的民主。发展社会主义民主政治就是要体现人民意志、保障人民权益、激发人民创造活力，用制度体系保证人民当家作主”，特别提到要“发展社会主义协商民主，健全民主制度，丰富民主形式，拓宽民主渠道，保证人民当家作主落实到国家政治生活和社会生活之中”。强调在完善人民代表大会制度基础上发挥社会主义协商民主的重要作用，对新时代民主的内涵发展提出了新要求，使民主发展上升到一个新水平。

拓宽了培育和践行社会主义核心价值观内涵的广度。如关于文明的内涵，由“四个文明”拓展到“五个文明”，即物质文明、政治文明、精神文明、社会文明、生态文明协调发展。尤其是在生态文明建设上，十九大报告再次强调，“建设生态文明是中华民族永续发展的千年大计。必须树立和践行绿水青山就是金山银山的理念”。如关于和谐的内涵，习近平总书记一直强调人与人、人与自然、人与社会的和谐，要“建设平安中国，加强和创新社会治理，维护社会和谐稳定，确保国家长治久安、人民安居乐业”。同时，十九大报告对和谐的内涵又有了新发展，即提出坚持推动构建人类命运共同体的理念，指出中国要“始终做世界和平的建设者、全球发展的贡献者、国际秩序的维护者”，将和谐内涵的外延进一步拓展。如关于平等的内涵，不仅是指经济、政治、法律的平等，还涉及教育、性别平等等方面。十九大报告提出，“凡是在我国境内注册的企业，都要一视同仁、平等对待”“人民平等参与、平等发展权利得到充分保障”“树立宪法法律至上、法律面前人人平等的法治理念”“坚持男女平等基本国策，保障妇女儿童合法权益”等，都是对平等内涵的新发展。

3.努力走好培育和践行的新路径

十九大报告指出，“要以培养担当民族复兴大任的时代新人为着眼点，强化教育引导、实践养成、制度保障”，“坚持全民行动、干部带头，从家庭做起，从娃娃抓起”，拓展了培育和践行社会主义核心价值观新的路径和方式。

坚持党委领导、干部带头。各级党委要把培育和践行社会主义核心价值观的要求落实到各项工作中来，推动培育和践行社会主义核心价值观同实际工作融为一体、相互促进、共同发展。同时，要建立健全培育和践行社会主义核心价值观的领导体制，建立稳定的领导机制和连续性的管理制度，保障培育和践行社会主义核心价值观的可持续性、有效性。发挥党员干部的带头作用，像习近平总书记要求的那样，“打铁必须自身硬”，党员干部带头做践行社会主义核心价值观的模范，以身作则、率先垂范，讲党性、重品行、作表率，以人格力量感召群众、引领风尚。

完善制度保障、全民行动。按照十九大精神要求，今年5月，中共中央印发了《社会主义核心价值观融入法治建设立法修法规划》。规划强调，要以习近平新时代中国特色社会主义思想为指导，坚持全面依法治国，坚持社会主义核心价值体系，着力把社会主义核心价值观融入法律法规的立改废释全过程。在公平竞争、民主政治、生态文明等诸多方面，都提出了将社会主义核心价值观融入制度建设、法治建设的要求。同时，规划提出探索制定公民文明行为促进方面法律制度，引导和推动全民树立文明观念，推进移风易俗，倡导文明新风。只有将社会主义核心价值观的精神实质和内涵要求贯穿到制度与法治建设中，才能推动全民行动，社会主义核心价值观才能落到细处实处。

强化教育引导、从娃娃抓起。学校教育、家庭教育等环节对社会主义核心价值观的培育具有重要作用，特别要发挥学校的主渠道作用，这是大力倡导社会主义核心价值观的有效路径。培育和践行社会主义核心价值观要从教育抓起、从娃娃抓起。教育部门应该有计划、有步骤地在各级学校教育中进行社会主义核心价值观的教育和引导，有组织地编写针对不同层次和阶段学生的教材及辅导资料，让学生在学习中领悟社会主义核心价值观，并自觉践行社会主义核心价值观。

推进实践养成、从家庭做起。通过开展道德实践活动、学雷锋志愿服务活动、群众性精神文明创建活动、革命传统教育活动等实践方式，培育和践行社会主义核心价值观。推进实践活动和实践养成，可以先从家庭做起，如传统文化教育活动、文明上网活动、友善他人的扶贫济困活动等，然后辐射到街道、社区、乡村，乃至在全社会进一步深化群众性精神文明创建活动，形成培育和践行社会主义核心价值观的全覆盖。

需要强调的是，社会主义核心价值观的培育和践行是一个长期过程，必须坚持抓、持续抓、反复抓，只有这样，才能推进培育和践行社会主义核心价值观的各项任务真正落实见效。

（选自倪素香：《准确把握培育和践行社会主义核心价值观新要求》，《辽宁日报》，2018年6月14日第5版）

五、热点问题探讨

◇“核心价值观只是统治阶级进行阶级统治的需要，与人们的现实生活并没什么关系。”你怎么看待这种观点？

◇“是否培育和践行社会主义核心价值观并不重要，以前中央没提出社会主义核心价值观，社会不也照样发展吗？”你怎么看待这种观点？

六、实践活动推介

组织召开社会主义核心价值观主题班会：通过主题班会的召开，使学生对社会主义核心价值观的基本内涵有清晰全面的把握，懂得培育和践行社会主义核心价值观的重要意义。具体环节和要求如下：第一，同学们畅所欲言，讲述自己对社会主义核心价值观主要内容的理解；第二，要求同学们分析自己在践行社会主义核心价值观方面的具体表现并进行评价；第三，要求同学们结合自己的学习和生活实际，谈谈如何积极培育和践行社会主义核心价值观。

七、阅读书目推荐

1. 乔忠延. 社会主义核心价值观青少年故事读本[M]. 太原：山西人民出版社，2015.

2. 郑文范. 五维契合：社会主义核心价值观与中国特色社会主义理论关系研究[M]. 北京：社会科学文献出版社，2015.

3. 温小勇. 怡养涵育：培育社会主义核心价值观的传统理路[M]. 北京：中国社会科学出版社，2015.

4. 钟永圣. 传承与复兴——社会主义核心价值观的中华传统文化解读[M]. 北京：中国青年出版社，2015.

5. 段传彬. 当代社会主义核心价值观培育和践行的多维研究[M]. 北京：中国水利水电出版社，2016.

6. 郭维平. 社会主义核心价值观生成与认同研究[M]. 北京：学习出版社，2016.

7. 杨耕，吴向东. 社会主义核心价值观：理论与方法（上、中、下）[M]. 成都：四川人民出版社，2017.

8. 北京大学党委宣传部. 铸魂：社会主义核心价值观十二讲[M]. 北京：北京大学出版社，2017.

第五章　明大德守公德严私德

一、学习目的与要求

通过本章内容的学习，能够正确理解道德的起源和本质，熟练掌握道德的功能和作用；全面认识和把握中华传统美德，并对其进行创造性转化和创新性发展；了解中国革命道德的形成与发展，掌握中国革命道德的主要内容，认识中国革命道德的当代价值，借鉴人类文明的优秀道德成果；遵守公民道德准则，掌握道德修养的正确方法，锤炼高尚道德品格，自觉向上向善，实现知行统一。

二、内容提要

道德的起源。马克思主义认为，人类社会的物质生活的生产方式制约着整个社会生活、政治生活和精神生活的过程。因此，道德的起源问题，必须从这一实际出发来认识和把握。劳动是道德起源的首要前提；社会关系是道德赖以产生的客观条件；人的自我意识是道德产生的主观条件。

道德的本质。其一，道德是反映社会经济关系的特殊意识形态。道德的产生、发展和变化，归根结底根源于社会经济关系。其二，道德是社会利益关系的特殊调节方式。道德是一种调整人与人、人与社会、人与自然以及人与自身之间关系的特殊的行为规范。其三，道德是一种实践精神。

作为实践精神，道德是一种旨在通过把握世界的善恶现象来规范人们的行为，并通过人们的实践活动体现出来的社会意识。

道德的功能。道德的功能，一般是指道德作为社会意识的特殊形式对于社会发展所具有的功效与能力。道德的功能体系中，认识功能、规范功能、调节功能是最基本的功能，此外还有导向功能、激励功能等。

道德的作用。道德的作用是指道德的认识、规范、调节、激励、导向、教育等功能的发挥和实现所产生的社会影响及实际效果。道德的作用主要表现在：道德为经济基础的形成、巩固和发展服务，是一种重要的精神力量；道德对其他社会意识形态的存在有着重大的影响；道德通过调整人们之间的关系维护社会秩序和稳定；道德是提高人的精神境界、促进人的自我完善、推动人的全面发展的内在动力；在阶级社会中，道德是调节阶级矛盾和对立阶级之间开展阶级斗争的重要工具。在道德作用问题上，要反对两种极端的看法，即“道德万能论”和“道德无用论”。

中华传统美德的基本精神。其一，重视整体利益，强调责任奉献。在中华传统道德的发展演化中，始终强调整体利益、国家利益和民族利益的重要性。其二，推崇“仁爱”原则，注重以和为贵。推崇仁爱、崇尚和谐是中华民族的优良传统和高尚品德。其三，提倡人伦价值，重视道德义务。中华传统美德一个重要的特点就是非常重视每个人在人伦关系中的地位及其价值，强调每个人都必须根据规范的要求，来尽自己应尽的义务。其四，追求精神境界，向往理想人格。中华传统美德主张在物质生活基本满足的情况下应追求崇高的精神境界，把道德理想的实现看作人生诸种需要中最高层次的需要；其五，强调道德修养，注重道德践履。中国古代的思想家大都认为，在塑造理想人格的过程中，最重要的就是要奋发向上、切磋践履、修身养性。

对待中华传统美德的正确态度。中国传统道德是一个矛盾体，具有鲜明的两重性。要在去粗取精、去伪存真的基础上坚持古为今用、推陈出新，努力实现中华传统美德的创造性转化和创新性发展。首先，要加强对中华传统美德的挖掘和阐发。其次，用中华传统美德滋养社会主义道德建设。在对待传统道德的问题上，要反对复古论和虚无论。

中国革命道德的主要内容。中国革命道德具有丰富而独特的内涵，主要包括：为实现社会主义和共产主义理想而奋斗；全心全意为人民服务；始终把革命利益放在首位；树立社会新风，建立新型人际关系；修身自律，保持节操。

中国革命道德的当代价值。中国革命道德对于我们走好新时代的长征路，实现中华民族伟大复兴仍然具有极其重要的现实意义：有利于加强和巩固社会主义和共产主义的理想信念；有利于培育和践行社会主义核心价值观；有利于引导人们树立正确的道德观；有利于培育良好的社会道德风尚。

社会主义道德的核心和原则。为人民服务是社会主义道德的核心，为什么人服务是道德的核心问题，决定并体现着道德建设的根本性质和发展方向，规定并制约着道德领域中的所有道德现象。为人民服务是中国共产党人把马克思主义基本原理与中国革命、建设、改革的具体实践相结合的伟大创造。为人民服务，不仅是坚持历史唯物主义的必然要求，是中国共产党践行的根本宗旨，也是社会主义道德观的集中体现，是全体中国人民共同遵循的道德要求。集体主义是社会主义道德的原则。在我国，国家利益、社会整体利益和个人利益在根本上的一致性，使得集体主义应当而且能够在全社会范围内贯彻实施。长期以来，集体主义已经成为调节国家利益、社会整体利益和个人利益关系的基本原则。集体主义强调国家利益、社会整体利益和个人利益的辩证统一；集体主义强调国家利益、社会整体利益高于个人利益；集体主义重视和保障个人的正当利益。

公共生活中的道德规范。公共生活中的道德规范，即社会公德，是指人们在社会交往和公共生活中应该遵守的行为准则，是维护公共利益、公共秩序、社会和谐稳定的起码的道德要求，涵盖了人与人、人与社会、人与自然之间的关系。包括大学生在内的每一个社会成员，都应遵守以文明礼貌、助人为乐、爱护公物、保护环境、遵纪守法为主要内容的社会公德。

网络生活中的道德要求。网络生活中的道德要求，是人们在网络生活中为了维护正常的网络公共秩序需要共同遵守的基本道德准则，是社会公德在网络空间的运用和扩展。网络生活中的道德要求主要有：正确使用网络工具；健康进行网络交往；自觉避免沉迷网络；加强网络道德自律；积极引导网络舆论。

职业生活中的道德规范。职业生活中的道德规范，即职业道德，是指从事一定职业的人在职业生活中应当遵循的具有职业特征的道德要求和行为准则，涵盖了从业人员与服务对象、职业与职工、职业与职业之间的关系。爱岗敬业、诚实守信、办事公道、服务群众和奉献社会是职业生活中的基本道德规范。

树立正确的择业观和创业观。树立正确的择业观和创业观，对于大学生顺利走进职业生活具有重要的现实意义。大学生在择业和创业中，其一，树立崇高的职业理想；其二，服从社会发展的需要；其三，做好充分的择业准备；其四，培养创业的勇气和能力。

自觉遵守职业道德。职业生活是否顺利、是否成功，既取决于个人的专业知识和技能，更取决于个人的职业道德素质。大学生是青年人中的佼佼者，要深刻认识提高职业道德素质的重要性，注重这方面的修养和锻炼。首先，学习职业道德规范；其次，提高职业道德意识；最后，提高践行职业道德的能力。

注重家庭、家教、家风。家庭是社会的基本细胞，是人生的第一所学校。不论时代发生多大变化，生活格局发生多大变化，都要重视家庭建设，注重家庭、家教、家风。

恋爱、婚姻家庭中的道德规范。恋爱是建立幸福婚姻家庭的前奏，恪守恋爱中的道德规范关系到未来婚姻家庭生活的幸福。恋爱中的道德规范主要有尊重人格平等、自觉承担责任和文明相亲相爱。婚姻是指由法律所确认的男女两性的结合以及由此而产生的夫妻关系。家庭是指在婚姻关系、血缘关系或收养关系基础上产生的亲属之间所构成的社会生活单位。家庭美德以尊老爱幼、男女平等、夫妻和睦、勤俭持家、邻里团结为主要内容，在维系和谐美满的婚姻家庭关系中具有重要而独特的功能。

树立正确的恋爱观和婚姻观。要处理好恋爱中的各种关系，其一，不能误把友谊当爱情；其二，不能错置爱情的地位；其三，不能片面或功利化地对待恋爱；其四，不能只重过程不顾后果；其五，不能因失恋而迷失人生方向；其六，树立正确的恋爱观。大学生还要处理好这样几种关系：一是恋爱与学习的关系；二是恋爱与关心集体的关系；三是恋爱与关爱他人和社会的关系。在校大学生如果符合我国婚姻法规定的结婚条件，可以结婚。但即便具备了我国婚姻法所规定的结婚条件，并且双方都有结婚成家的强烈愿望，也要对结婚成家持谨慎、理性的态度。而一旦结婚成家，就要及时调整和转换角色，承担起相应的责任和义务。

个人品德及其作用。个人品德是通过社会道德教育和个人自觉的道德修养所形成的稳定的心理状态和行为习惯。个人品德对道德和法律作用的发挥具有重要的推动作用；个人品德是个体人格完善的重要标志；个人品德是经济社会发展进程中重要的主体精神力量。

道德修养的正确方法。道德修养作为人类道德实践活动的重要形式之一，是指个体自觉地将一定社会的道德规范、准则及要求内化为内在的道德品质，以促进人格的自我陶冶、自我培育和自我完善的实践过程。要加强道德修养，提升个人品德，第一，学思并重。学思并重的方法，即通过虚心学习，积极思索，辨别善恶，学善戒恶，以涵养良好的德性。第二，省察克治。省察克治的方法，即通过反省检验以发现和找出自己思想与行为中的不良倾向，并及时对它们进行抑制和克服。第三，慎独自律。慎独自律的方法，即在无人知晓、没有外在监督的情况下，坚守自己的道德信念，自觉按道德要求行事，不因无人监督而恣意妄为。第四，知行合一。知行合一的方法，即把提高道德认识与躬行道德实践统一起来，以促进道德要求内化为个人的道德品质，外化为实际的道德行为。第五，积善成德。积善成德的方法，即通过积累善行或美德，使之巩固强化，以逐渐凝结成优良的品德。

锤炼高尚道德品格。大学生锤炼高尚道德品格，就要在知情意信行等方面加强道德修养，提高道德实践能力，自觉讲道德尊道德守道德，自觉明大德守公德严私德。首先，形成正确的道德认知和道德判断。其次，激发正向的道德认同和道德情感。最后，强化坚定的道德意志和道德信念。

向上向善，知行统一。首先，向道德模范学习。道德模范主要是指思想和行为能够激励人们不断向善且为人们所崇敬、模仿的先进人物。其次，参与志愿服务活动。志愿服务是指自愿贡献个人的时间及精力，在不求任何物质报酬的情况下，为改善社会、促进社会进步而提供的服务。最后，引领社会风尚。良好的社会风尚是人们在社会道德实践中逐渐形成起来的。

三、重点难点内容

（一）道德的起源

自古以来，人们就在探讨道德起源这一重大理论问题，并提出了种种见解或理论。“天意神启论”把道德起源归结于上天的命令或者神的旨意，试图以人之外的某种所谓客观意志来说明道德的起源；“先天人性论”把道德的起源或者归结为与生俱来的善性，或者归结为先天存在的良心、理念或精神；“情感欲望论”认为道德起源于人们的情感欲望，是人们为实现情感欲望而形成的行为要求；“动物本能论”则认为道德观念是动物本能的延续，进而把动物基于本能的活动与人类有目的、有意识的活动画上等号。

可以说，在马克思主义产生之前，这些关于道德起源的观点，要么是主观唯心主义或客观唯心主义的注解，要么是旧唯物主义形而上学的分析，均无法正确揭示道德的起源。马克思主义认为，人类为了生存必须从事物质生产，在物质生产中结成了各种关系，而这些关系又制约着人类的生活。道德起源问题必须从物质生活的生产这一实际出发来认识和把握。

劳动是道德起源的首要前提。道德是人类社会的特有现象，动物的本能行为中不存在真正的道德。劳动将人与动物区分开来，创造了人、社会和社会关系，也创造了道德。劳动创造了道德主体。劳动在创造人的同时也形成了人与人的关系，原始的劳动分工与协作，使相互依赖、相互扶持自觉不自觉地成为当时最自然、最朴实的道德生活状态。随着劳动的进一步发展，劳动分工与协作不断增强，各种劳动关系逐步明确，人与人之间、群体与群体之间的利益关系日渐清晰，包含自由、责任等内容的道德逐步得到确认。因此，劳动创造了人和人类社会，是道德起源的第一个历史前提。

社会关系是道德赖以产生的客观条件。在生产生活的实践活动中，人类必然要发生各种各样的人际交往和社会关系。随着社会分工的不断发展，个人利益、他人利益和社会利益的界限逐步明晰，各种利益关系更为凸显，要求规范、协调或制约利益冲突的意识更为强烈，由此促进了人类道德的不断进步和发展。可以说，正是社会关系的形成和发展产生了调节各种关系特别是利益关系的需要，道德恰恰是适应社会关系调节的需要而产生的。

人的自我意识是道德产生的主观条件。意识是道德产生的思想认识前提。人只有在社会实践中，充分意识到自我作为社会成员与其他动物的根本区别，意识到自我在社会中的角色与地位，意识到自我与他人或集体不同的利益关系，并由此产生调节利益矛盾的迫切要求时，道德才得以产生。

马克思主义道德理论在人类思想史上第一次科学而全面地论述了道德的起源问题，为正确认识和理解道德的本质奠定了基础。

（二）道德的本质

道德属于上层建筑的范畴，是一种特殊的社会意识形态。正确理解道德的本质，应该把握经济基础对道德的决定作用，以及道德在一定条件下对经济基础的能动作用。

首先，道德是反映社会经济关系的特殊意识形态。作为上层建筑，道德的形成、发展和演变，最终受制于社会经济关系。正如恩格斯所说的：“人们自觉地或不自觉地，归根到底总是从他们阶级地位所依据的实际关系中——从他们进行生产和交换的经济关系中，获得自己的伦理观念。”[①] 其一，道德的性质和基本原则、规范反映了与之相应的社会经济关系的性质和内容。有什么样的社会经济关系，相应地就有什么样的道德。其二，道德随着社会经济关系的变化而变化。一般说来，新旧经济关系更替之后，新的道德必将取代旧道德而居于主导地位。在人类道德史上，一切道德上的兴衰起伏、进退消长，从根本上说是源于社会经济关系的变革。其三，道德作为一种社会意识，在阶级社会里总是反映着一定阶级的利益，因而不可避免地具有阶级性；同时，不同阶级之间的道德或多或少有一些共同之处，反映着道德的普遍性。正确把握道德的阶级性和普遍性及其辩证关系，是理解道德本质的一个重要方面。其四，作为社会意识的道德一经产生，便有相对独立性。这种相对独立性既表现为道德的历史继承性，也表现为道德对社会发展具有能动的反作用。

其次，道德是社会利益关系的特殊调节方式。道德作为一种特殊的行为规范，着力于调整人与人、人与社会，以及人与自身之间的关系。这种行为规范与法律规范、政治规范的不同之处在于它是用善恶标准去评价，依靠社会舆论、传统习俗、内心信念来维持的，因此是一种非制度化的、柔性的规范。道德作为一种调节方式，主要不是被颁布、制定或规定出来的，而是处于同一社会或同一生活环境中的人们在长期的共同生活过程中逐渐积累形成的要求、秩序和理想，它通过社会的道德风尚和个人的道德风范来调节利益关系。

最后，道德是一种实践精神。道德存在的真正意义，不在于改变人们的道德观念本身，而是通过改善人们的意识，从而改变人们的实践活动，进而改造整个世界。具体来说，道德是一种以指导人的行为为目的、以形成人的正确的行为方式为内容的精神，在本质上是知行合一的。道德把握世界的方式不是被动地反映世界，而是从人的需要出发，从特定的价值出发来改造世界；不是简单地再现世界或描述世界，而是对世界进行价值评价。道德立足现实而追求理想，并以理想来改造和提升现实。

① 马克思恩格斯全集 第3卷[M].北京：人民出版社，1995：434.

总之，道德作为一种实践精神，是特殊的意识信念、行为准则、评价选择等方面的总和，是调节社会关系、发展个人品质、提高精神境界等活动的动力。

（三）中华传统美德的基本精神

中华传统美德内容丰富、博大精深，是人类文明发展的重要精神财富，是社会主义道德建设的源头活水。

第一，重视整体利益，强调责任奉献。在中华传统道德的发展演化中，始终强调整体利益、国家利益和民族利益的重要性。传统道德中的义利之辨、理欲之辨，其核心和本质是公私之辨。“公义胜私欲”是中华传统美德的根本要求。2000多年前的《诗经》已经提出“夙夜在公”的道德要求，认为日夜为公家办事是一种高尚的道德品质。《尚书》也有“以公灭私，民其允怀”的思想，认为朝廷官员应当以公心灭除自己的私欲，这样就可以得到老百姓的信任和依附。西汉初年的贾谊在他的《治安策》中提出“国而忘家，公而忘私”，清代林则徐提出“苟利国家生死以，岂因祸福避趋之”，都体现了强烈的为国家、为民族献身的精神。正是从国家利益和整体利益的原则出发，中国古代思想家强调在“义”和“利”发生矛盾时，应当义以为上、先义后利、见利思义、见义勇为。

第二，推崇“仁爱”原则，注重以和为贵。推崇仁爱、崇尚和谐是中华民族的优良传统和高尚品德。孔子强调“己欲立而立人，己欲达而达人”，孟子强调“亲亲而仁民，仁民而爱物”，荀子强调“仁者自爱”，墨子则提出“兼相爱，交相利”的思想。从仁爱精神出发，古人强调社会和谐，讲求和睦友善，倡导团结互助，追求和平共处。在人际相处上，主张与人为善、推己及人，建立和谐友爱的人际关系；在民族关系上，主张各民族互相交融、和衷共济，建设团结和睦的大家庭；在对外关系上，倡导亲仁善邻、协和万邦，与世界其他民族在平等相待、互相尊重的基础上发展友好合作关系。

第三，提倡人伦价值，重视道德义务。中华传统美德一个重要的特点，就是它非常重视每个人在人伦关系中的地位及其价值，强调每个人都必须根据规范的要求，来尽自己应尽的义务。早在《尚书·舜典》中就提出了“五教”的思想，即“父义”“母慈”“兄友”“弟恭”“子孝”。到了战国时期，孟子提出了影响深远的“五伦”说，即“父子有亲、君臣有义、夫妇有别、长幼有序、朋友有信”。汉代以后，思想家们为了更好地调整不断变化着的人际关系，相继提出了一些新的原则，如董仲舒提出了“仁、义、礼、智、信”，宋代的思想家们又提出了所谓“忠、孝、节、义”四大德目等，不断强化在人伦关系中每个人的责任和义务，强调人伦价值的重要意义。

第四，追求精神境界，向往理想人格。中华传统美德主张在物质生活基本满足的情况下应追求崇高的精神境界，把道德理想的实现看作是人生诸种需要中最高层次的需要。孟子说，人之所以异于禽兽的根本点就在于人能够“明于庶物，察于人伦”，即能本着“仁义”行事。荀子说，人之所以能够保持群体性特征，归根结底是由于人能够遵守礼仪，否则人就会由于争斗而发生祸乱，进而造成彼此分离而变得弱小。从先秦儒家所强调的孔颜之乐，到范仲淹所提出的“先天下之忧而忧，后天下之乐而乐”，这种精神已经凝聚成为中华民族一种特有的价值追求。“富贵不能淫，贫贱不能移，威武不能屈”的“大丈夫”人格，就是这种追求在人生价值观中的体现。

第五，强调道德修养，注重道德践履。中国古代的思想家大都认为，在塑造理想人格的过程中，最重要的就是要奋发向上、切磋践履、修身养性。一个社会的道德规范和道德原则确立之后，最重要的就是要使这些道德原则和道德规范能够转化成人们的思想品德和行为实践，养成良好的道德习惯，形成完善的道德人格。儒家的经典《礼记·大学》中明确提出，“修身”是齐家、治国、平天下的前提和基础，孔子提倡“修己”“克己”和“慎独”，提倡“见贤思齐焉，见不贤而内自省”，曾子提出“吾日三省吾身”，孟子更主张“善养吾浩然之气”。墨家也非常重视修身，强调“察色修身”和“以身戴行”。宋明道学家们在修养的“功夫”上更加用力，强调“自省”“存养”“克治”“知耻”“慎独”和躬行的重要。

在长期的历史发展中，中华传统美德已经深入到全民族的思维方式、价值观念、行为方式和风俗习惯之中，具有重要的当代价值。中华传统美德蕴藏的中国智慧，既可以为我们今天的道德建设提供有益启发，为治国理政提供有益启示，为解决当代人类面临的道德难题提供了重要启迪，也为当代大学生的成长提供了宝贵精神营养。

（四）中国革命道德的主要内容及其当代价值

1. 中国革命道德的主要内容

第一，为实现社会主义和共产主义理想而奋斗。列宁指出："为巩固和完成共产主义事业而斗争，这就是共产主义道德的基础。"坚持社会主义、共产主义理想和信念的不屈不挠的精神，是革命道德的灵魂。无数革命先烈，正是为了实现这样一个崇高的理想，毫不犹豫地献出了自己的生命。革命先烈之所以能够排除万难、坚持斗争、无私无畏、不怕牺牲，就是因为他们有坚定的社会主义、共产主义的理想和信念。

第二，全心全意为人民服务。中国革命道德从一开始就特别强调要为群众服务、为大众谋幸福、为人民利益献身，并认为这是对一切革命人士和先进分子的要求。毛泽东曾经在纪念革命战士张思德时，明确把"为人民服务"作为对张思德及一切革命者崇高品质的概括，强调一切革命者都要想到大多数人民的利益，彻底地为人民的利益工作。可以说，全心全意为人民服务作为贯穿中国革命道德始终的一根红线，是中国共产党在中国革命实践中的一个伟大创造，对中国的革命、建设、改革事业，产生了极其重大的推动作用。

第三，始终把革命利益放在首位。共产党人和革命者从事革命活动的目的就是要为革命利益而奋斗，在个人利益与革命利益发生矛盾时，要"以革命利益为第一生命，以个人利益服从革命利益"。始终把革命利益放在首位，极大地激发了革命者为集体而献身的斗志，使革命队伍形成了前所未有的向心力和凝聚力，也使革命事业不断蓬勃向前发展。中国革命道德在要求一切革命者和先进分子自觉地以个人利益服从革命利益的同时，也要求革命的集体和领导始终不渝地从各个方面照顾每个革命成员的个人利益，关心他们的事业成就和个人的全面发展。

第四，树立社会新风，建立新型人际关系。任何道德规范都要面向生活实践。树立社会新风，建立新型人际关系，体现了中国革命道德在社会生活层面上的重要意义。人们对中国革命道德的传扬，破除了等级观念和特权思想，破除了鄙视劳动和劳动人民的旧道德观念，树立了平等意识，保护了妇女、儿童和老人的合法权益，引导建立新型家庭关系和培育良好家风，对于提升人民群众的文明水准和道德风貌，树立社会新风尚，发挥了重要的作用。

第五，修身自律，保持节操。中国革命道德还体现在共产党人对自身道德修养的重视方面，把加强个人道德修养看成是能够影响革命成败的大事，因而践履中国革命道德的重要环节就是共产党人修身自律、保持节操。具体来说，就是要以中国革命事业为重，严于律己，谦虚谨慎；淡泊名利，清正廉洁；襟怀坦白，光明磊落；始终保持高风亮节，展现出高尚的人格力量。

2. 中国革命道德的当代价值

中国革命道德内容丰富、历久弥新。它对于我们积极承担新的历史使命，实现中华民族伟大复兴的中国梦具有重要的现实指导意义。

首先，有利于加强和巩固社会主义和共产主义的理想信念。一个思想空虚、精神萎靡的人，难免要被各种错误思想和观点牵着鼻子引入邪路。如果没有精神、理想和信念的支持，一个人的一生，只能庸庸碌碌、无所作为，甚至会对国家和社会造成危害。当前，我们既要正视人民群众的物质利益，不断提高和改善人民的物质生活，又要进行理想信念的教育，充实人民群众的精神生活。弘扬中国革命道德，有利于树立和培养人民群众的社会主义和共产主义的理想信念，有利于坚持和发展中国特色社会主义道路。

其次，有利于培育和践行社会主义核心价值观。中国革命道德，是先进价值观在道德领域的集中体现，蕴含着培育和践行社会主义核心价值观的丰富思想道德资源。不忘本来才能开辟未来，善于继承才能更好创新。

在新的历史条件下，继承和弘扬中国革命道德，对于帮助人们深刻理解社会主义核心价值观的科学内涵和历史底蕴，增强价值观认同，为中国特色社会主义事业提供攻坚克难的强大精神支撑，具有重要意义。

再次，有利于引导人们树立正确的道德观。历史告诉我们，一个革命者唯有牢固树立并自觉坚持革命道德观，才能在革命事业的艰难困苦中经受住严峻考验；才能在身处顺境时保持清醒的头脑，身处逆境时仍然坚忍不拔，保持应有的革命节操；才能视国家和民族的利益为最大价值而为之不懈努力、奋斗终生。在今天，发扬光大革命道德，能够引导人们正确对待个人利益和社会利益、国家利益，能够帮助人们在深刻把握历史、认识社会、审视人生的基础上，积极投入到决胜全面建成小康社会、夺取新时代中国特色社会主义伟大胜利的新征程。

最后，有利于培育良好的社会道德风尚。改革开放以来，中国取得了举世瞩目的发展成就，人们的精神面貌也发生了极大的变化。应该看到，我国道德领域的主流积极、健康、向上，但仍然存在着诸如金钱至上、诚信缺失、奢侈浪费、贪污腐败这样一些不容忽视的问题，严重损害了群众利益，腐蚀了人们的灵魂，污染了社会的风气。解决道德领域出现的突出问题，要充分发挥革命道德的精神力量，培育良好的社会道德风尚，净化社会人际关系，抵制各种腐朽思想，树立浩然正气，凝聚崇德向善的正能量。

（五）社会主义道德的核心——为人民服务的根据

道德作为一种意识形态，它既具有历史继承性，又具有时代发展性，在阶级社会里，具有阶级性。纵观阶级社会的发展史，为谁服务的问题即道德建设的核心问题，决定着社会道德发展的根本方向，规定并制约着所有道德现象。为人民服务作为社会主义道德的核心，是社会主义道德的集中体现，贯穿于社会主义道德的全部内容，是社会主义道德区别和优越于其他社会形态道德的显著标志。

首先，为人民服务是社会主义经济基础和人际关系的客观要求。在社会主义社会，每个劳动者和建设者都在为社会、为他人同时也是为自己而劳动和工作。各行各业的劳动者和建设者，只是社会分工不同，没有高低贵贱之分。权利和义务不再分属于两个对立的阶级，而是统一于人民自己身上，每个人都是服务对象，又都为他人服务，全体人民通过社会分工和相互服务来实现共同利益。在我国，以公有制为主体和以按劳分配为主体，是为人民服务的根本制度保证，在此基础上逐步形成的团结互助、平等友爱、共同进步的人际关系，是为人民服务的基础。

其次，为人民服务是社会主义市场经济健康发展的要求。在社会主义市场经济条件下，市场主体必须通过向社会和他人提供一定数量和质量的产品，建立满足社会和他人需求的良好信誉。换句话说，社会主义市场经济，不仅不排斥为社会和他人服务，而且需要通过服务甚至是优质服务，才能实现市场主体的利益。为人民服务与社会主义市场经济并不必然对立。社会主义市场经济本质上要求为人民服务，不仅在于人们在一切经济活动中，应正确处理个人与社会、竞争与协作、效率与公平、先富与共富、经济效益与社会效益等关系，形成健康有序的经济和社会生活规范，更在于强调在社会主义物质文明和精神文明的引导下，每个市场主体都要有为人民服务的思想，自觉积极地为人民服务、为社会服务，更好使市场主体把自身的特殊利益同国家和人民的共同利益结合起来。

最后，为人民服务是先进性要求和广泛性要求的统一。为人民服务，既伟大又平凡，既高尚又普通，它并非高不可攀、远不可及，而是可以通过不同层次、不同形式表现出来。在今天，毫不利己、专门利人、无私奉献是为人民服务，顾全大局、先公后私、爱岗敬业、办事公道是为人民服务，同志间、师生间、同学间互相关心、互相爱护、互相帮助是为人民服务，热心公益、助人为乐、见义勇为、扶贫帮困、扶残助残也是为人民服务，遵纪守法、诚实劳动并获取正当的个人利益同样也是为人民服务。

（六）社会主义道德的原则——集体主义的科学内涵和道德要求

长期的道德实践证明，集体主义已经成为促进个人利益与集体利益实现辩证统一的基本道德原则。

首先，集体主义强调国家利益、社会整体利益和个人利益的辩证统一。在社会中，人既作为个体而存在，又作为集体中的一员而存在，集体和个人是不能分割的。在社会主义社会中，国家利益、社会整体利益和个人利益也是不能分割的。国家利益、社会整体利益体现着个人根本的、长远的利益，是所有社会成员共同利益的统一。同时，每个人的正当利益，又都是国家利益、社会整体利益不可分割的组成部分。国家社会的兴衰与个人利益得失息息相关。在现实生活中，国家利益、社会整体利益和个人利益是相辅相成的，不是靠抑制一方来发展另一方，而是要力求做到共同发展、相互增益、相得益彰。

其次，集体主义强调国家利益、社会整体利益高于个人利益。在实际生活中，个人利益和国家利益、社会整体利益难免会发生矛盾。这种矛盾，有的是可以缓和、化解的，有的则会发生或大或小的冲突。但是，集体主义强调，在个人利益与国家利益、社会整体利益发生矛盾冲突，尤其是发生激烈冲突的时候，必须坚持国家利益、社会整体利益高于个人利益的原则，即个人应当以大局为重，使个人利益服从国家利益、社会整体利益，在必要时作出牺牲。集体主义要求个人为国家、社会作出牺牲并不是任意的，只有在不牺牲个人利益就不能保全国家利益、社会整体利益的情况下，才要求个人为国家利益、社会整体利益作出牺牲。社会主义集体主义之所以强调个人利益要服从国家利益、社会整体利益，归根到底，既是为了维护国家、社会的共同利益，最终也是为了维护个人的根本利益和长远利益。

最后，集体主义重视和保障个人的正当利益。集体主义促进和保障个人正当利益的实现，使个人的才能、价值得到充分的发挥。这不但与集体主义不矛盾，而且正是集体主义思想的应有之义。只有在国家、社会中个人才能获得全面发展，才可能有个人自由。那种把集体主义看作是对个人的压制、是对个性的束缚的思想，是与集体主义的本意相违背的。事实上，正是集体主义为培养个人的健全人格、鲜明个性和创新精神提供了道义保障。对于集体主义来说，只有个人的价值、尊严得到实现，个人的正当利益得到保证，集体才能有更强大的生命力和凝聚力。

社会主义集体主义所重视和保障的是个人的正当利益，而不是任何性质的个人利益，对于损人利己、损公肥私的行为，集体主义不但不保护，而且强烈反对和禁止。

集体主义的道德要求：随着社会主义市场经济的发展，我国的经济生活和道德生活正在发生着深刻的变化，在道德领域出现了许多新问题，必须适应实际变化，不断补充、丰富和完善集体主义原则。在社会主义市场经济条件下，集体主义仍然而且应当成为社会主义道德的基本原则。发展社会主义市场经济，之所以需要集体主义，是因为其有助于克服市场自身的弱点和消极方面，有助于形成追求高尚、激励先进的良好社会风气，保证社会主义市场经济的有序健康发展。根据我国现阶段经济社会生活和人们思想道德的实际，可将集体主义分为三个层次的道德要求：一是无私奉献、一心为公，这是集体主义的最高层次，是共产党员、先进分子应努力达到的道德目标；二是先公后私、先人后己，这是已经具有较高社会主义道德觉悟的人能够达到的要求；三是顾全大局、遵纪守法、热爱祖国、诚实劳动，这是对公民最基本的道德要求。

（七）树立正确的择业观和创业观

每个大学生都要面临就业的现实。树立什么样的择业观和就业观，关系到大学生能否顺利进入职业生活以及进入职业生活后的状态是否良好。

首先，树立崇高的职业理想。职业活动不仅是人们谋生的手段，也是人们奉献社会、完善自身的必要条件。青年马克思在谈到选择职业理想时曾经写道："如果我们选择了最能为人类而工作的职业，那么，重担就不能把我们压倒，因为这是为大家作出的牺牲；那时我们所享受的就不是可怜的、有限的、自私的乐趣，我们的幸福将属于千百万人，我们的事业将悄然无声地存在下去，但是它会永远发挥作用，而面对我们的骨灰，高尚的人们将洒下热泪。"①马克思这种崇高的职业理想，值得大学生择业和创业时去学习和追求。

其次，服从社会发展的需要。择业和创业固然要考虑个人的兴趣和意

① 马克思恩格斯全集 第1卷[M].北京：人民出版社，1995：459.

愿，同时也要充分考虑现实的可能性和社会的需要，把自己对职业的期望与社会的需要、现实的可能结合起来。目前，许多地方的基层单位特别是中西部地区的人才需求十分强烈，能够为大学生提供施展才华的广阔空间。大学生应该积极响应国家号召，适应社会发展需求，面向基层、面向国家建设第一线去选择自己未来的职业，为经济社会发展贡献智慧和力量。

再次，做好充分的择业准备。素质是立身之基，技能是立业之本。大学生有了真才实学，才能在未来适应多种岗位。要有真才实学就要勤于学习，学文化、学科学、学技能、学各方面知识，不断提高综合素质，练就过硬本领；既要向书本学习，也要向群众学习、向实践学习。大学生应认识到，任何一名劳动者，无论从事的劳动技术含量如何，只要兢兢业业、精益求精，就一定能够造就闪光的人生。

最后，培养创业的勇气和能力。创业是通过发挥自己的主动性和创造性，开辟新的工作岗位、拓展职业活动范围、创造新业绩的实践过程。大学生不仅要树立正确的择业观，还应当树立正确的创业观。要有积极创业的思想准备，积极关注经济社会发展的趋势，了解国家鼓励大学生自主创业的有关政策，为今后自主创业打下良好的基础。要有敢于创业的勇气，只有勇敢地接受创业的挑战，破除依赖心理和胆怯心理，才能敢于创业、善于创业，做一个真正的创业者。要充分考虑自身的条件、创业的环境等各种现实的因素，努力提高自主创业的能力。

（八）树立正确的恋爱观与婚姻观

对大学生来说，应该处理好恋爱中的各种关系：

第一，不能误把友谊当爱情。有些同学在与异性的交往中，不能准确区分友谊与爱情两种性质不同的感情体验，给双方增添许多烦恼。异性之间要理智地把握好友谊与爱情的界限，异性之间完全可以建立和保持健康的友谊。

第二，不能错置爱情的地位。有些同学把爱情放在人生最高的地位，奉行爱情至上主义，沉湎于感情缠绵之中。这样的恋爱观，很容易导致对人生目标的误解，对需要将主要精力用于学习上的大学生来说危害尤大。

第三，不能片面或功利化地对待恋爱。无论是在自己心中勾画出一个脱离现实的恋爱偶像，还是只追求外在形象，或者只看重对方的经济条件，或者仅仅把恋爱看成是摆脱孤独寂寞的方式，都无法产生真挚的感情，也得不到真正的爱情。

第四，不能只重过程不顾后果。责任是爱情得以长久的重要保障，是坚贞爱情的试金石。自愿担当的责任，丰富了爱情的内涵，提升了爱情的境界。如果“不在乎天长地久，只在乎曾经拥有”，把爱情当成游戏，既会伤害对方，也会伤及自己。

第五，不能因失恋而迷失人生方向。恋爱过程是恋爱双方互相熟悉和情感协调的过程，恋爱成功与失败都是正常现象。大学生应该正确对待失恋，做到失恋不失志，失恋不失德，不影响学业和生活，不丧失对爱的憧憬和追求。

第六，树立正确的恋爱观，大学生还要处理好这样几种关系：一是恋爱与学习的关系。学习是大学生的主要任务，大学生应把爱情作为奋发学习的动力，同时还应把是否有利于促进学习作为衡量爱情价值的一个重要而特殊的标准。二是恋爱与关心集体的关系。恋爱中的双方不应把自己禁锢在两个人的世界中。脱离集体，疏远同学，会妨碍自身的全面发展与进步。三是恋爱与关爱他人和社会的关系。爱的情感丰富博大，不仅有恋人之爱，还有对父母之爱、对兄弟姐妹之爱、对社会和国家之爱。只专注于对恋人的爱而忽视对他人和社会的爱，这样的爱情就会显得自私和庸俗；相反，对他人和社会具有爱心则会使爱情变得高尚和稳固。

第七，在校大学生如果符合相关法律法规，也需谨慎对待结婚成家。在校大学生即使遇到了中意的恋爱对象，具备了结婚成家的法定要件和心理条件，也要理性对待结婚成家。大学时期的根本任务是完成学业、不断提升和完善自我，在尚未走向社会时就草率地结婚成家，会对学业和生活产生许多负面影响。婚姻不仅代表两情相悦，更代表责任和义务，一旦结婚成家了，就必须勇于承担起自己的责任和义务，及时进行角色的调整和转换。由于大学生在校生活期间基本上还是一个消费者，大量的家庭开支难免要从大家庭获得，结婚成家的大学生还要合理筹划，量力而行，勤俭节约，尽量不给父母增加过多的负担，也不能因此影响自己的学业。

（九）掌握加强道德修养的正确方法

加强个人的道德修养不可能一蹴而就，更不可能一劳永逸。只有按照有效的道德品质修养方法去做，并长期坚持下去，才能使自己不断进步、不断完善，从而成为道德品质高尚的人。

第一，学思并重。学思并重的方法，就是将学习与思考两个环节统一起来的方法。学习与思考相互依存，相辅相成。在提升个人品德的过程中，首先要善于学习各种道德理论和知识，尤其是社会主义道德理论和知识。同时要善于思考，并且把善于学习和善于思考有机地统一起来。孔子说："学而不思则罔，思而不学则殆。"只有坚持既不断学习又深入思考的修养方式，才能对人为什么要讲道德、讲什么样的道德和怎样讲道德形成全面而深刻的认识，产生道德智慧，过有意义的生活。

第二，省察克治。省察克治的方法，是加强道德修养的重要环节，即检查、反省自己的道德品质，发现自己思想行为中的不足，然后及时克服之。在日常生活中，我们要经常在自己内心深处用道德标准检查、反省，找出那些坏毛病、坏思想、坏念头并加以纠正。自我反省，是自我认识错误、自我改正错误的前提。曾子曰："吾日三省吾身，为人谋而不忠乎？与朋友交而不信乎？传不习乎？"善于反省自己的言行，并对错误加以改正，才能使自己的德性不断完善。

第三，慎独自律。慎独自律，作为一种道德修养方法，就是在没有外在监督的情况下，能够坚守自己的道德信念，严格践行道德规范。慎独自律的道德修养方法，既是对中国传统道德修养方法的批判性传承，也是在现代社会条件下仍需坚持的道德修养方法。《礼记·中庸》中提到："道也者，不可须臾离也，可离非道也。是故君子戒慎乎其所不睹，恐惧乎其所不闻。莫见乎隐，莫显乎微。故君子慎其独也。""道"是不可以须臾离开的。品德高尚的人在没有人看见的地方也能谨慎做人处事，在没有人听见的地方也能有所戒惧和敬畏，严格要求自己。可见，慎独就是一种关于个人善于独处、乐于隐处、慎于微处，于独处、隐处、微处自觉坚守道德情操的修炼功夫。自律是“慎独”达至的一种自觉自为的修养境界。“自”即自主、自觉，“律”为衡量、约束；自律即一种自我认识、自我约束、自觉控制的个人修养方法。

第四，知行合一。“知”易“行”难，是道德修养过程中存在的普遍现象，“知”是比较容易做到的，在践行道德规范过程中，缺少的往往是“行”。强调知行合一也是儒家修身思想的重要特征。在言与行的关系上，孔子明确主张“听其言而观其行”。他告诫学生，衡量人的品德不能只听其言论，更应看其实际行动。他认为学习的目的在于“行道”“君子学以致其道”“行义以达其道”。只有“行”才能使“道”变为现实。可见，道德修养并不是脱离实际的闭门思索，而是人们联系社会实践在道德上的自我反省和自我升华。

第五，积善成德。积善成德的方法，是加强道德修养的一种重要方法，即长期行善，就会形成一种高尚的品德。积善成德强调道德修养需要日积月累的坚持，成就理想的人格靠“积”。正如《荀子·劝学》所说：“不积跬步，无以至千里；不积小流，无以成江海。骐骥一跃，不能十步；驽马十驾，功在不舍。锲而舍之，朽木不折；锲而不舍，金石可镂。”我们应该注重平时的坚持和孜孜不倦的努力，“勿以恶小而为之，勿以善小而不为”，在个人品德修养方面坚持、坚持、再坚持，一定能够不断提高自己的精神境界和道德素质。

（十）向上向善，知行统一

高尚道德品格的形成重在实践，贵在坚持。大学生投身崇德向善的道德实践，就要向道德模范学习，培养志愿服务精神，大力弘扬时代新风，强化社会责任意识、规则意识、奉献意识。

1. 向道德模范学习

向道德模范学习，是向上向善，实现知行统一的有效方法。任何时代都有符合时代要求的道德模范。道德模范既包括在一定社会道德实践中涌现的符合特定道德理想类型的人物，又包括人们日常生活中能够近距离感受的具有积极道德影响的人物。学习道德模范的高尚品格和先进事迹，有利于提升全体社会成员的道德素质和社会整体道德水平。大学生要向道德模范学习，崇德向善、见贤思齐，弘扬真善美，传播正能量。

改革开放以来，各个地区、各行各业、各类人群都涌现出一大批具有先进事迹和高尚品格的道德模范，有助人为乐模范、见义勇为模范、诚实守信模范、敬业奉献模范、孝老爱亲模范等。他们有的用自己的平凡举动扶贫助困，让许多人感受到社会大家庭的温暖，用爱和付出奏响了社会和谐的主旋律；有的在死神和灾害面前大义凛然、知险而上，把平安和生的机会留给他人，用鲜血和生命将灾难和危机化解，展现出了人民至上、他人至上的英雄壮举；有的把困苦留给自己，把幸福送给他人，无怨无悔，彰显了中华文明代代相传的高尚品格。榜样的力量是无穷的。道德模范用自己的行动诠释着道德的内涵，展示着道德的力量。

尊崇道德模范、学习道德模范，是时代的呼声，是群众的心声。道德模范是群众身边看得见、摸得着的榜样，是可以学、能够学的标杆。大学生学习道德模范，就是要学习道德模范助人为乐、关爱他人的高尚情怀，在关心他人、帮助他人的过程中创造人生价值；学习他们见义勇为、勇于担当的无畏精神，在危难和考验关头挺身而出；学习他们以诚待人、守信践诺的崇高品格，老老实实做人、踏踏实实做事；学习他们敬业奉献、勤勉做事的职业操守，干一行爱一行，钻一行精一行；学习他们孝老爱亲、血脉相依的至美真情，常怀感恩之心、敬爱之情。大学生要时时处处以道德模范为榜样，多做好事，多办实事，在公共场所、邻里相处、行路驾车、外出旅游等不同的场合做到崇德守礼、遵规守法，养成良好的道德习惯。

优良的品质、高尚的人格并非一蹴而就，而是逐渐积累的结果。道德模范不仅做了普通人愿意做和能够做的事，更为可贵的是，他们主动做了许多人不想做的事，而且把大多数人能够做的事做得更好。在我们这个社会、这个时代，先进人物不断涌现，他们的业绩、精神和品质是我们取之不尽、用之不竭的力量源泉。大学生应积极从道德模范身上获取前进的动力，做社会良知的守望者、积极传播者和践行者。

2. 参与志愿服务活动

志愿服务是培育和弘扬社会主义核心价值观的重要载体，也是提升社会成员道德修养水平的重要实践途径。

志愿服务的精神是奉献、友爱、互助、进步。其中，奉献精神是精髓。参与志愿服务活动，一方面，帮助了他人、服务了社会，推动了社会道德水平的提高；另一方面，也把为社会和他人的服务看作是自己应尽的义务和光荣的职责，从服务社会和帮助他人中获得成就感和幸福感。志愿服务所体现出来的这种自愿地、不计报酬地服务他人和参与社会公益事业的奉献精神，有助于传递社会关爱、弘扬社会正气、形成向上向善、诚信互助的良好社会风尚。志愿精神与雷锋精神在本质上是高度统一的，都是社会主义核心价值观的生动体现。

志愿服务已经成为大学生参与社会实践、成长成才的重要舞台，成为大学生关爱他人、传播青春正能量的重要途径。当前，大学生志愿服务活动已经遍及农村扶贫开发、城市社区建设、环境保护、大型活动、抢险救灾、社会公益等领域。大学生积极投身志愿服务活动，一是到最需要的地方去。在国际国内大型活动中提供优质高效的服务，在救灾一线不畏艰险、奋力救援，在贫穷落后地区帮扶、支教，带头把志愿服务活动做进基层、做进社区、做进家庭，这都是大学生关爱社会、奉献爱心的重要表现。二是帮助弱势群体。大学生应在志愿服务活动中多关注空巢老人、留守儿童、困难职工、农民工及其子女、残疾人等社会弱势群体，注重向他们送温暖、献爱心。三是做力所能及的事。大学生投身志愿服务活动，应注重结合自身的能力、专业、特长在实践中长知识、强本领、增才干，特别要积极参与教育、科技、文化、卫生等帮扶行动，多参与城乡清洁、绿色出行、低碳环保、美化家园等活动。

3. 引领社会风尚

大学生的道德状态在一定程度上影响着整个社会的风尚。大学生投身崇德向善的道德实践，要弘扬真善美、贬斥假恶丑，做社会主义道德的示范者和引领者，促成知荣辱、讲正气、作奉献、促和谐的社会风尚。

其一，知荣辱。荣辱观对个人的思想行为具有鲜明的动力、导向和调节作用。社会风尚同荣辱观紧密相连，两者相互影响、相互作用。一个社会有什么样的荣辱观，也必然有什么样的社会风尚；反过来，一个社会有什么样的社会风尚，生活于其中的人们也就会形成什么样的荣辱观。大学生应以正确的荣辱观为指导，坚定正确的行为导向，产生正确的价值激励，助推全社会形成知荣明辱的良好道德风尚。

其二，讲正气。讲正气，就是坚持真理、坚持原则，坚持同一切歪风邪气作斗争。大学生须有一腔浩然正气，才能无所畏惧地前进，才能不屈不挠地为国家、为社会建功立业。要做到讲正气，在日常生活中就要洁身自好、严于律己，自觉远离低级趣味；积极维护社会公共秩序，抵制歪风邪气，敢于伸张正义、见义勇为，坚决同践踏社会道德风尚的一切行为作斗争。

其三，作奉献。奉献精神是社会责任感的集中表现。社会是由一个个的人所构成的集合体，脱离了人，便没有社会。社会需要人们对其负起责任。有责任，就意味着要奉献。奉献精神传递社会温暖，能够拉近人与人之间的距离，建立和谐的人际关系和稳定的社会秩序，促进社会健康有序地发展。热心公益与爱心资助、心中有爱是奉献精神，在危难关头挺身而出、牺牲小我是奉献精神，以职业与事业为人生目标的爱岗敬业是奉献精神，以服务国家科学技术创新进步或捍卫国家安全为己任是奉献精神。选择奉献也就选择了高尚。

其四，促和谐。民主法治、公平正义、诚信友爱、充满活力、安定有序、人与自然和谐相处的社会，是国家富强、民族复兴、人民幸福的重要保证。对于大学生来说，促和谐就是要促进自我身心的和谐、个人与他人的和谐、个人与社会的和谐、人与自然的和谐等。大学生要用和谐的态度对待人生实践，使崇尚和谐、维护和谐内化为自己的思想意识和行为习惯，推动人与人之间、人与社会之间融洽相处，实现人与自然之间友好共生。

四、课堂拓展

对待传统文化得有三种精神

如何正确对待中华民族传统文化？近百年来，我们曾经走过若干弯路，几经反复，教训深刻。在建设中国特色社会主义、实现中华民族伟大复兴中国梦的历史征程中，这个问题依然需要引起高度重视、认真加以解决。这里谈谈对待中华民族传统文化应该具有的三种精神。

继往开来的精神。我国是一个历史悠久的文明古国。古往今来，中国人民在建设自己家园的艰苦奋斗中，一代接一代地积累、继承、创新和发展，铸就了源远流长、博大精深的中华优秀传统文化。这一优秀传统文化独树一帜、自成体系，是一个与时俱进、历久弥新的历史范畴，记载和反映了中华民族的坚强意志、崇高精神，早已同中华民族的兴衰存亡融为一体，是永远割不断的精神命脉，也是中华民族永葆青春、开创未来的强大历史基因。习近平同志讲得很清楚："优秀传统文化是一个国家、一个民族传承和发展的根本，如果丢掉了，就割断了精神命脉。"他强调，要把握好正确对待传统文化和现实文化的重大课题，善于把弘扬优秀传统文化和发展现实文化有机统一起来、紧密结合起来，在继承中发展，在发展中继承。因此，在对待传统文化问题上，我们主张历史与现实的统一，尊重历史而不能割断历史，具备继往开来的精神。不能继往就不能开来。不很好继承中华优秀传统文化，是难以开创社会主义先进文化繁荣发展新局面的。

科学扬弃的精神。中华民族的历史和文化，从形成到发展，经历了数千年不间断的漫长过程，走的是一条富有个性的独特发展道路。中华民族传统文化既然是一个历史范畴，就必然受到历史条件的制约，从而打上不同历史时期的文化印记。因而，中华民族传统文化不是单一的、纯粹的、一成不变的体系，而是以积极健康、向上向善的优秀文化为中坚和主导，多元互补、彼此渗透，精华和糟粕杂陈的复合文化形态。中华民族传统文化形成和发展的历史早已证明并将继续证明，把历史问题简单化，故步自封，是古非今，同无视、曲解乃至杜撰历史一样，都不是对待自己民族传统文化的科学态度。我们主张坚持古为今用、推陈出新的方针，坚持科学扬弃的精神，从实际出发，具体问题具体分析，取其精华，去其糟粕，努力实现传统文化的创造性转化和创新性发展。这是我们应该具有的文化观。我们不赞成厚古薄今、以古非今，也不赞成简单地从形式上去模仿甚至复原传统文化的某些特定仪式。

以人为本的精神。近百年来，对文化词义的界定，见仁见智，各有依据，可谓百花齐放、百家争鸣。尽管如此，就其本质来认识和把握，仍可以看到一个相似之处，即立足点都在人。在这个问题上，我们赞成这样的见解，即文化是一个民族的精神和灵魂，它既以经济发展为前提，又通过民族文明素质的提高反作用于经济，从而推动社会和历史前进。因此，我们讲弘扬中华优秀传统文化，归根结底是要解决人的问题，通过以文化人，达到提高全民族文明素质的目的。五千年来，中华优秀传统文化涵养了中华儿女的道德情操、精神追求、文化旨趣和人生价值，成为凝聚民族意志、维护国家统一、反抗外敌欺凌、谋求国家富强和人民幸福的强大精神力量。这样一个以文化人的过程，不知不觉地贯穿于每一个人的生命历程。《周易》说的“观乎人文以化成天下”，讲的大概就是这个道理。在新的历史时期，以文化人仍然是文化建设的神圣使命，需要以人为本的精神。春雨润物，任重道远。作为文化人，唯有慎终如始、持之以恒，为弘扬中华优秀传统文化而奋斗，方能不辜负时代的重托。

（选自陈祖武：《对待传统文化得有三种精神》，《人民日报》，2015年1月13日第7版）

“文化自信”三喻

从海昏侯的马蹄金到故宫的石渠宝笈，博物馆一票难求，人们在与文物的对话中感受历史；从《大圣归来》到《大鱼海棠》，电影院人头攒动，一年440亿元票房堪称奇迹……

这只是当代中国文化场景的两个“特写镜头”。近年来，文化的繁荣与发展，为公众拓展了心灵空间、构筑起精神家园。“由人化文，以文化人”，人与文化的互动生长，正是一个最好的注脚，印证着习近平总书记在“七一”重要讲话中的判断——“文化自信，是更基础、更广泛、更深厚的自信”。

何以自信？有三个比喻，值得沉思。

文化，可喻之为河。有源头活水，有支流汇入，一路奔腾向海，会穿行峡谷掀起巨浪，也会途经平原静水深流，沉淀下河床，滋养出沃野，哺育出勃勃生机。理解文化，就需要理解其水有源、其流有势、其去有向，才能在大浪淘沙中赓续文化的基因。

对于我们，五千多年文明发展，孕育出中华优秀传统文化；近百年来上下求索，形成了革命文化和社会主义先进文化。这是中华民族深层精神追求的结晶，代表着中华民族独特的精神标识，是涵养我们文化最肥沃的土壤、最充沛的水源。源通流畅、源远流长，这是我们文化自信的根本基础。

文化，可喻之为山。壁立万仞，挺拔巍峨，为地之锁钥，为天之柱石。山中既有大树参天，也有溪流边野花烂漫，可曲径通幽，更可登临远望。把握文化，就需要把握其高远之处、其仰止所在，才能在高天厚土间树立文化的坐标。

对于今天，社会主义核心价值观划定时代的价值航标，是人生奋斗的梦想之舵、中华民族的精神之钙、当代中国的兴国之魂。以爱国主义为核心的民族精神、以改革创新为核心的时代精神，是流淌于历史与现实的精神潜流。奇伟瑰丽、高迈超绝，这是我们文化自信的重要内容。

文化，也可喻之为海。万川涌入，涓流汇集，因包容而成其大，因丰富而成其广。可载大舟，亦可浮一苇，“日月之行，若出其中。星汉灿烂，若出其里”。发展文化，就需要发展其多元、多样，其宽容、宽广，才能在兼容并蓄时更新文化的血脉。

对于中国，历史之船已经驶入“世界历史”的广阔海洋，“文化的对话”成为必然和必须。一方面，海纳百川，有容乃大，要吸收借鉴人类一切优秀文明成果；另一方面，文明因交流而多彩，文明因互鉴而丰富，也要以中国文化丰富人类文明的基因库。不拒众流、扬帆出海，这是我们文化自信的前行方向。

河、山、海，是“应然”境界，“实然”却常遇尴尬。或是矮化、僵化传统文化，解构、消减革命文化，截断了河流的脉络；或是抱残守缺、食古不化，既不“引进来”也不“走出去”，封闭了海洋的疆界。复兴之路上，增强文化自信，仍然任重道远。

“仁者乐山，智者乐水”。长河浩荡，在时间的轴线上，把握住历史、现实与未来；高山巍峨，在精神的维度中，把握住时代精神、民族精神与核心价值；大海空阔，在世界的尺度上，把握住文化的交锋、交流与交融，才能建立起真正的文化自信，让当代中国大踏步走向世界、走向未来。

（选自金苍:《“文化自信”三喻》,《人民日报》,2016年7月7日第4版）

跨世纪：一种道德思考

伴随着日益临近的21世纪的脚步声，跨世纪的问题愈来愈成为整个世界的共同话题，人们正在从不同的角度，关注着人类和世界的未来走向和命运。跨世纪的政治思考，跨世纪的经济思考，跨世纪的文化思考，跨世纪的环境思考，跨世纪的军事思考，跨世纪的人口思考，跨世纪的粮食思考……所有这些论题，构成了人们对新世纪的憧憬与忧虑交错在一起的复杂心态。跨世纪的道德思考，总体上表现的也是这样一种复杂的心态，只不过是从道德的角度，去展望新世纪的发展趋势。

1. 趋势之一：21世纪的中国，既是一个经济强国，也是一个道德强国

道德与经济发展的关系，这些年是一个多少被弄混淆了的问题，急需做一些澄清工作。所谓“跨世纪的道德思考”，在当前，首要的就是要作这样的思考。

究竟有没有脱离道德而单独存在、单独发展的经济发展目标？一些人认为是有的，经济就是经济，道德就是道德，经济可以和道德相融合，也可以和道德相背离，甚至还必须与道德相背离、相排斥。这是“道德无用论”“道德代价论”“腐败不可避免论”诸种观点的一个重要的理论基础。从表面现象看，发展经济需要的只是资金、市场、劳动力以及机器、厂房、原材料等具体的人力、物力，不涉及价值观、人生观、善恶观这些抽象的术语。但深究下去，人力、物力发生作用并不是自然现象，而是社会现象，而所谓社会现象，主要就体现在人与人之间要产生社会关系、进行社会交往，只有在社会交往中，才有人力、物力的组合，才有生产、流通、交换、分配、消费等经济活动。道德就体现在这些具体的经济活动中。道德不是什么天生的观念，也不是什么上帝的启谕，道德不过是调节诸种社会关系的规范体系，而首先又是调节经济关系的规范体系。道德是无所不在的，这是一方面；但世界上也并不存在什么纯粹的道德，只存在寄寓于各种具体的经济、政治、文化等社会关系中的道德，这是另一方面。因此，从严谨的理论上说，任何社会关系、社会活动，都伴随有相应的道德观念、道德规范，而任何道德观念、道德规范，也一定依附于相应的社会关系、社会活动。经济与道德的关系也决不例外。

道德要依附于相应的社会关系、社会活动，这一观点比较容易为人们所认同；但为什么经济活动一定要伴随相应的道德观念、道德规范，人们常常对这个观点产生疑问。是否可以从两方面来对问题进行分析：一方面是关于经济的正常发展问题，一方面是关于经济的发展目的问题。

首先谈谈经济的正常发展问题。

在现代社会，经济的正常发展，需要有一个正常的社会秩序。正常的社会秩序靠什么来维持？主要靠两大类规范，一类是法律规范，一类就是道德规范。法律和道德都不是凭空产生的，而是人类社会关系的产物，它们通过主动性的调节或被动性的防范，来维系正常的社会关系，避免人们因各行其是，公说公有理，婆说婆有理，以致引发“一切人反对一切人的战争”。道德与经济发展的必然联系，由此可见一斑。道德与经济发展的关系，还有更直接的联系。生产、交换、分配，每一个经济环节，既是一种经济行为，也是一种道德行为，可以进行价值分析，可以进行善恶判断。用什么手段去生产，用什么方式去交换，用什么标准去分配，都包含着深刻的价值观、善恶观在其中。从人类的道德发生发展史来看，道德的产生和发展，也首先是基于为人类的生产、交换和分配得以正常进行服务的。物质性的社会关系，主要的又是经济的社会关系，是人类道德关系最深厚的源泉。

其次谈谈经济的发展目的问题。

经济发展本身并不是人类的终极目标。人类不是为经济而经济、为生产而生产的，经济的发展，生产的进步，只不过是人类满足物质生活和精神生活的需要的一种手段，归根到底，是人类自由全面发展的一种手段。因此，任何经济、任何生产，都有其既定的价值目标，而道德，就是其中一个极其重要的方面。

总而言之，道德与经济不是两张皮而是一张皮，二者合，则皆兴盛，二者分，则皆衰败，这已为人类自身的发展史所证明。对这样的结论，今天的中华民族有切肤的认同感。因此，21世纪的中国，肯定不会是只有一副经济面孔的怪物，而必定会是一个人格健全发展的壮汉；21世纪的中国，不仅会成为一个经济强国，而且会成为一个道德强国。在中国跨世纪的蓝图中，健全的道德已经占有显著的位置。

2. 趋势之二：21世纪的中国，集体主义仍将成为社会的道德基本原则

跨世纪的道德思考，不能不思考道德基本原则问题。

对道德基本原则的选择和认同，是构建道德体系、进行道德建设的基础性工作，因为道德基本原则决定着与之相应的道德体系的基本性质，也决定着道德建设的总价值目标。

道德的基本问题的一个重要方面，是个人利益与社会利益的关系问题；道德的基本使命，是调节个人利益与社会利益的关系。因此，古往今来，形色多样的道德体系中的道德基本原则，基本倾向只有两种：或是以个人利益为出发点，或是以社会整体利益为出发点。（当然，我们这里讨论的只能是一种基本的利益倾向，因为所谓个人利益或社会整体利益，在不同的时代具有不同的内涵，特别是阶级属性的内涵。）但是，在近代以前的种种道德体系中，道德基本原则的利益倾向常常是不自觉的或者说是缺乏完整的理论论证的，真正自觉的、有严整理论体系的道德基本原则，出现在资产阶级和无产阶级登上历史舞台之后。资产阶级的道德基本原则是个人主义，无产阶级的道德基本原则是集体主义，两者在利益倾向上和理论形态上，都是相当自觉和完备的。

我国自新中国建立以来，始终遵循的是集体主义的道德基本原则，集体主义成为中国社会主义道德的核心。40余年来，集体主义道德对新中国的道德进步所发挥的巨大作用应得到充分的肯定。这些年来，一些观点对集体主义道德颇有微词，甚至把过去和当今中国的道德问题，统统推到集体主义身上，集体主义几乎成了“万恶之源”。这样的评判是不公平的。别的方面且不说，仅仅从中国几千年封建社会历史造成的国民道德素质状况来看，中国封建社会的主流道德表面上看是儒家的“整体主义”，但深究其实质，这种儒家整体主义，不但是以维护封建统治阶级的整体利益为根本使命的，而且由于它是建立在小农经济的基础上的，因此根本不可能真正成为全社会共通的道德基本原则，广大民众实际具有的最普遍的道德品格，主要是小农式的自私自利的道德品格，也就是当年马克思所形容的法国国民“马铃薯式”的品格：装在封建专制的麻袋中是“整体主义”，而一旦分开来看，则是一个一个相互分离的土豆。新中国所遵循的集体主义与旧中国整体主义的最大区别，就在于集体主义以人民大众的利益作为全社会的道德基础，取代了过去作为社会共同的道德物质基础的剥削阶级的一己私利，从而使每个国民不再是装在麻袋中的马铃薯，而是有着共同生命体的细胞分子。这一变化对中国的道德发展是革命性的。看不到这一点，就无法真正公正地评判集体主义的历史功绩。

我们说新中国由于选择了集体主义而使中国的道德为之洗心革面，并不是否认前些年集体主义在实施过程中曾出现过不足乃至失误乃至弊端。对集体主义道德在实施过程中的负面结果，应当正视，应当纠偏。集体主义在运作过程中曾出现过的最突出的问题，是在某些时期、某些情况下，没有在保障国家利益的同时，兼顾好集体和个人的利益，也就是没有统筹好国家、集体、个人三者利益，使三种利益“相得益彰”，并在一定程度上挫伤了集体和个人的积极性；而且在某些特定的历史条件下，也确实出现过以虚假的社会整体利益的名义侵害个人正当利益的现象。当前“修正”和完善集体主义道德最主要的工作，就是从理论和实践上着重强调在社会整体利益的基础上，使国家、集体和个人利益统筹兼顾、相得益彰。

对集体主义道德的总的态度应当是：一要坚持，充分肯定其历史功绩；二要完善，直面以往集体主义在理论上和实践上的缺陷。唯有如此，方能使集体主义道德焕发出新的活力，适应中华民族在新世纪的道德需要。

新世纪的中国对集体主义道德的呼唤，有着深刻的经济大背景，这就是社会主义的市场经济。有一种观点认为，与市场经济相嫁接的道德原则只能是个人主义。这种观点其实也已过时。早期资本主义市场经济确实是与个人主义相嫁接的，但这有一个重要的背景：自由放任，即完全排除政府干预。但自本世纪30年代以来，自由放任的市场经济已被国家垄断资本主义的市场经济即国家宏观干预的市场经济所取代，与此相适应，道德个人主义在西方世界也逐渐失去了往日的风采，受到越来越多的西方学者的抨击。事实上，30年代自美国哲学家约翰·杜威提出“新个人主义”概念以来，西方世界对个人主义的这种变相否定，就是对这种“新个人主义”不断更新，而所谓新处，不在别的，就在加进了社会利益、国家利益、他人利益的内容，是在向集体主义“学习”。有人说历史已经证明个人主义战胜了集体主义，这种说法，至少从西方个人主义的演变史来看是缺乏有力证据的，我们看到的，倒是社会整体利益日益受到人们的关注，而且成了人们谈论跨世纪问题时一个绕不过去的问题，一个时髦而又严肃的话题。

中国实行的社会主义市场经济有一个基本特点，叫作与社会主义基本制度相结合。社会主义的基本制度不是一句空话，而是有充实的内涵的，这就是社会主义的政治、经济和文化内涵。这些内涵无论从哪一处着眼，都内含着集体主义的价值观念。因此，21世纪的中国，集体主义甚至超出了道德基本原则的范畴，成为社会主义基本制度的一块重要的理论基石。集体主义成为21世纪中国社会的道德基本原则，当然是大势所趋的。

人们日益关注社会整体利益，已成为一个国际性的潮流，我们不能逆这个潮流而动。

3.趋势之三：21世纪的中国，基础道德文明的建设将受到空前的重视

道德有其强烈的意识形态的一面——人生观、价值观等，强调把集体主义作为21世纪中国的道德基本原则，着重点是在其意识形态的一面。然而道德还有基础文明的一面，这一面相对来说远离意识形态，是社会共同文明的基本方面，如社会公共道德、职业道德等等。即便是有着不同的政治信仰、宗教信仰、人生信仰的人，也必须遵守最基本的社会公德和职业道德规范。对社会公德和职业道德的重视，将是21世纪中国的一个显著特点。

道德建设是要讲层次的，因为道德教化是讲层次的，社会成员接受道德规范总是循序渐进、由低到高的。基础层的道德，首要的就是社会公德，懂礼貌、讲谦让、守秩序，尊重他人，尊重社会，不随地吐痰，不在公共场所大声喧哗，不闯红灯，扶老携幼，等等，等等，这些都是一个人最起码的为人之道，最起码的公民素质。一个连这些起码的行为规范都不能遵守的人，又怎么会具有高尚的集体主义道德觉悟呢？同样，敬业勤业，干一行爱一行，己所不欲，勿施于人，推己及人，由人及己这些普通的职业道德准则，难道不是高尚的集体主义道德的基石吗？一个有社会主义和共产主义道德觉悟的人，比如雷锋，难道不是先从这些具体的道德准则做起的吗？

这些年我们多少忽略了这些基础道德文明的教育和建设工作，以至于许多年纪轻一点的人，竟然不知道怎样妥善处理日常生活中人与人之间的关系以及人与物之间的关系。在学校甚至有这样一句顺口溜：对小学生教“我们是共产主义事业的接班人”，对中学生教“做社会主义的好公民”，对大学生教“遵守公共秩序”，对研究生则教“搞好宿舍卫生”。这句顺口溜所概括的学校道德教育状况未免夸大变形了，但也多少反映了一点学校道德教育“倒挂”的现实，即对学生的施教往往不是由低向高前进的，而是由高向低后退的。由于违反了教育规律，错过了教育时机，教育效果事倍功半，甚至产生严重的逆反心理和对峙情绪，也就不足为怪了。

21世纪将是一个人际交往更加紧密，也更加职业化的世纪，这是21世纪的一个大趋势。信息时代的到来，“信息高速公路”的建成，将真正把地球变成一个“地球村”，从而使得中国公民之间的交往也将发生难以想象的变化。经济竞争的加剧，职业分工的进一步精细化，愈加使职业生涯成为人一生的主要生命和生活经历。在这样的新世纪中人们将更多地通过日益密切的社会交往的纽带，通过愈加精细化的职业岗位的纽带，来学习并践履怎样与人相处、与社会相处、与自然界相处。如果没有起码的社会公德的素养，没有起码的职业道德的素养，人们将无法在社会中健全地生活，社会也无法在演变中健全地发展。也正是由于这样的原因，当今世界许多国家都把社会公德和职业道德作为道德建设的重点工程。鉴于此，21世纪的中国空前重视社会公德和职业道德的建设，绝不仅仅是为了补前些年欠下的债，更是为了更高起点的发展。这是一个名副其实的世界潮流，一个名副其实的21世纪道德发展的大趋势。

4.趋势之四：21世纪的中国，将更加明智地对待中国传统道德和外来道德

中国自近代百余年来，无论是在对待自己的传统还是在对待外来的文明的问题上，都留下了许多值得深刻汲取的教训。

21世纪的中国，随着中华民族的进一步振兴和成熟，必将更加理智地去对待自己的和别人的东西。

首先，人们将愈加看重中国古代传统道德与中华民族的振兴的内在联系。

全盘西化与全盘复古，是自近代以来始终困扰国人的两种对待传统文化的偏颇思潮。“文革”期间，又冒出一股“左”的思潮，打着马克思主义和反封建的旗号，从“左”的方向全盘否定中国的传统道德。这些来自右的和“左”的思潮，使我们民族在传统道德问题上犯了一系列错误。最根本的错误，就是未能真正理解传统文化与现代化的关系，没有真正摸透中国发展的文化命脉。

没有自己文化的根基，妄自菲薄，外国的月亮比中国圆，中国将无从辨识舶来品中的好东西与坏东西，更谈不上吸收外来思想的精华，抵制外来文化的糟粕。就是马克思主义，如果没有中国文化的形式作为传播载体，也不能收到为广大中国民众所喜闻乐见的效果，难以在华夏大地扎根。毛泽东同志对马克思主义的一个很大的功绩，就是把马克思主义中国化，变成“山沟沟”里的马克思主义，变成中国民众喜闻乐见的马克思主义，从而使马克思主义在中国扎了根、开了花、结了果，给中国革命指明了正确的前进方向。

固守自己的旧文化，妄自尊大，抱残守缺，中国也将无法从别人的先进经验中得到启示和发展的助力，最终也守不住自己的旧文化，而只能在世界发展的洪流面前日渐落伍、日渐沉沦。中国的近现代史证明了许多真理，其中一条最重要的真理是，在列强纷争、群雄四起的时代，靠中国固有的建立在农业社会基础上的封建文化，中华民族是无力与诸强争雄的。要么向西方资本主义学习，以寻求跻身世界列强的途径——然而历史证明此路不通；要么“走俄国人的路”，即用马克思主义作为思想武装，走社会主义道路，以打破西方列强对中国的强权控制——历史已经证明，中国能够有今天如此辉煌的发展成就，靠的正是马克思主义的指导，而不是靠孔孟之道或资本主义文化。

对待中国传统道德（其实也包括中国传统文化）的问题就是这样复杂，既不能全盘否定，也不能全盘肯定，即必须仰赖先进的文明思想体系，又不能割断了自己原有文化的根系。这是一个多么难以驾驭的复杂的文化碰撞的局面。然而，只有在这样的文化大碰撞过程中，中华民族在文化问题上才谈得上真正成熟起来，并真正找准自己思想道德发展的战略思路，以至找准整个民族、整个国家的整体发展的战略思路。21世纪的中华民族，在遭受了自近代以来的风风雨雨之后，必定会成为一个在文化发展上足够成熟的民族。

其次，人们也将愈加根据西方发达国家的经验教训，反观并调整中国自身的道德建设战略。

如果说中国自本世纪70年代末实行改革开放政策以来，在从科技、管理、经济到政治、文化、道德方面，往往有点“饥不择食”式地以西方人为师的话，那么，在新世纪，中国将对西方的东西持一种比以往任何时候都要挑剔的眼光。特别是在道德建设上，世界的大趋势，与其说是东方向西方学习、中国向美国取经，毋宁说是西方向东方学习、美国向中国取经。西方发达国家尤其是美国所选择的纵容个人主义、享乐主义、拜金主义的现代化发展战略，走到现在，已经证明其在道德上正走入一条没有希望的死胡同。当今西方世界的东方传统文化热、中国传统文化热，真正的大背景，正是西方人自己对治疗其道德痼疾丧失了信心，从而试图乞灵于东方的神奇文化。

中国在21世纪要实现腾飞，要达到强国富民的既定目标，一个极其重要的工作，就是要杜绝重蹈西方道德死胡同的任何可能性。否则，就不仅仅是中华民族在道德上的幻灭，而且是民族振兴机会的最后一次丧失。越来越多的中国人，越来越认同了这样的结论。

（选自夏伟东：《跨世纪：一种道德思考》，《新视野》，1996年第6期）

集体主义中的“集体”定位问题

在贯彻集体主义原则时，一个重要的问题就是对“集体”应当如何理解。一些人常常以“集体”的概念无法明确而对集体主义产生疑虑，以“集体”无法定位而否定集体主义。他们提出，这里的“集体”，到底是指国家和民族，还是指某一个单位、组织或行业，还是全部都包括在内？一些人甚至认为，发展市场经济，出现了许许多多不同性质的局部的各种各样的集体，为什么在道德原则上还要坚持社会主义的集体主义？要消除这些疑虑，首先必须明确集体主义中的“集体”定位问题。

1.集体主义中的“集体”有两个层次的内容

从唯物辩证法的视角来看，集体主义中的“集体”有两个层次的内容。它既可以表现为作为国家、民族、社会等普遍的集体，也可以表现为当前市场经济条件下各种不同的、局部的集体。我们也可以说，这里的集体，既有一般意义上的集体，又有个别意义上的集体。这种“一般”和“个别”“普遍”和“特殊”的关系，正好是复杂的现实生活的反映。作为一般意义上的集体，它是所有个别的、局部的“整体”的共同特性，所有个别的、特殊的、局部的“整体”，都有一般意义上的“整体”的某些属性。正是由于这种特点，我们有时在一般意义上使用“集体”这一概念，有时在个别意义上使用这一概念。任何一般的、普遍的、共同的东西，都是同个别的、特殊的、具体的东西相联系而存在的。在当前的市场经济条件下，尽管各种具体的、特殊的、个别的集体，有着不同层次不同性质的差异，但在社会主义社会中，在马克思主义的指导下，在社会主义的政治、经济、文化和道德的诱导下，它们都必然要受到社会主义集体的制约和引导。所以，在道德原则上，同样适用社会主义的道德原则。那种以市场经济为原因而否定集体主义原则的理论是不能成立的。

2.集体主义中的“集体”应当体现全体成员的利益和意志

如果一个集体不能代表整个社会的普遍利益，也不能代表这个集体之中的各个成员的利益，那它就是一个“虚幻的集体”。我们所说的“集体”，是能真正“代表全体成员利益的”集体。也就是说，集体利益和个人利益是辩证统一的。在社会生活中，集体主义的一个重要内容，就是为了维护集体真正的、长远的、可持续的利益，这就必须要把维护个人的正当利益作为集体主义一个必须加以认真重视的方面。我们在突出集体地位的同时，也要强调个人的地位，从一个全新的高度，来认识个人与集体的辩证关系。集体是由许多个人和局部组成的，离开了个体的充分发展，也就不可能有集体的发展，这个道理是显而易见的。集体犹如一个有生命、有活力的有机体，个人和局部犹如这个有机体中的细胞。生物学研究早已发现并证明，只有一个有机体的所有细胞都充满活力，这个有机体才能是生气勃勃和生长旺盛的。当然，我们也要十分清楚地看到，任何一个有机体的细胞，如果脱离了自己赖以存在的有机体，这个细胞也就失去了自身存在的条件。

3.集体主义中的“集体”应当是“真实的集体”

“真实的集体”是相对于“虚幻的集体”而言的。判断集体是否真实的最可靠的方法，莫过于看这个集体是否真正像它所宣称的那样为最大多数人谋利益，而不是仅为少数人谋利益。就此而论，强调集体主义原则中集体的真实性问题已经超出了一般的理论领域，成为直接与集体主义原则的可信赖程度密切相关的现实问题。

在社会主义初级阶段，由于经济发展、政治改革和社会进步的程度不同，我们社会的集体，还不可能都是真实的集体。它既不是马克思和恩格斯所说的那种“虚假的”“虚伪的”“不真实的”“虚幻的”集体，也还不可能达到马克思和恩格斯所说的“真正的”“能完全代表成员利益的”集体。但是，从我国社会主义社会现实的总的情况来看，我国社会中的大多数的“集体”基本上都是能够体现它的成员利益的集体。当前社会中一些现实的“集体”，可能还存在这样那样的缺陷，但是，只要这个集体的成员基本上是为这个“集体”成员的利益而工作的，我们就应当承认这个集体是现实的，也是合理的。同时，这个集体中的所有成员，都应当不断地、逐步地为改善这个集体并使这个集体朝着更加完善的方向而努力。只有通过集体所有成员的不断努力和坚持不懈的奋斗，并通过“改善”“提高”,“再改善”和“再提高”，才能使我们的集体逐渐趋于完善。

（节选自罗国杰:《关于集体主义原则的几个问题》,《思想理论教育导刊》,2012年第6期）

五、热点问题探讨

◇有人认为，道德素质与学历水平呈正比，即学历越高，道德素质越高，学历越低，道德素质越低。你怎么看待这种观点？

◇有人认为，道德就是束缚人的，是一部分人用来束缚另一部分人的。你怎么看待这种观点？

◇某高校在一项调查中发现，大学校园里有一个奇怪的现象：100%的学生强烈反对校园里的不文明行为，但是这100%的学生也承认，校园里的种种不文明行为就发生在自己或同学身上，你认为症结在哪里？你理想中的校园文明是什么样的？为校园文明献上一策吧。

◇部分大学生认为，大学期间不谈场轰轰烈烈的恋爱是人生的一大遗憾，为此，有人一进大学就开始猎奇所谓的爱情。你怎么看待这一观点和行为？

六、实践活动推介

文质彬彬，然后君子：礼仪的目的与作用本在于使本来的顽梗变柔顺，使人们在尊重他人的同时自尊、自爱，温文尔雅地与他人和谐相处。要求大学生试着以中国传统美德约束自己，拘一些“小节”，过一段时间自我评价一下，再请周围的人评价一下看看自己的气质是否高雅了些。

行善的方式很多，试试看：对身边的人微笑三次，把快乐传递下去；悄悄做一件帮助他人的事；原谅一个伤害你的人，让痛苦的能量到你这里为止；想想自己已经拥有的，试着去感恩；与父母至少每周联系一次……日行一善，心里充满善良的阳光，照亮别人，也温暖自己。

七、阅读书目推荐

1. 马克思恩格斯选集 第1卷[M]. 北京：人民出版社，1995.

2. 中共中央文献研究室. 十四大以来重要文献选编（下）[M]. 北京：人民出版社，1999.

3. 孔炘. 公德，我们缺什么[M]. 济南：山东友谊出版社，2000.

4. 陶文楼. 职业道德原理[M]. 北京：科学普及出版社，2003.

5. 曾建平. 社会公德引论[M]. 北京：中央编译出版社，2004.

6. 王作峰. 中国传统道德的当代价值[M]. 北京：新华出版社，2004.

7. 王晓朝. 传统道德向现代道德的转型[M]. 哈尔滨：黑龙江人民出版社，2004.

8. 肖立斌. 中西传统道德信仰比较[M]. 贵阳：贵州大学出版社，2008.

9. 张天学，陈树文. 为人民服务思想的当代价值研究[M]. 成都：电子科技大学出版社，2011.

10. 谢和平. 大学的文化自觉与文化自信[M]. 成都：四川大学出版社，2012.

11. [法]涂尔干. 职业伦理与公民道德[M]. 渠敬东，译. 北京：商务印书馆，2015.

第六章　尊法学法守法用法

一、学习目的与要求

通过本章内容的学习与实践，掌握法律的含义和社会主义法律的本质特征，了解社会主义法律的运行；熟练掌握以宪法为核心的中国特色社会主义法律体系；理解建设中国特色社会主义法治体系的重大意义，熟练掌握建设中国特色社会主义法治体系的主要内容，正确认识和把握全面依法治国的基本格局，坚持走中国特色社会主义法治道路。为此，当代大学生必须自觉培养法治思维，尊重和维护法律权威，依法行使权利和履行义务。

二、内容提要

法律及其历史发展。法律是由国家制定或认可并以国家强制力保证实施的，反映由特定社会物质生活条件所决定的统治阶级意志的规范体系。首先，法律由一定的社会物质生活条件所决定。法律作为上层建筑的重要组成部分，不是凭空出现的，而是产生于特定社会物质生活条件基础之上。其次，法律是统治阶级意志的体现。法律所体现的统治阶级意志具有整体性，不是统治阶级内部个别人的意志，也不是统治者个人意志的简单相加。法律不是从来就有的，也不是永恒存在的。奴隶制法律、封建制法律、资本主义法律都是建立在私有制经济基础上的剥削阶级类型法律，而社会主义法律是人类历史上唯一以公有制为基础的新型法律制度。

我国社会主义法律的本质特征。我国社会主义法律是中国特色社会主义制度的重要组成部分，是党领导人民当家作主的制度保障。首先，我国社会主义法律体现了党的主张和人民意志的统一。我国社会主义法律既具有鲜明的阶级性，又具有广泛的人民性，体现了阶级性与人民性的统一。其次，我国社会主义法律具有科学性和先进性。最后，我国社会主义法律是中国特色社会主义建设的重要保障。

我国社会主义法律的运行。法律的运行是一个从创制、实施到实现的过程。这个过程主要包括法律制定、法律执行、法律适用、法律遵守等环节。法律制定是国家对权利和义务，即社会利益和负担进行的权威性分配；法律的执行、适用、遵守则是把法律规范转化为法律实践，把法定的权利和义务转化为现实的权利和义务。

我国社会主义法律体系。宪法是我国的根本法。首先，我国宪法的地位。宪法至上地位主要体现在其特有的作用、效力和内容等方面。第一，我国宪法是国家的根本法，是治国安邦的总章程，是党和人民意志的集中体现。第二，我国宪法是国家各项制度和法律法规的总依据。第三，我国宪法规定了国家的根本制度。其次，我国宪法的基本原则。宪法的基本原则是贯穿于宪法规范始终，对宪法的制定、修改、实施、遵守等环节起指导作用的基本准则。我国宪法的基本原则主要包括：党的领导原则、人民主权原则、尊重和保障人权原则、社会主义法治原则、民主集中制原则。最后，宪法规定了国家的国体、根本制度和基本制度。为了保证人民当家作主，我国宪法规定人民代表大会制度为我国的根本政治制度，规定中国共产党领导的多党合作和政治协商制度、民族区域自治制度、基层群众自治制度以及基本经济制度等为我国的基本制度。目前，我国现行有效法律已有260多部，中国特色社会主义法律体系已经形成并不断发展。这一法律体系是以宪法为统，以法律为主干，以行政法规、地方性法规为重要组成部分，由多个法律部门组成的有机统一整体。其中，实体法律部门包括宪法相关法、民法商法、行政法、经济法、社会法、刑法等。我国的程序法律部门包括诉讼法与非诉讼程序法。诉讼与非诉讼程序法是规范解决社会纠纷的诉讼活动与非诉讼活动的法律规范。诉讼法律制度是规范国家司法活动，解决社会纠纷的法律规范，非诉讼程序法律制度是规范仲裁机构或者人民调解组织，解决社会纠纷的法律规范。

建设中国特色社会主义法治体系的重大意义。我国全面依法治国的总目标就是建设中国特色社会主义法治体系、建设社会主义法治国家。而建设中国特色社会主义法治体系，是中国特色社会主义的本质要求和重要保障，是推进国家治理体系和治理能力现代化的重要举措，是全面依法治国的总抓手。

建设中国特色社会主义法治体系的主要内容。建设中国特色社会主义法治体系，就是在中国共产党领导下，坚持中国特色社会主义制度，贯彻中国特色社会主义法治理论，形成完备的法律规范体系、高效的法治实施体系、严密的法治监督体系、有力的法治保障体系，形成完善的党内法规体系。

全面依法治国的基本格局。“科学立法、严格执法、公正司法、全民守法”十六字方针，展现了全面依法治国的基本格局。推进全面依法治国，必须从立法、执法、司法、守法四个方面统筹推进。

坚持中国特色社会主义法治道路。走中国特色社会主义法治道路，必须坚持中国共产党的领导，坚持人民主体地位，坚持法律面前人人平等，坚持依法治国和以德治国相结合，坚持从中国实际出发。

法治思维的含义和特征。法治思维是指以法治价值和法治精神为导向，运用法律原则、法律规则、法律方法思考和处理问题的思维模式。法治思维包含以下几层含义：第一，法治思维以法治价值和法治精神为指导，蕴含着公正、平等、民主、人权等法治理念，是一种正当性思维；第二，法治思维以法律原则和法律规则为依据来指导人们的社会行为，是一种规范性思维；第三，法治思维以法律手段与法律方法为依托分析问题、处理问题、解决纠纷，是一种可靠的逻辑思维；第四，法治思维是一种符合规律、尊重事实的科学思维。法治思维的特性集中体现在四个方面：一是在依据上，法治思维认为国家的法律是治国理政的基本依据，处理法律问题要以事实为根据、以法律为准绳；二是在方式上，法治思维以一般性、普遍性的平等对待方式调节社会关系，解决矛盾纠纷，坚持法律面前人人平等原则，具有稳定性和一贯性；三是在价值上，法治思维强调集中社会大众的意志来进行决策和判断，是一种“多数人之治”的思维，避免陷入无政府主义或以民主之名搞乱社会；四是在标准上，法治思维的最高权威是法律。

法治思维的基本内容。法治思维的内涵，主要表现为价值取向和规则意识两个方面。价值取向是指如何看待和对待法律，规则意识是指如何用法律看待和对待自身。一般来讲，法治思维主要包括法律至上、权力制约、公平正义、权利保障、正当程序等内容。

尊重和维护法律权威的重要意义。法律权威是指法律在社会生活中的作用力、影响力和公信力，是法律应有的尊严和生命。尊重和维护法律权威是社会主义法治观念的核心要求和建设社会主义法治国家的前提条件，对于推进国家治理体系和治理能力现代化、实现国家的长治久安极为重要，是实现人民意志、维护人民利益、保障人民权利的基本途径，也是维护个人合法权益的根本保障。

尊重和维护法律权威的基本要求。人民是国家的主人翁，是法治国家的建设者和捍卫者，尊重法律权威是其法定义务和必备素质。就大学生而言，作为一个公民，尊重和维护法律权威，就是要信仰法律、遵守法律、服从法律和维护法律。

培养法治思维。在日常生活中，大学生可以通过各种途径学习法律知识、掌握法律方法、参与法律实践、养成守法习惯、守住法律底线等，在学习和生活中逐渐提高法治思维能力，培养法治思维方式。

法律权利与法律义务的含义和特征。法律权利是指反映一定的社会物质生活条件所制约的行为自由，是法律所允许的权利人为了满足自己的利益而采取的、由其他人的法律义务所保证的法律手段。法律权利是各种权利中十分重要的权利，具有以下四个方面的特征：一是法律权利的内容、种类和实现程度受社会物质生活条件的制约；二是法律权利的内容、分配和实现方式因社会制度和国家法律的不同而存在差异；三是法律权利不仅由法律规定或认可，而且受法律维护或保障，具有不可侵犯性；四是法律权利必须依法行使，不能不择手段地行使法律权利。法律义务是指反映一定的社会物质生活条件所制约的社会责任，是保障法律所规定的义务人应该按照权利人要求从事一定行为或不行为以满足权利人利益的法律手段。法律义务具有以下四个特点：第一，法律义务是历史的；第二，法律义务源于现实需要；第三，法律义务必须依法设定；第四，法律义务可能发生变化。

法律权利与法律义务的关系。法律权利与法律义务的关系，就像一枚硬币的两面，不可分割，相互依存。首先，法律权利和法律义务是相互依存的关系。其次，法律权利与法律义务是目的与手段的关系。最后，有些法律权利和法律义务具有复合性的关系。法律权利与法律义务平等，是现代法治的基本原则，是社会公平正义的重要方面。法律权利与法律义务平等表现在，首先，法律面前人人平等被确立为基本原则。其次，在法律权利和法律义务的具体设定上要平等。最后，在法律权利和法律义务的具体设定上要平等。在法律权利与法律义务相一致的情况下，一个人无论是行使权利还是履行义务，实际上都是对自己有利的，不能简单机械静止地理解法律权利与法律义务的关系。

我国宪法法律规定的基本权利。我国宪法法律规定了公民享有一系列权利，主要包括政治权利、人身权利、财产权利、社会经济权利、宗教信仰及文化权利等。政治权利，是公民参与国家政治活动的权利和自由的统称。它的行使主要表现为公民参与国家、社会组织与管理的活动。人身权利，是指公民的人身不受非法侵犯的权利，是公民参加国家政治、经济与社会生活的基础，是公民权利的重要内容。财产权利，是指公民、法人或其他组织通过劳动或其他合法方式取得财产和占有、使用、收益、处分财产的权利。社会经济权利，是指公民要求国家根据社会经济的发展状况，积极采取措施干预社会经济生活，加强社会建设，提供社会服务，以促进公民的自由和幸福，保障公民过上健康而有尊严的生活的权利。宗教信仰及文化权利，是指公民依法享有的与宗教信仰活动和文化生活相关联的自由和权利的总称，主要包括宗教信仰自由、文化教育权等。

行使法律权利的界限。依法行使法律权利要求公民行使权利时应严格依据法律进行，以法律的相关规定为界限，超出这个边界就可能侵犯到他人的权利或者损害到国家、社会的利益。行使法律权利界限主要包括：权利行使的目的界限、权利行使的限度界限、权利行使的方式界限和权利行使的程序界限。

公民应履行的基本法律义务。除了在各个部门法中规定了公民的法律义务外，我国宪法特别规定了公民的基本义务。具体包括：维护国家统一和全国各民族团结的义务；遵守宪法和法律，保守国家秘密、爱护公共财产、遵守劳动纪律、遵守公共秩序、尊重社会公德的义务；维护祖国安全、荣誉和利益的义务；保卫祖国、抵抗侵略和依法服兵役、参加民兵组织的义务；依法纳税的义务。此外，公民还有劳动的义务和受教育的义务，夫妻双方有实行计划生育的义务，父母有抚养教育未成年子女的义务，成年子女有赡养扶助父母的义务等。

违反法定义务应当承担的法律责任。公民未能依法履行义务，根据情节轻重，应当承担相应的法律责任。具体的法律责任主要包括民事责任、行政责任和刑事责任。民事责任是指由于违反民事法律规定、违约或者由于民法规定所应承担的一种法律责任。行政责任是指因违反行政法或因行政法规定而应承担的责任。刑事责任是指行为人因其犯罪行为所必须承担的由国家司法机关代表国家依法所确定的否定性法律后果。

三、重点难点内容

（一）我国社会主义法律的本质特征

经历了孕育、形成和发展几个阶段，今天，我国已经形成了以宪法为统帅的社会主义法律体系。

首先，我国社会主义法律体现了党的主张和人民意志的统一。法律体现的是统治阶级的意志，具有鲜明的阶级性。我国社会主义法律体现了阶级性与人民性的统一。我国是中国共产党领导下的社会主义国家，人民是国家的主人，制定法律的权力属于人民。中国共产党是中国工人阶级的先锋队，同时是中国人民和中华民族的先锋队，是中国特色社会主义事业的领导核心。社会主义法律维护人民的根本利益，巩固中国共产党的领导地位，体现了党的主张和人民意志的统一。党领导人民制定宪法法律，党领导人民实施宪法法律，党自身必须在宪法法律范围内活动，这就是党的领导力量的体现，也是我国社会主义法律最本质特征的具体表现。

其次，我国社会主义法律具有科学性和先进性。在剥削阶级占统治地位的社会中，法律受少数人狭隘利益的局限，容易与客观规律和历史发展趋势相背离。我国社会主义法律反映的是全体人民的共同利益，尽管其具体内容会随着经济社会的发展而调整变化，但它与历史发展的基本方向和规律是一致的。因此，从本质上说，我国社会主义法律更能尊重和反映社会发展规律，具有科学性和先进性。我国法律坚持马克思主义世界观和方法论，并指导人们在法律实践中尊重和反映客观规律。我国法律适应时代发展要求，改革创新立法体制、立法程序、立法技术，使立法的质量和水平不断提高。

最后，我国社会主义法律是中国特色社会主义建设的重要保障。法的社会作用是从法在社会生活中要实现的目的角度来认识的。我国法律的社会作用体现了社会主义的本质要求，经济发展、政治清明、文化昌盛、社会公正、生态良好，都离不开社会主义法律的引领、规范和保障。经济建设方面，我国法律维护和巩固社会主义经济制度，促进社会主义市场经济持续健康发展，保障现代化经济体系建设顺利推进；政治建设方面，我国法律维护和巩固社会主义政治制度，保障社会主义民主政治顺利推进，保证人民享有广泛的民主权利和自由，巩固人民民主专政；文化建设方面，我国法律巩固社会主义意识形态，维护社会主义核心价值观，弘扬社会主义道德，促进文化事业和文化产业的发展，推动社会主义文化繁荣兴盛；社会建设方面，我国法律确保让改革发展成果更多更公平惠及全体人民，促进社会公平正义，形成有效的社会治理、良好的社会秩序，使人民获得感、幸福感、安全感更加充实、更有保障、更可持续；生态文明建设方面，我国法律倡导尊重自然、顺应自然、保护自然的理念，引导形成节约资源和保护环境的空间格局、产业结构、生产方式、生活方式，推动绿色发展，促进人与自然和谐共生。

（二）我国社会主义法律的运行

法律的运行主要包括立法、执法、司法和守法等环节，社会主义法律运行具有鲜明的中国特色。

首先，法律制定。法律制定是指有立法权的国家机关，依照法定职权和程序、制定规范性法律文件的活动，是法律运行的起始性和关键性环节。根据宪法规定，全国人民代表大会及其常务委员会行使国家立法权，负责宪法和法律的制定、修改、废止和解释工作。国务院有权根据宪法和法律制定行政法规。中央军委有权根据宪法和法律制定军事法规。国务院各部门可以根据宪法、法律和行政法规，在本部门的权限范围内，制定部门规章。省、自治区、直辖市的人民代表大会及其常委会根据本行政区域的具体情况和实际需要，在不与宪法、法律和行政法规相抵触的前提下，可以制定地方性法规。设区的市的人民代表大会及其常委会根据本市的具体情况和实际需要，在不与宪法、法律、行政法规和本省、自治区的地方性法规相抵触的前提下，可以制定地方性法规，报省、自治区的人民代表大会常委会批准后施行。省、自治区、直辖市、设区的市的人民政府可以根据法律、行政法规和本省、自治区、直辖市的地方性法规，制定地方政府规章。自治区、自治州、自治县的人民代表大会可以根据当地民族的具体情况制定自治条例和单行条例。特别行政区立法机关有权根据特别行政区基本法自主地制定本行政区的法律。我国立法贯穿公正、公平、公开原则，坚持科学立法、民主立法、依法立法，表达人民的共同意志和诉求。立法活动必须遵循法定程序，就全国人民代表大会的立法程序而言，大体包括法律案的提出、法律案的审议、法律案的表决和法律的公布四个环节。

其次，法律执行。在广义上，法律执行是指国家机关及其公职人员，在国家和公共事务管理中依照法定职权和程序，贯彻和实施法律的活动。在狭义上，法律执行则是指国家行政机关执行法律的活动，也被称为行政执法。行政执法是法律实施和实现的重要环节，必须坚持合法性、合理性、信赖保护、效率等基本原则。我国大部分的法律法规都是由行政机关执行的，行政执法的主体通常是国家行政机关及其公职人员。我国行政执法的主体大体分为两类：一是中央和地方各级政府，包括国务院和地方各级人民政府；二是各级政府中享有执法权的下属行政机构。此外，法律授权的社会组织、行政机关依法委托的社会组织可以在一定范围内执行法律。

再次，法律适用。法律适用是指国家司法机关及其公职人员依照法定职权和程序适用法律处理案件的专门活动。在我国，司法机关是指国家审判机关和检察机关。人民法院代表国家行使审判权，人民检察院代表国家行使法律监督权。其他任何国家机关、社会组织和个人，不得行使国家司法权。人民法院和人民检察院根据法律法规公正司法，保护自然人、法人和其他组织的合法权利，解决法律纠纷，惩治违法犯罪行为，维护法律秩序。司法的基本要求是正确、合法、合理、及时。司法原则主要有：司法公正；公民在法律面前一律平等；以事实为依据，以法律为准绳；司法机关依法独立公正行使司法权等。

最后，法律遵守。法律遵守是指国家机关、社会组织和公民个人依照法律规定行使权力和权利以及履行职责和义务的活动。人们通常把守法仅仅理解为履行法律义务。其实，守法意味着一切组织和个人严格依法办事的活动和状态。依法办事，就是依法享有并行使权利、依法承担并履行义务。守法是法律实施和实现的基本途径。一切组织和个人都必须遵守宪法和法律，任何公民享有宪法和法律规定的权利，同时必须履行宪法和法律规定的义务。

（三）我国宪法的地位

我国宪法具有至上地位，宪法的至上地位主要体现在其特有的作用、效力和内容等方面。

首先，我国宪法是国家的根本法，是治国安邦的总章程，是党和人民意志的集中体现。我国现行宪法颁布以来，在坚持中国共产党领导，保障人民当家作主，促进改革开放和社会主义现代化建设，推动社会主义法治国家建设进程，维护国家统一、民族团结、社会稳定等方面发挥了有力的推动作用。实践证明，我国现行宪法是符合国情、符合实际、符合时代发展要求的好宪法，是充分体现人民共同意志、充分保障人民民主权利、充分维护人民根本利益的好宪法，是推动国家发展进步、保证人民创造幸福生活、保障中华民族实现伟大复兴的好宪法，是始终沿着中国特色社会主义道路前进的根本法治保障。维护宪法尊严和权威，是维护国家法制统一、尊严、权威的前提，也是维护最广大人民根本利益、确保国家长治久安的重要保障。

其次，我国宪法是国家各项制度和法律法规的总依据。宪法在中国特色社会主义法律体系中居于统帅地位。宪法确立了社会主义法制的基本原则，明确规定中华人民共和国实行依法治国，建设社会主义法治国家，国家维护社会主义法制的统一和尊严。我国宪法具有最高的法律地位、法律权威、法律效力，具有根本性、全局性、稳定性、长期性。一切法律、行政法规、地方性法规的制定都必须以宪法为依据，遵循宪法的基本原则，不得与宪法相抵触。

最后，我国宪法规定了国家的根本制度。我国宪法确立了中国共产党的领导地位，规定了国家的根本任务、领导核心、指导思想、基本原则、发展道路、奋斗目标。我国宪法确立了工人阶级领导的、以工农联盟为基础的人民民主专政的国体，确立了社会主义制度是中华人民共和国的根本制度，确立了人民代表大会制度的政体，确立了中国共产党领导的多党合作和政治协商制度、民族区域自治制度以及基层群众自治制度，确立了公有制为主体、多种所有制经济共同发展的基本经济制度和按劳分配为主体、多种分配方式并存的分配制度。

（四）我国宪法的基本原则

我国宪法的基本原则集中反映了规范权力运行、保障公民权利的基本精神，体现了社会主义法治的根本性质。

其一，党的领导原则。中国共产党是中国特色社会主义事业的领导核心。党的领导是人民当家作主的根本保证，是中国特色社会主义最本质的特征，是中国特色社会主义制度最大优势。中国共产党执政就是党领导、支持、保证人民当家作主，最广泛地动员和组织人民群众依法管理国家和社会事务，管理经济和文化事业，维护和实现最广大人民的根本利益。我国宪法对中国共产党领导地位和执政地位的规定，既是对中国共产党领导人民在革命、建设、改革各个历史时期奋斗成果的确认，也是对国家性质和根本制度的确认，集中体现了党的主张和人民意志的高度统一。

其二，人民主权原则。主权是指国家的最高权力。在我国，人民当家作主是社会主义民主政治的本质和核心。我国宪法体现了人民主权原则，强调国家的一切权力属于人民。这一原则在宪法中的表现是多方面的：宪法通过确认我国人民民主专政的国体，保障了广大人民群众在国家中的主人翁地位；通过确认以公有制为主体、多种所有制经济共同发展的基本经济制度，为人民当家作主奠定了经济基础；通过确认人民代表大会制度的政体，为人民当家作主提供了组织保障；通过确认广大人民依照法律规定，通过各种途径和形式，管理国家事务，管理经济和文化事业，管理社会事务的权利，把人民当家作主贯彻于国家和社会生活各个领域。

其三，尊重和保障人权原则。我国宪法将“国家尊重和保障人权”规定为一项基本原则，对公民的基本权利和自由作出全面规定，依法保障公民的生存权和发展权。我国宪法规定公民享有人身权、财产权、社会保障权、受教育权等权利和宗教信仰、言论出版、集会结社、游行示威等自由。由于国家机关和国家工作人员侵犯公民权利而受到损失的人，有依照法律规定取得赔偿的权利。尊重和保障人权原则入宪以来，我国在完善人权保障法律体系、依法行政保障公民合法权益、有效提升人权司法保障水平等方面取得了新进展，推动了人权事业不断进步。

其四，社会主义法治原则。我国宪法明确规定实行依法治国，建设社会主义法治国家。社会主义法治原则要求坚持宪法法律至上、法律面前人人平等，推进国家各项工作法治化，维护社会公平正义，维护社会主义法制的统一、尊严、权威。任何组织和个人都要在宪法和法律范围内活动，一切违法行为都应受到法律的追究。近年来，我国以前所未有的力度推进全面依法治国进程，坚持依法治国、依法执政、依法行政共同推进，社会主义法治国家建设取得了历史性成就。

其五，民主集中制原则。民主集中制是集中全党全国人民集体智慧，实现科学决策、民主决策的基本原则和主要途径。我国宪法规定，中华人民共和国的国家机构实行民主集中制原则。国家权力统一由全国人民代表大会和地方各级人民代表大会行使，全国人民代表大会和地方各级人民代表大会由民主选举产生，对人民负责，受人民监督。广大人民的共同意志通过民主形式集中起来，并通过法定程序上升为国家意志。国家行政机关、监察机关、审判机关、检察机关都由人民代表大会产生，对它负责，受它监督。中央和地方国家机构职权的划分及其活动，遵循在中央统一领导下，充分发挥地方的主动性、积极性的原则。

（五）建设中国特色社会主义法治体系的主要内容

建设中国特色社会主义法治体系是全力推进法治中国建设的重要内容，是实现国家治理体系和治理能力现代化的重大战略部署，对推进全面依法治国具有重要意义。新时代的大学生要深刻理解和全面把握建设中国特色社会主义法治体系的主要内容。

其一，完备的法律规范体系。完备的法律规范体系，是中国特色社会主义法治体系的前提，是法治国家、法治政府、法治社会的制度基础。完备的法律规范体系，是以宪法为核心，由部门齐全、结构严谨、内部协调、体例科学、调整有效的法律及其配套法规所构成的法律规范系统。完善法律规范体系的基本要求包括：坚持立法先行，发挥立法在改革开放和经济社会发展中的引领和推动作用，加快完善法律、行政法规、地方性法规体系，为全面依法治国提供基本遵循；科学立法、民主立法、依法立法，坚持上下有序、内外协调、科学规范、运行有效的原则，立改废释并举，实现从粗放立法向精细立法转变，提高立法质量和效率；实现立法和改革决策相衔接，做到重大改革于法有据、立法主动适应改革和经济社会发展需要。

其二，高效的法治实施体系。建设高效的法治实施体系，是建设中国特色社会主义法治体系的重点。高效的法治实施体系，是指执法、司法、守法等各个环节有效衔接、协调高效运转、持续共同发力，实现效果最大化的法治实施系统。完善法治实施体系的重点内容包括：健全宪法实施制度，把树立宪法权威作为全面推进依法治国的重大事项抓紧抓好；加快建设职能科学、权责法定、执法严明、公开公正、廉洁高效、守法诚信的法治政府，依法全面履行政府职能，完善行政组织和行政程序法律制度，健全依法决策机制，深化行政执法体制改革，坚持严格规范公正文明执法；深化司法体制综合配套改革，规范司法行为，提高司法公信力，努力让人民群众在每一个司法案件中感受到公平正义；着力培育公民和社会组织自觉守法的意识和责任感，充分调动全社会自觉守法的积极性主动性，营造全社会共同守法的良好氛围。

其三，严密的法治监督体系。严密的法治监督体系，是指以规范和约束公权力为重点建立的有效的法治化权力监督网络。它以有权必有责、用权受监督、违法必追究，坚决纠正有法不依、执法不严、违法不究行为等为主要任务，是宪法法律有效实施的重要保障，是加强对权力运行制约和监督的迫切要求。完善法治监督体系的重点内容包括：健全宪法实施和监督制度；强化对行政权力的制约和监督；加强对司法活动的监督；发挥党内监督、人大监督、民主监督、行政监督、司法监督、审计监督、社会监督、舆论监督的合力，推进法治监督工作规范化、程序化、制度化，形成对法治运行全过程全方位的监督；深化国家监察体制改革，依法建立党统一领导的反腐败工作机构，构建集中统一、权威高效的国家监察体系，实现对所有行使公权力的公职人员监察全覆盖。

其四，有力的法治保障体系。有力的法治保障体系，是全面依法治国的重要依托。有力的法治保障体系，是指在法律制定、实施和监督过程中形成的结构完整、机制健全、资源充分、富有成效的保障系统，包括政治和组织保障、人才和物质条件保障、法治意识和法治精神保障等。完善法治保障体系的重点内容包括：切实加强和改进党对全面依法治国的领导，提高依法执政能力和水平，为全面依法治国提供有力的政治和组织保障；加强高素质法治专门队伍和法律服务队伍建设，提高法治工作队伍和法律服务队伍思想政治素质，为全面依法治国提供坚实的人才和物质保障；努力推动形成办事依法、遇事找法、解决问题用法、化解矛盾靠法的良好的守法社会氛围，为全面依法治国提供丰厚的法治文化保障。

其五，完善的党内法规体系。建设完善的党内法规体系，是中国特色社会主义法治体系的本质要求和重要内容。完善的党内法规体系，是指科学、程序严密、配套完备、运行有效的党内制度及其运行、保障体系。完善党内法规体系的总目标是到建党100周年时形成比较完善的党内法规制度体系、高效的党内法规制度实施体系、有力的党内法规制度建设保障体系，党依据党内法规管党治党的能力和水平显著提高。完善党内法规体系的重点内容包括在党章之下分为党的组织法规制度、党的领导法规制度、党的自身建设法规制度、党的监督保障法规制度。

(六)坚持走中国特色社会主义法治道路的基本要求

中国特色社会主义法治道路，明确了建设社会主义法治国家的性质和方向，是社会主义法治建设成就和经验的集中体现，是中国特色社会主义道路在法治领域的具体体现，是建设社会主义法治国家的正确道路。

1.坚持中国共产党的领导

首先，党的领导是中国特色社会主义最本质的特征，是社会主义法治最根本的保证。社会主义法治必须坚持党的领导，党的领导必须依靠社会主义法治。法是党的主张和人民意愿的统一体现，党和法、党的领导和依法治国是高度统一的。全面依法治国，方向要正确，政治保证要坚强，不能把党的领导和依法治国二者对立起来。

其次，坚持党的领导，是社会主义法治的根本要求，是全面依法治国的题中应有之义。要把党的领导贯彻到依法治国全过程和各方面，坚持党的领导、人民当家作主、依法治国有机统一。依法治国是我们党提出来的，把依法治国上升为党领导人民治理国家的基本方略也是我们党提出来的，而且党一直带领人民在实践中推进依法治国。只有在党的领导下依法治国、厉行法治，人民当家作主才能充分实现，国家和社会生活法治化才能有序推进。

最后，坚持党的领导，不是一句空的口号，必须具体体现在党领导立法、保证执法、支持司法、带头守法上。党领导立法，就是抓住提高立法质量这个关键，完善以宪法为核心的中国特色社会主义法律体系，坚持立法先行，发挥立法的引领和推动作用。党保证执法，就是深入推进依法行政，建设职能科学、权责法定、执法严明、公开公正、廉洁高效、守法诚信的法治政府。党支持司法，就是要保证公正司法，提高司法公信力。党带头守法，就是要带头弘扬社会主义法治精神，建设社会主义法治文化，形成守法光荣、违法可耻的社会氛围，使全体人民都成为社会主义法治的忠实崇尚者、自觉遵守者、坚定捍卫者。

2. 坚持人民主体地位

首先，在社会主义法治国家，人民是依法治国的主体和力量源泉，坚持人民主体地位是依法治国的基本原则。必须把人民当家作主贯彻到依法治国的全过程之中，保证人民的广泛参与。人民代表大会制度是保证人民当家作主的根本政治制度，保证了人民依法民主选举、民主协调、民主决策、民主管理、民主监督，维护国家法制统一、尊严权威。协商民主保证了人民在日常政治生活中有广泛持续深入参与的权利，具有广泛、多层、制度化的特点，包括了政党协商、人大协商、政府协商、政协协商、人民团体协商、基层协商、社会组织协商，其中人民政协是社会主义协商民主的重要渠道和专门协商机构。

其次，坚持人民主体地位，必须坚持法治建设为了人民、依靠人民、造福人民、保护人民，以保障人民根本权益为出发点和落脚点，保证人民依法享有广泛的权利和自由、承担应尽的义务，维护社会公平正义，促进共同富裕，为保证人民当家作主提供坚实的法治基础。在立法上，要保证人民的意志和利益得到体现，也保证人民能有充分的机会表达自己的意见，使每项立法都体现人民意志，都得到人民的拥护。在法律实施上，要确保立法上体现的人民意志得到实现，要保障人民依法享有各种程序性权利，通过法律的实施切实维护自己的合法权利。

最后，人民权益要靠法律保障，法律权威要靠人民维护。依法治国的根本目的是实现人民幸福，尊重和保障人权。要把体现人民利益、反映人民愿望、维护人民权益、增进人民福祉落实到依法治国全过程，保证人民在党的领导下，依照法律规定，通过各种途径和形式，行使管理国家事务和社会事务、管理经济和文化事业的权力。

3. 坚持法律面前人人平等

首先，平等是社会主义法律的基本属性，是社会主义法治的基本要求。坚持法律面前人人平等，对于坚持走社会主义法治道路具有十分重要的意义。第一，它可以充分显示中国特色社会主义制度的优越性，使人民在依法治国中的主体地位得到尊重和保障，从而有利于增强人民群众的主人翁意识和责任感；第二，它鲜明地反对法外特权、法外开恩，对掌握公权力的人形成制约，从而有利于预防特权思想和各种潜规则的侵蚀；第三，它鲜明地反对法律适用上的各种歧视，有利于贯彻执行“以事实为依据、以法律为准绳”的司法原则；第四，它要求人人都严格依法办事，既充分享有法律规定的各项权利，又切实履行法律规定的各项义务，有利于维护法律权威、健全社会主义法治，确保实现全面依法治国的总目标。

其次，坚持法律面前人人平等，要求公民不分民族、种族、性别、职业、家庭出身、宗教信仰、教育程度、财产状况、居住期限等，都应当平等享受公民权利、平等履行公民义务。坚持法律面前人人平等，一方面要求违法必究，一切违反宪法法律的行为都必须予以追究。法治意味着不管什么人，不管涉及谁，只要违反法律就要依法追究责任。另一方面要求非歧视，即无差别地对待。只要是正当权益诉求，就应当在法律上得到平等对待；只要是合法权益，就应当依法得到平等保护。要着力反歧视，特别要强调弱势群体合法利益的法律保护。

最后，坚持法律面前人人平等，要坚决反对特权思想和特权现象。“把权力关进制度的笼子”，要求不管职务多高、资历多深、贡献多大，都要严格按法律办事，坚持法律面前人人平等、遵守法律制度没有特权、执行法律制度没有例外，让权力不再任性。强化法律制度刚性，对违反法律、逾越红线的行为和现象一查到底，真正让法律发力、禁令生威。

4.坚持依法治国和以德治国相结合

第一，法治和德治，是治国理政不可或缺的两种方式，如车之两轮或鸟之两翼，忽视其中任何一个，都将难以实现国家的长治久安。只有让法治和德治共同发挥作用，才能使法律与道德相辅相成，法治与德治相得益彰，做到法安天下，德润人心。

第二，正确认识法治和德治的地位。对国家和社会治理而言，法治和德治都非常重要且不可或缺。法治是治国理政的基本方式，依法治国是基本方略，法治具有根本性、决定性和统一性，它强调对任何人都一律平等，任何人都必须遵守法律。德治是治国理政的重要方式，以德治国就是通过在全社会培育、弘扬社会主义核心价值观和社会主义道德，对不同人群提出有针对性的道德要求。

第三，正确认识法治和德治的作用。法治和德治对社会成员都具有约束作用，法律规范和道德规范也都具有必须遵守的性质，但约束作用的内在要求和表现形式不同，行为人违反两种规范以后承担的后果也不相同。法治发挥作用要以国家强制力为后盾，主要依靠法律的预测作用、惩罚作用、威慑作用和预防作用对公民和社会组织的行为进行约束，并对违反法律的行为追究法律责任；德治发挥作用主要通过人们的内心信念、传统习俗、社会舆论等进行道德教化，并对违反道德的行为进行道德谴责。

第四，正确认识法治和德治的实现途径。法治和德治的实现方式和实施载体不同。法治主要依靠制定和实施法律规范的形式来推进和实施，国家要保护什么、不保护什么，倡导什么、禁止什么，都得有明确的法律依据，实行法有禁止不得为，体现的是规则之治。德治主要依靠培育和弘扬道德等途径来推进和实施，道德是内心的法律，以价值、精神和理念等形式表现出来，引导人们自觉地在行动上符合道德才可为，违反道德不可为。

第五，推动法治和德治的相互促进。一是强化道德对法治的支撑作用。坚持依法治国和以德治国相结合，应重视发挥道德的教化作用，提高全社会文明程度，为全面依法治国创造良好人文环境。在道德体系中体现法治要求，发挥道德对法治的滋养作用，努力使道德体系同社会主义法律规范相衔接、相协调、相促进。在道德教育中突出法治内涵，注重培育人们的法律信仰、法治观念、规则意识，引导人们自觉履行法定义务、社会责任、家庭责任，营造全社会都讲法治、守法治的文化环境。二是把道德要求贯彻到法治建设中。以法治承载道德理念，道德才有可靠制度支撑。法律法规要树立鲜明道德导向，弘扬美德义行，立法、执法、司法都要体现社会主义道德要求，使社会主义法治成为良法善治。要把实践中广泛认同、较为成熟、操作性强的道德要求及时上升为法律规范，引导全社会崇德向善。要坚持严格执法，弘扬真善美、打击假恶丑。要坚持公正司法，发挥司法断案惩恶扬善功能。三是运用法治手段解决道德领域突出问题。法律是底线的道德，也是道德的保障。要加强相关立法工作，依法加强对群众反映强烈的失德行为的整治。

5. 坚持从中国实际出发

首先，走什么样的法治道路、建设什么样的法治体系，是由一个国家的基本国情决定的。当前，中国特色社会主义进入新时代，社会主要矛盾已经转化为人民日益增长的美好生活需要和不平衡不充分的发展之间的矛盾。建设法治中国，必须从我国实际出发，同完善和发展中国特色社会主义制度、推进国家治理体系和治理能力现代化相适应，既不能罔顾国情、超越阶段，也不能因循守旧、墨守成规。

其次，坚持从实际出发，就是要突出法治道路的中国特色、实践特色、时代特色。要汲取中华传统法律文化精华，总结和运用党领导人民探索社会主义法治道路的成功经验，围绕社会主义法治建设重大理论和实践问题，推进法治理论创新，构建符合中国实际、具有中国特色、体现社会发展规律的社会主义法治理论和话语体系，为依法治国提供理论指导和学理支撑。

最后，从我国实际出发，不等于关起门来搞法治。坚持走中国特色社会主义法治道路，必须学习借鉴世界上优秀的法治文明成果。法治的精髓和要旨对于国家治理和社会治理具有普遍意义。学习借鉴不是简单的拿来主义，不能将某种法治理论或成果当成唯一准则，不能企图用一种法治模式来改造整个世界。必须坚持以马克思主义法学理论为指导，坚持以我为主、为我所用，合理吸收国外法治理论、法学概念、法律话语、法律方法，不能搞“全盘西化”，不能搞“全面移植”。

（七）法治思维的基本内容

其一，法律至上。法律至上是指在国家或社会的所有规范中，法律是地位最高、效力最广、强制力最大的规范。法律至上尤其指宪法至上，因为宪法具有最高的法律效力，是其他一切法律的依据。法律至上具体表现为法律的普遍适用性、优先适用性和不可违抗性。法律的普遍适用性，是指法律在本国主权范围内对所有人具有普遍的约束力。所有国家机关、社会组织和公民个人都必须遵守法律，依法享有和行使法定职权与权利，承担和履行法定职责与义务。法律的优先适用性，是指当同一项社会关系同时受到多种社会规范的调整而多种社会规范又相互矛盾时，要优先考虑法律规范的适用。法律的不可违抗性，是指法律必须遵守，违反法律要受到惩罚。任何人不论权力大小、职位高低，只要有违法犯罪行为，就要依法追究其法律责任。

其二，权力制约。权力制约是指国家机关的权力必须受到法律的规制和约束。在我国，国家权力是人民的，即一切权力为民所有；国家权力是为人民服务的，即一切权力为民所用。因此，只有依法对权力的配置和运行进行有效制约和监督，才能防止权力私用、权力滥用和权力腐败。国家工作人员就职时应当按照法律规定公开进行宪法宣誓。权力制约分为权力由法定、有权必有责、用权受监督、违法受追究四项要求。权力由法定，即法无授权不可为，是指国家机关的职权必须来自法律明确的授予。国家机关必须严格依照法律规定的权限范围行使职权，而不得行使法律未授予的权力。有权必有责，是指国家机关在获得权力的同时必须承担相应的职责和责任。当发生了属于其职权范围内的事项时，国家机关必须履行相应的管理职责。用权受监督，是指国家权力的运行和行使必须接受各种形式的监督，让人民监督权力，让权力在阳光下运行。违法受追究，是指国家工作人员违法行使权力必须受到法律的追究和制裁。

其三，公平正义。公平正义是指社会的政治利益、经济利益和其他利益在全体社会成员之间合理、公平分配和占有。一般来讲，公平正义主要包括权利公平、机会公平、规则公平和救济公平。权利公平包括三重含义：一是权利主体平等，国家对每个权利主体“不偏袒”“非歧视”；二是享有的权利特别是基本权利平等；三是权利保护和权利救济平等。机会公平是指生活在同一社会中的成员拥有相同的发展机会和发展前景，反对任何形式的歧视。机会公平包括国家和社会要积极为社会成员的发展创造条件，并努力创造平等的起点；社会成员的发展进步权要受到同等尊重，不断拓展社会成员的发展领域；不仅要关注当代人的平等机会，还要考虑后代人的机会平等。规则公平是指对所有人适用同一的规则和标准，不得因人而异。包括法律规则面前人人平等、法律内容面前人人平等和法律保护面前人人平等，任何人不得享有法律之外的特权，任何人也不会被法律排除在保护之外。救济公平是指为权利受到侵害或处于弱势地位的公民提供平等有效的救济。救济公平包括司法救济公平，即司法要公正对待每一个当事人，致力于实现司法公正；行政救济公平，即政府对需要救济的社会成员提供的救济服务要一律平等，不得区别对待；社会救济公平，即社会对需要救济的社会成员提供的社会救济服务要一律平等，不得厚此薄彼。

其四，权利保障。权利保障主要是指对公民权利的法律保障，具体包括公民权利的宪法保障、立法保障、行政保护和司法保障。宪法保障是权利保障的前提和基础。宪法表明尊重和保障人权的鲜明态度，确立保障权利的有效机制，明确列出宪法保障的公民基本权利，能够推动整个国家和法律体系加强权利保障。立法保障是权利保障的重要条件。宪法有关基本权利的规定一般较为原则，各项具体权利的保障由立法机关通过立法作出明确规定。行政保护是权利保障的关键环节，行政机关在行使行政管理权的过程中必然要涉及处置社会成员的利益问题，很容易发生损害或侵犯公民权利的现象。行政机关是否能够有效地保护公民权利，直接反映出一个国家的权利保障状况。司法保障是公民权利保障的最后防线，既是解决个人之间权利纠纷的有效渠道，也是纠正和遏制行政机关侵犯公民权利的有力机制。

其五，正当程序。做一件事情，往往需要按照一定的程序，只有按照程序做，才能防止主观任性、无序混乱。只有严格按照法律程序办事办案，处理结果才可能公正并具有公信力和权威性。程序的正当，表现在程序的合法性、中立性、参与性、公开性、时限性等方面。合法性是指程序运行合乎法律的规定，有关机关或个人不得违反或变相违反；中立性是指程序设计和运行应平等地对待双方当事人，不得偏向任何一方；参与性是指案件或纠纷的利害关系人都有机会进入办案程序，充分表达自己的利益诉求和意见主张，为解决纠纷发挥作用；公开性是指程序运行的过程和结果应当向当事人和社会公开，以接受各方监督，防止办案不公和暗箱操作，让正义以人们看得见的方式实现；时限性是指程序的运行必须有合理的期限，符合时间成本和效率原则的要求，不得无故拖延或没有终结。如诉讼案件应当在法定的期限内作出裁判，如无法定事由，诉讼期限不得延长。正义不应缺席，也不应迟到，迟到的正义是有瑕疵的正义。

(八)培养法治思维的主要途径

其一，学习法律知识。学习和掌握基本的法律知识，是培养法治思维的前提。一个对法律知识一无所知的人，不可能形成法治思维。学习法律知识，就要求弄明白享有哪些权利和应当履行哪些义务，什么事能干、什么事不能干，心中高悬法律的明镜，手中紧握法律的戒尺。法律知识通常包括法律法规条文方面的知识和法律法治基本原理方面的知识，这两部分法律知识对于培养法治思维都很重要。只有既了解法律法规在某个问题上的具体规定，又了解法律的原理、原则，才能更好地领会法律精神，养成法治思维。除了从书本上获取法律知识外，还可以通过收听收看法制广播电视节目、阅读法律类报纸杂志，尤其是运用网络等途径学习法律知识。

其二，掌握法律方法。法治思维的过程，就是运用法律方法思考、分析和解决法律问题的过程。法律方法主要包括两个方面：一是正确理解法律的方法，包括理解法律条文的含义、内容和精神等。例如，抢劫与抢夺、定金与订金、合同的完全不履行与不完全履行等相近易混概念的理解。二是正确运用法律的方法。例如，债权人向对方债务人要债，而债务人未按约定清偿归还，经协商无效，债权人可以通过调解、仲裁和诉讼等途径解决，这就是运用法律方法，而拘禁债务人、哄抢物品就不是运用法律方法。理解和运用法律的基本方法，有助于培养法治思维。

其三，参与法律实践。法治思维是在丰富的法律实践中训练、培养和应用的思维方式。脱离法治建设的生动实践，难以养成法治思维方式。只有通过参与各种法律活动，在法律实践中运用法律知识和方法思考、分析、解决法律问题，才能养成自觉的法治思维习惯。现在，人们参与法律实践的方式和途径越来越多。一是参与立法讨论。我国国家或地方的很多立法都要广泛征求意见或者进行听证，大学生可以参与这些立法的讨论，发表自己的有关意见。二是依法行使监督权。宪法和法律赋予公民对国家机关及其工作人员的行为是否合法进行监督的权利，包括提出批评、建议和申诉、控告、检举。大学生可以通过行使这些权利，进行法律监督。三是旁听司法审判。凡是人民法院公开审判的案件，都允许公民旁听，大学生可以向人民法院申请旁听法院庭审，了解案件的审判过程。四是参与模拟法庭、法律诊所、法律辩论等校园法治文化活动，增长法律知识，锻炼法治思维。

其四，养成守法习惯。法治思维是一种习惯性思维，与长期自觉养成的生活习惯有很大关系。办事、遇事习惯找“关系”，有问题习惯找政府，指望行政化手段干涉等，都是缺乏法治思维的具体表现，说明没有养成用法解决问题、依法办事的习惯。相反，在生产生活中养成遇到纠纷去查找法律的习惯，就是具备法治思维的具体表现。公民只有自觉遵守宪法和法律，坚持从具体事情做起，才能养成守法的习惯和法治思维。

其五，守住法律底线：法律红线不可逾越、法律底线不可触碰。法律不能成为“橡皮泥”“稻草人”，触犯法律底线就要受到追究。如，国家公职人员以权谋私、徇私枉法，是触犯法律底线的具体表现；公民应当依法纳税，而偷税漏税也是触犯法律底线的具体表现。因此，大学生应当坚持从我做起，从身边做起，形成底线思维，严守法律底线，带头遵守法律。

（九）法律权利与法律义务的关系

其一，法律权利与法律义务相互依存、相互对应、相互转化、密不可分。没有权利，义务的设定就失去了目的和根据；没有义务，权利的实现也就成为空话。在社会生活中，每个人既是享受法律权利的主体，又是承担法律义务的主体。在法治国家中，不存在只享受权利的主体，也不存在只承担义务的主体。首先，法律权利和法律义务是相互依存的关系，法律权利的实现必须以相应法律义务的履行为条件；同样，法律义务的设定和履行也必须以法律权利的行使为根据，不存在没有权利根据的法律义务。其次，法律权利与法律义务是目的与手段的关系。离开了法律权利，法律义务就失去了履行的价值和动力；离开了法律义务，法律权利也形同虚设。最后，有些法律权利和法律义务具有复合性的关系，即一个行为可以同时是权利行为和义务行为。如劳动的权利和义务，接受义务教育的权利和义务。

其二，法律权利与法律义务平等，是现代法治的基本原则，是社会公平正义的重要方面。首先，法律权利与法律义务平等表现为法律面前人人平等被确立为基本原则。根据这一原则，不允许一些人只享受权利不承担义务，或者多享受权利少承担义务，另一些人只承担义务不享受权利，或者多承担义务少享受权利，反对任何形式的厚此薄彼。其次，在法律权利和法律义务的具体设定上要平等。如，对于一个具体的民事侵权或者刑事犯罪行为设定法律义务，就必须与权利受到侵害的程度相适应，不能超出公正和平等的限度设定权利。最后，权利与义务的实现要体现平等。法律权利与法律义务的平等实现，要求权利人只能按照权利的内容行使权利，不能“得理不饶人”，向义务人提出过分要求。同样，义务人必须满足权利人的合法权益，不得逃避应当承担的法律义务。

其三，在法律权利与法律义务相一致的情况下，一个人无论是行使权利还是履行义务，实际上都是对自己有利的。比如，公民应征入伍，既履行保卫祖国的义务，表现为一种付出，维护了国家安全，也保护了自己的安全利益。同时，由于现代社会的分工越来越细，行业越来越多，权利和义务在一定情况下也会出现不对应和不同时的状态，如一位电脑工程师履行软件开发义务，一位农民履行耕种义务，他们都在履行义务的同时实现了各自的利益。因此，不能简单机械静止地理解法律权利与法律义务的关系。

四、课堂拓展

法治是我们追求的目标

法治是指依法治理，是治国理政的基本方式，其在形式上要求具备“依法办事”的制度安排及相关的运行机制，在实现途径上要求“有法可依、有法必依、执法必严、违法必究”。但法治还有另外一层含义，即法治是一种依法治理的良好社会治理状态。古人说，“法者，治之端也。”这里所说的“治”是指天下大治。法治应当是一种社会治理的目标，即建成法治国家、法治政府、法治社会，实现国家长治久安，社会和谐有序，人民生活幸福。

实践中，人们往往从工具和方式层面来理解法治，时常忽略了法治的目的价值。例如，有的地方党政官员将法治简单地等同于一种普通的社会治理工具，主要用于保障经济发展。需要的时候就讲法治，不需要的时候就抛之脑后。实践中的野蛮拆迁、暴力执法、环境污染、生态破坏等问题，都与上述观念有关。这种做法显然只是把法治作为一种社会治理的手段和工具，而没有深刻认识到法治本身是社会发展的目标和价值追求。

我国宪法明确规定："中华人民共和国实行依法治国，建设社会主义法治国家。"这表明"法治国家"已经被确立为国家建设的目标，而不只是一种工具。法治内在包含着国家和社会和谐稳定、治理有序、长治久安的含义。法治建设对于国家和社会而言，是一种具有基础性意义的制度安排。人类历史经验表明，依法治国是人类社会进入现代文明的重要标志，也是国家治理体系和治理能力现代化的重要体现。我们党要实现长期执政，国家要实现长治久安，就必须厉行法治。

从改革开放之初提出"小康社会"到党的十八大提出"全面建成小康社会"这一过程，深刻地表明了我们党对民主法治建设认识的深化。如果将"小康社会"仅理解为社会经济层面上的现代化，那么，"全面建成小康社会"就不仅指物质上的丰富、经济上的富裕，而且还包含社会治理井然有序、社会环境安定和睦、权利自由受到保障、社会正义充分实现等内涵，而这种目标显然是法治的目标。也就是说，法治并不只是实现小康的手段，其本身就是全面建成小康社会这一伟大目标的应有之义。

法治内在包含着人类追求公平正义的诉求。实现公平正义，立法要公平地配置人们的权利义务关系，规范人们的行为，对公权予以规范和监督，对个人的人身和财产权利进行充分保障，对遭受侵害的权利给予充分救济。执法和司法要以公平正义为基本的理念。"无私谓之公，无偏谓之正。"要使人民群众从每一个司法裁判中感受到法律的公平正义。法治真正的精髓在于追求正义的实现。因此，要建立一个正义的社会，法治就是当然的追求目标。

我们说法治是目的，因为只有将目标确定了，才有行动的指南和方向，才能够为了这个目标而努力前行。如果把法治简单地视为一种实现其他社会发展目标的工具，法治建设可能会趋向于追逐短期目标，社会发展也就迷失了前进方向。党的十八届四中全会提出了全面依法治国的战略方针，并将建设中国特色社会主义法治体系和社会主义法治国家作为法治建设的总目标。这就从国家建设的角度重申了法治的目的性，从根本上否定了法律工具主义。我们应当树立法治具有目的性的观念，坚持社会主义法治的基本原则，为全面推进依法治国、建设社会主义法治国家不懈努力。

（选自王利明：《法治是我们追求的目标》，《光明日报》，2016年9月5日第14版）

法治中国的十条标准

1999年，“中华人民共和国实行依法治国，建设社会主义法治国家”这一治国方略和奋斗目标被庄严载入宪法后，我应邀为《人民日报》撰写了《依法治国的里程碑》一文，发表在这一年的4月6日。为了使国家工作人员和广大公民易于理解、掌握和记忆，我把这些标志和要求概括为十条共四十个字，即：法制完备、主权在民、人权保障、权力制约、法律平等、法律至上、依法行政、司法独立、程序正当、党要守法。前五条是讲法律要良好，后五条是强调法律要有权威。这十条得到了学术界的广泛认同。

党的十八届四中全会在起草《中共中央关于全面推进依法治国若干重大问题的决定》（以下简称《决定》）过程中，我又提出了建设法治中国新的八条标准，它们是：人大民主科学立法、执政党依宪依法执政、政府依法行政、社会依法自治、法院独立公正司法、完善法治监督体系、健全法治保障体系、弘扬法治文化。我之所以要提出新八条替代过去的老十条，是由于我在参与“法治湖南”及“法治余杭”的创建活动中感觉到老十条过于抽象，不太好落实到责任单位。《决定》发布后，我通过认真阅读和思考这一重要文件，把法治中国的八条标准又增加了两条，即：运用法治保障人权，坚持党的领导、人民当家作主和依法治国的有机统一，成为法治中国的新十条标准。下面，我对这十条标准的理论内涵和主要内容作一简要说明。

一是人大民主科学立法。时代是在不断发展变化的，因此世界上任何国家的立法工作都是一种常态，只有进行时。正处在伟大变革时代的中国，情况就更应如此。民主是社会主义的本质要求。民主和科学立法是制定良法的手段和保证。正如《决定》所强调的，“要恪守以民为本、立法为民理念”“实现立法和改革决策相衔接，做到重大改革于法有据、立法主动适应改革和经济社会发展需要”。同时，要制定出良法，又必须科学立法，即善于运用马克思主义的世界观和方法论来指导立法。

二是执政党依宪依法执政。依宪执政的科学内涵，可概括为坚持“人民民主、依法治国、保障人权、宪法至上”。前12个字是依宪执政的实体内容，党要在宪法法律范围内活动是其形式要件和具体保证。

三是政府依法行政。关键是要做到，法无授权不可为，行使权力要严格按程序办事，也不能该作为而不作为。

四是社会依法自治。建设法治社会，是党的十八大以来提出的一个新概念、新目标。它和法治政府相对应，基本要求是：实行“政社分开”，充分实现各种社会组织工作的自主性、主动性、积极性和创造性，要健全各类社会组织自身的各种规章制度，并保障其应有的权威。重点发展涉法的社会组织，如法律援助组织、人民调解组织等。

五是法院独立公正司法。《决定》的一大亮点是党对国家的领导作出了一个全新的表述，即“必须坚持党领导立法、保证执法、支持司法、带头守法”。“支持司法”即党要更加坚定和明确地保证法院、检察院独立行使审判权和检察权。

六是完善法治监督体系。权力不受制约必然腐败，绝对的权力导致绝对的腐败，这是一条已被人类文明史反复证明了的铁的规律。这一法治监督体系，我们现在已经部分建成，包括：以国家权力监督国家权力，主要是国家的检察、监察和审计机关、执政党的纪检机关，同时还有人大对一府两院的监督，以及党政领导体系内领导成员的相互监督等；社会权利对国家权力的监督，主要是各种社会组织和广大公众通过媒体、信访等渠道对国家机关和执政党及其工作人员的监督等。

七是健全法治保障体系。其主要内容包括律师、公证、法律援助、人民调解等制度。

八是弘扬法治文化。包括宪法日和宪法宣誓制度的确立、法治理论的创新以及法治教育的普及等。

九是运用法治保障人权。《决定》将此作为法治建设的一项根本原则予以特别强调，明确提出“必须坚持法治建设为了人民、依靠人民、造福人民、保护人民，以保障人民根本权益为出发点和落脚点”。

十是坚持党的领导、人民当家作主和依法治国的有机统一。《决定》明确指出，要全面推进依法治国，实现“建设中国特色社会主义法治体系，建设社会主义法治国家”这一总目标，其首要原则就是“坚持中国共产党的领导。党的领导是中国特色社会主义最本质的特征，是社会主义法治最根本的保证”。民主和法治互为手段和目的，实现其有机结合就是要做到民主法治化和法治民主化。

党的十八大以来，新的中央领导集体提出了“四个全面”战略布局。其中，全面推进依法治国既是目的，又是手段。因为，法治是现代人类文明的主要标志，它又是全面建成小康社会、全面深化改革、全面从严治党的制度保障。

（选自李步云：《法治中国的十条标准》，《光明日报》，2016年8月1日第10版）

中国特色社会主义法治理论的新发展

党的十九大报告把坚持全面依法治国确立为新时代坚持和发展中国特色社会主义基本方略的重要内容，对深化依法治国实践作出全面部署，为建设社会主义法治国家提供了科学指引。党的十八大以来，以习近平同志为核心的党中央站在党和国家工作全局高度，着眼实现“两个一百年”奋斗目标，立足推进国家治理体系和治理能力现代化，提出全面依法治国的一系列新理念新思想新战略，开启了全面依法治国的新征程。习近平新时代中国特色社会主义思想极大地推动了全面依法治国实践深入发展，也极大地推动了中国特色社会主义法治理论创新。

1.在“四个全面”战略布局中认识全面推进依法治国

党的十八大以来，以习近平同志为核心的党中央在深刻把握中国特色社会主义法治道路、法治体系等重大理论问题的基础上，围绕全面依法治国作出一系列重要论述，深刻回答了中国特色社会主义法治向哪里走、跟谁走、走什么路、实现什么目标、如何实现目标等一系列重大问题，主题集中、主线鲜明，内容丰富、内涵深邃，推动中国特色社会主义法治理论实现了重大发展。

中国特色社会主义法治理论是中国特色社会主义理论体系的有机组成部分，是对马克思主义经典作家关于国家与法学说的继承和发展，是对中国特色社会主义法治最新实践经验的科学总结和理论升华，是传承中华法律文化精华、汲取世界法治文明精髓的理论成果，是中华民族对当代世界法治文明的原创性贡献。

现阶段，全面推进依法治国是中国特色社会主义法治理论的核心议题，也是关系我们党执政兴国、人民幸福安康、党和国家长治久安的重大战略。全面推进依法治国既是立足于解决我国改革发展稳定中的矛盾和问题的现实考量，也是着眼于实现中华民族伟大复兴的中国梦、实现党和国家长治久安的长远考虑和战略谋划，对推动经济持续健康发展、维护社会和谐稳定、实现社会公平正义，对全面建成小康社会、实现中华民族伟大复兴，都具有十分重大的意义。

“四个全面”战略布局的提出和形成，进一步把全面依法治国提到了党和国家战略布局的新高度，赋予全面依法治国新的战略地位和战略使命。“四个全面”战略布局既有战略目标，又有战略举措，每一个“全面”都具有重大战略意义。要把全面依法治国放在“四个全面”战略布局中来把握，深刻认识全面依法治国同其他三个“全面”的关系，从法治上为落实“四个全面”战略布局提供制度化方案，努力做到“四个全面”相辅相成、相互促进、相得益彰。全面依法治国是国家治理的一场深刻革命，必须在党的领导下，从我国实际出发，发挥政治优势，遵循法治规律，与时俱进提升理念观念、创新体制机制，全面深化依法治国实践。

2. 法治道路、法治理论、法治体系、法治文化“四位一体”

习近平同志指出，我们必须坚持把依法治国作为党领导人民治理国家的基本方略、把法治作为治国理政的基本方式，不断把法治中国建设推向前进。坚持把依法治国作为党领导人民治理国家的基本方略，把法治作为治国理政的基本方式，全面推进依法治国，是党领导人民从社会主义革命、建设和改革实践中得出的重要结论和作出的重大抉择，是我们党在治国理政上的自我完善、自我提高。

全面推进依法治国的一个重要战略特征，就是坚持中国特色社会主义法治道路、法治理论、法治体系、法治文化“四位一体”。中国特色社会主义法治道路是社会主义法治建设成就和经验的集中体现，是建设法治中国的唯一正确道路。中国特色社会主义法治理论是中国共产党根据马克思主义国家与法的基本原理，在借鉴古今中外人类法治文明有益成果的基础上，从当代中国改革开放和社会主义现代化建设的实际出发，深刻总结我国社会主义法治建设经验，逐步形成的具有中国特色、中国风格、中国气派的社会主义法治理论体系。中国特色社会主义法治体系是国家治理体系的重要组成部分，建设中国特色社会主义法治体系、建设社会主义法治国家是全面推进依法治国的总目标。中国特色社会主义法治文化是体现社会主义先进文化内在要求的法治价值、法治精神、法治意识、法治理念、法治思想等精神文明成果，反映中国特色社会主义民主政治本质特征的法律制度、法律规范、法治机制等制度文明成果，以及自觉依法办事和尊法学法守法用法等行为方式共同构成的一种先进法治文化形态和法治进步状态。

实现中国特色社会主义法治道路、法治理论、法治体系、法治文化“四位一体”，必须运用系统思维，统筹兼顾、把握重点、整体谋划，将其放在建设社会主义现代化国家的伟大进程中整体推进。首先要认识到全面建成小康社会、全面深化改革、全面依法治国、全面从严治党这“四个全面”协调推进，共同构成党和国家工作的战略布局。其次要坚持社会主义物质文明、政治文明、精神文明、社会文明、生态文明全面提升，坚持依法治国与以德治国相结合，坚持依法治国与制度治党、依规治党统筹推进、一体建设，坚持美丽中国、平安中国、法治中国共同建设。在具体方法上，统筹建设中国特色社会主义法治体系，形成一整套系统完备、科学规范、运行有效、成熟定型的法律规范体系、法治实施体系、法治监督体系、法治保障体系、党内法规体系。促进科学立法、严格执法、公正司法、全民守法前后衔接、相互依存、环环相扣，共同构成法治工作的基本格局。坚持依法治国、依法执政、依法行政共同推进，法治国家、法治政府、法治社会一体建设。

3. 围绕全面依法治国推进法治理论创新

把依法治国确立为基本方略，意味着依法治国是首选的、基本的治国方略，法治是主导的、基本的治国方式。坚持依法治国基本方略，并不排斥政治领导、组织保障、方针政策指导、思想教育等方式，而是强调在诸种方略共治的国家治理体系中，依法治国是制度化的主要治国方略。我们既要防止法治万能主义，也要警惕法治虚无主义，确保全面依法治国沿着正确方向推进。在全面推进依法治国的实践中，要以习近平新时代中国特色社会主义思想为指导，努力推进中国特色社会主义法治理论创新。

人民当家作主理论。党的十八大以来，以习近平同志为核心的党中央从全面建成小康社会、全面深化改革、全面依法治国、全面从严治党等不同角度，提出了必须坚持人民主体地位的基本原则。坚持人民主体地位，是党治国理政的重要特征。人民民主是社会主义的生命。没有民主就没有社会主义，就没有社会主义的现代化。在我国，民主不是装饰品，不是用来做摆设的，而是用来解决实际问题的。党的十九大报告强调，必须坚持人民主体地位，健全人民当家作主制度体系，加强人民当家作主制度保障。新时代全面推进依法治国、建设社会主义民主政治，必须贯彻落实以习近平同志为核心的党中央关于保障人民当家作主的新部署新要求新举措。

国家治理现代化和良法善治理论。党的十八届三中全会提出完善和发展中国特色社会主义制度、推进国家治理体系和治理能力现代化的全面深化改革总目标。国家治理体系就是在党领导下管理国家的制度体系，包括经济、政治、文化、社会、生态文明和党的建设等各领域的体制机制、法律法规安排，是一整套紧密联系、相互协调的制度体系。形成系统完备、科学规范、运行有效的国家制度体系，是国家治理体系现代化的重要目标。国家治理能力就是运用国家制度管理社会各方面事务的能力，包括改革发展稳定、内政外交国防、治党治国治军等各个方面。良法善治是推进国家治理体系和治理能力现代化的必然要求。应把全面依法治国与国家治理现代化融合起来理解，把厉行法治与加强治理结合起来把握，在两者融合统一中达到良法善治状态。

法治中国建设理论。党的十八届三中全会提出推进法治中国建设的战略任务。这是我们党在中国特色社会主义法治理论上的重大创新，是对中国特色社会主义法治建设的科学定位、目标指引和战略谋划。建设法治中国，是人类法治文明在当代中国的重大实践和理论创新，是推进国家治理体系和治理能力现代化的重要内容，是对全面依法治国基本原则、基本任务和总目标的高度凝练。法治中国与小康中国、富强中国、民主中国、文明中国、和谐中国、美丽中国、平安中国等中国梦的核心要素相辅相成。党的十九大报告指出，成立中央全面依法治国领导小组，加强对法治中国建设的统一领导，表明我们党对法治的认识提升到一个新高度。

中国特色法学理论体系。完善中国特色法学理论体系，要在马克思主义指导下，以习近平新时代中国特色社会主义思想为法学理论创新的方向指引，以党的十八届四中全会精神为法学理论发展的战略支点，以建设中国特色社会主义法治体系、建设法治中国为动力源泉，总结历史经验教训，面对当下现实问题，着眼未来发展需要，坚持和凸显中国法学的政治性、科学性、实践性、包容性和创新性。

党领导全面依法治国理论。加强和改进党对全面依法治国的领导，党和法的关系是一个根本问题，处理得好，则法治兴、党兴、国家兴；处理得不好，则法治衰、党衰、国家衰。在理论上要阐明，党的领导是中国特色社会主义法治之魂，把坚持党的领导、人民当家作主、依法治国有机统一起来，把党的领导贯彻到依法治国全过程和各方面，这是我国社会主义法治建设的一条基本经验。我国宪法确立了中国共产党的领导地位，党的领导是中国特色社会主义最本质的特征，是社会主义法治最根本的保证。坚持党的领导是社会主义法治的根本要求，是党和国家的根本所在、命脉所在，是全国各族人民的利益所系、幸福所系，是全面推进依法治国的题中应有之义。要改善党对依法治国的领导，不断提高党领导依法治国的能力和水平。把依法治国基本方略同依法执政基本方式统一起来，健全党领导依法治国的制度和工作机制，完善保证党确定依法治国方针政策和决策部署的工作机制和程序。

（选自莫纪宏、翟国强：《中国特色社会主义法治理论的新发展（深入学习贯彻习近平新时代中国特色社会主义思想）》,《人民日报》,2018年3月5日第7版）

当代中国人权观的新发展

党的十八大以来，习近平总书记关于人权的重要论述，对人权的重要地位、人权的基本内涵、人权的保障等问题作出了新阐发，深刻阐述和回答了进一步推进我国人权事业的一系列重大问题，描绘了未来中国人权发展的美好蓝图，体现了新一届中央领导集体治国理政的新思路、新理念，是对当代中国人权观的丰富和发展，为全面推进我国人权事业发展提供了基本遵循。

1.把中国梦同保障人民的权利紧密联系在一起

2012年11月15日，习近平总书记在同中外记者见面时指出："人民对美好生活的向往，就是我们的奋斗目标。"2013年3月17日，他又指出："面对浩浩荡荡的时代潮流，面对人民群众过上更好生活的殷切希望，我们不能有丝毫的自满和懈怠，必须再接再厉、一往无前，继续把中国特色社会主义事业推向前进，继续为实现中华民族伟大复兴的中国梦而努力奋斗。"2015年他在致"2015·北京人权论坛"贺信中进一步明确指出："中国人民正在为实现中华民族伟大复兴的中国梦而奋斗，这将在更高水平上保障中国人民的人权，促进人的全面发展。"

习近平总书记常常使用人民的利益、人民的权利、人民的"呼声"、人民的“梦”等概念，这些概念，表达了中国人民的权利需求，通俗易懂，便于人民接受，极具凝聚力和感染力。他指出：“中国梦归根到底是人民的梦，必须紧紧依靠人民来实现，必须不断为人民造福。”一方面，“我们的方向就是让每个人获得发展自我和奉献社会的机会，共同享有人生出彩的机会，共同享有梦想成真的机会，保证人民平等参与、平等发展的权利”。另一方面，“只有每个人都为美好梦想而奋斗，才能汇聚起实现中国梦的磅礴力量”。这就深刻揭示了中国梦这个“最大公约数”同个人权利、个人追求的一致性，强调每个人为实现中国梦应尽的责任。

这些论述务实而深刻、质朴而郑重，系统概括了中国人民多方面的权利期盼，把实现和保障人民的权利提高到事关实现党的奋斗目标、实现中华民族伟大复兴中国梦的高度，深刻揭示了实现中国梦同保障和实现人民权利的高度一致性。这些论述告诉我们，实现和保障人权与中华民族伟大复兴中国梦不可分割，中国梦，在一定意义上说，就是中国人民的权利梦，中国梦的实现必然把我国人权事业推向新的水平。这些论述标志着我们党对人权价值理念的认识达到了新的高度和境界，具有重要的理论和现实意义。

2. 关注人民的新期待，坚持问题导向，对人权的基本内涵做出新阐发

随着改革的深化、各种利益关系的调整，人民对美好生活的新期盼越来越迫切，人民的权利诉求越来越高、越来越多样化。习近平总书记关注人民新期待，坚持问题导向，对人权的基本内涵做出新阐发。

关注人民最关心最直接最现实的利益问题，关注民生问题，深刻阐发了生存权和发展权的新要求。“让老百姓过上好日子”，这是习近平总书记最大的牵挂。他强调，要按照守住底线、突出重点、完善制度、引导舆论的思路，统筹教育、就业、收入分配、社会保障、医疗卫生、住房、食品安全、安全生产等各方面，切实做好改善民生各项工作；要抓重点，抓住人民最关心最直接最现实的利益问题，抓住最需要关心的人群，多做雪中送炭的事情；要抓实在，做那些现实条件下可以做到的事情，让群众得到看得见、摸得着的实惠；要抓持久，把保障和改善民生作为长期任务来抓，一件事情接着一件事情办、一年接着一年干，锲而不舍向前走。对扶贫问题，他格外关注，强调说，“对困难群众，我们要格外关注、格外关爱、格外关心”，坚持精准扶贫、精准脱贫，消除贫困，保证人人享有发展机遇、享有发展成果。这些重要论述从理论与实践、理论与政策的结合中，拓展、深化和丰富了我们对当今中国人民生存权和发展权的认识。

倡导生态文明和绿色发展理念，强调良好生态环境是最普惠的民生福祉，把我们对环境权的认识提升到了新的境界。他指出，“良好生态环境是最公平的公共产品，是最普惠的民生福祉”。他非常关注一些地方生态环境恶化的状况。在谈到雾霾污染时，他指出，“要看到这个问题引起了广大干部群众高度关注，国际社会也关注，所以我们必须处置。民有所呼，我有所应”。他要求以对人民群众、对子孙后代高度负责的态度，加大工作力度，全面推进生态文明建设。

3.维护宪法、实施宪法，为尊重和保障人权提供最根本的保障

习近平总书记从全面实施依法治国战略的高度，非常强调充分发挥宪法在尊重和保障人权方面的根本大法作用。2012年12月5日，他在纪念现行宪法公布实施30周年大会上深刻总结新中国成立以来我国宪法制度发展的历史经验，指出：“保证宪法实施，就是保证人民根本利益的实现。只要我们切实尊重和有效实施宪法，人民当家作主就有保证，党和国家事业就能顺利发展。反之，如果宪法受到漠视、削弱甚至破坏，人民权利和自由就无法保障，党和国家事业就会遭受挫折。”习近平总书记在谈到宪法实施时，把尊重和保障人权原则，同社会主义法制原则、民主集中制原则一道，作为宪法确立的原则，要求长期坚持、全面贯彻、不断发展。

习近平总书记还深刻地揭示了尊重保障人权和宪法贯彻实施的内在联系，他指出：“公民的基本权利和义务是宪法的核心内容，宪法是每个公民享有权利、履行义务的根本保证。宪法的根基在于人民发自内心的拥护，宪法的伟力在于人民出自真诚的信仰。只有保证公民在法律面前一律平等，尊重和保障人权，保证人民依法享有广泛的权利和自由，宪法才能深入人心，走入人民群众，宪法实施才能真正成为全体人民的自觉行动。”这些重要论述，在我们党的历史上第一次全面、深刻地阐述了维护宪法、实施宪法同尊重和保障人权的内在联系，具有十分重要的政治意义、理论意义和实践意义。

4.坚持司法公正，严守维护社会公平正义的最后一道防线

司法权在人权保护方面发挥着至关重要的作用，人权司法保障制度是社会公平正义的最后一道防线，是人权的最终保护者；人权司法保障的状况直接反映一个国家的法治水平和人权保障程度。习近平总书记严肃批评了司法领域存在的主要问题：司法不公、司法公信力不高问题十分突出，一些司法人员作风不正、办案不廉，办金钱案、关系案、人情案，“吃了原告吃被告”等等。他几次引用英国哲学家培根的一段话，来说明司法不公正的极大危害性：“一次不公正的审判，其恶果甚至超过了十次犯罪。因为犯罪虽是无视法律——好比污染了水流，而不公正的审判则毁坏法律——好比污染了水源。”这其中的道理是深刻的。

习近平总书记提出：要把促进社会公平正义作为核心价值追求，“要努力让人民群众在每一个司法案件中都感受到公平正义，所有司法机关都要紧紧围绕这个目标来改进工作”。他要求司法战线的工作人员要信仰法治、坚守法治，坚守职业良知、坚持执法为民，肩扛公正天平、手执正义之剑，树立惩恶扬善、执法如山的浩然正气，只服从事实，只服从法律，铁面无私，秉公执法，重点解决好损害群众权益的突出问题，决不允许滥用权力侵犯群众合法权益，决不允许执法犯法造成冤假错案。他提出，要靠制度来保障公平正义，在执法办案各个环节都设置隔离墙、通上高压电，谁违反制度就要给予最严厉的处罚。这些重要论述十分深刻，具有非常强的现实针对性和指导性。

5.走中国自己的人权发展道路，促进各国人权交流合作

中国人权事业发展同国际人权事业密不可分。在处理中国人权事业同国际人权事业的关系问题上，习近平总书记提出了许多重要思想。

一是走中国自己的人权发展道路。这是习近平总书记关于人权重要论述中的一个核心话语。他多次强调中国人民对坚持走适合本国国情的人权发展道路的高度自觉和高度自信，“民主和人权是人类共同追求，同时必须尊重各国人民自主选择本国发展道路的权利。”“在人权方面，最大发言权还是所在国的大多数人民。”

二是强调和平权和发展权的特殊重要性。习近平总书记指出，“中国将坚定不移走和平发展道路，并且希望世界各国共同走和平发展道路，让和平的阳光永远普照人类生活的星球。”发展寄托着生存和希望，象征着尊严和权利。“唯有发展，才能消除冲突的根源。唯有发展，才能保障人民的基本权利。唯有发展，才能满足人民对美好生活的热切向往。”

三是促进各国人权交流合作。习近平总书记指出：“实现人民充分享有人权是人类社会的共同奋斗目标。”“任何国家都需要不断加强和改进人权保护，适应时代的发展。”“加强不同文明交流互鉴、促进各国人权交流合作，推动各国人权事业更好发展。”

党的十八大以来，习近平总书记关于人权的重要论述高屋建瓴、直面问题、内容丰富、内涵深刻、文风鲜活，具有重要的理论和现实意义。在这些重要论述指导下，在协调推进“四个全面”战略布局的进程中，中国人权事业取得了新的巨大成就，人权保障达到了一个新水平。“人权保障没有最好，只有更好。”在推进中国人权事业发展的进程中，我们任重道远，还应加倍努力！

（选自张晓玲：《当代中国人权观的新发展——学习领会习近平总书记关于人权的重要论述》，《北京日报》，2016年3月28日第17版）

中国实现发展权利的宪法基础

2016年12月4日是个特殊的日子，这一天既是中国的“国家宪法日”，也是联合国《发展权利宣言》通过30周年的纪念日。这种偶然和巧合的背后，有着深刻的内在关联：我国在1982年修订通过的现行宪法，在理念和制度上为改革开放和国家建设奠定了宪法基础；其中发展是贯穿于这部宪法的关键词，这与《发展权利宣言》的精神和原则存在高度契合。中国改革开放的过程，就是努力实现和保障人民发展权的过程，也是落实宪法规定的国家任务和公民权利的过程。因而在国务院新闻办公室发布《发展权：中国的理念、实践和贡献》白皮书之际，回顾中国在争取和实践人民发展权所做的不懈努力和取得的巨大成就，首先有必要总结中国实现发展权利的宪法基础。

现行宪法序言明确规定“本宪法以法律的形式确认了中国各族人民奋斗的成果，规定了国家的根本制度和根本任务，是国家的根本法，具有最高的法律效力”。这意味着宪法的时间指针是双向的，既着眼于过往的发展成果，更面向于未来的发展道路，指明了国家的发展方向；这也意味着宪法的效力形式是双重的，既是一部具有实在效力的法律，更是一部具有最高法律效力的根本法，宪法的原则和规范必须被落实。与此同时，宪法序言还明确规定“国家的根本任务是，沿着中国特色社会主义道路，集中力量进行社会主义现代化建设”，这说明现阶段的制度建构和具体实践都应当围绕并服务于国家任务的实现。这通常被表述为“发展是硬道理”“发展是解决中国所有问题的关键”，其背后的宪法逻辑就是将发展权的一般原理和中国实际相结合，将发展优先确定为国家的任务和责任。

然而，现行宪法所确定的发展目标并不仅限于经济发展，而是同时兼顾物质文明和精神文明。在2004年宪法修改时，进一步将政治文明写入宪法之中，由此作为发展目标的“富强、民主、文明”都有了相应的载体，充分体现均衡发展和协调发展的理念。为了达到上述发展目标，宪法明确规定了爱国统一战线，团结一切可以团结的力量参与国家的建设和发展，使发展的成果惠及全体人民。因而在宪法的语境中，人民是发展的主体和动力，也是发展成果的受益者和检验者，这被概括为“发展为了人民、发展依靠人民、发展成果由人民共享”。在对外交往方面，中国宪法表达了共同发展的愿景，把中国人民的利益和世界各国人民的利益结合起来。宪法明确规定“中国革命和建设的成就是同世界人民的支持分不开的。中国的前途是同世界的前途紧密地联系在一起的”。由此，近年来中国政府大力支持和帮助发展中国家减少贫困、改善民生、保护环境，特别是通过“一带一路”、亚洲基础设施投资银行、丝路基金等形式和机制，践行合作发展和共同发展的理念，推进建设人类命运共同体。

宪法在确定发展的任务、目标和方式之外，还建构了民主政治和法治体系的总体框架，确认了公民广泛的知情权、参与权、表达权和监督权，这为国家发展提供了政治基础。宪法把人民代表大会制度确立为国家的根本政治制度，通过人民代表大会行使立法权、监督权、任免权和重大事项的决定权，保证了人民主权原则的实现和常态运行，也保证了人民作为发展权的主体地位。在人民代表大会制度下，宪法配置了国家机关之间的权力关系，确定了国家机构运行的基本原则，建立了对公共权力运作的监督体系，强化了政府在引领发展中的政治责任，这些成为国家发展的制度遵循。在1999年宪法修订时，将“实行依法治国，建设社会主义法治国家”写进了宪法，这表明了国家治理方式的重大转变。法治为国家发展提供了稳定和可预期的制度环境，也为改革划定了安全地带，即“凡属重大改革都要于法有据”“确保在法治轨道上推进改革”。在2004年宪法修改时，把“国家尊重和保障人权”正式写入宪法，进一步明确了国家发展的目的是实现更高水平的人权保障。自2009年以来，中国政府先后制定了三期“国家人权行动计划”，就是通过具体可行的发展目标，落实宪法确认的人权保障原则、不断提升人权保障的质量和层次。

有关发展权利的制度建构，必然也要落实成为具体的国家政策和公民权利。在宪法的总纲部分，规定了发展的政策导向，包括了建立民族区域自治制度以保障少数民族的发展和民主权利、明确了国家的各项经济制度以保障发展的有序进行，确立了国家的教育、科学和文化制度以提供发展的智力支撑，确定了计划生育和环境保护的国策以保证发展的可持续性。总纲部分的基本国策条款，上承序言所确立的国家发展任务，下启公民的各项基本权利，规范了发展权利在中国实现的政策基础，体现了中国发展道理的特殊性。在宪法的基本权利章节，系统列举了公民的重要权利，包括平等权、政治权利、宗教信仰自由、人身自由、监督权、社会经济权利、文化教育权利，以及对妇女儿童等特殊主体的权利保护等。这些重要基本权利，使公民具有平等的机会发展自我和形成健全公民人格，也为公民参与管理国家事务、管理经济和文化事业、管理社会事务提供了机会和途径，从而促进了公民个人和国家整体的共同发展。中国宪法的这些规范契合了《发展权利宣言》所主张的“国家有权利和义务制定适当的国家发展政策，其目的是在全体人民和所有个人积极、自由和有意义地参与发展及其带来的利益的公平分配的基础上，不断改善全体人民和所有个人的福利”。因此，落实发展权利和维护宪法尊严、保证宪法实施是同一过程，这个过程也是实现国家富强、民族振兴、人民幸福的中国梦的过程。

（选自王理万：《中国实现发展权利的宪法基础》,《人民日报》,2016年12月6日第13版）

新时代全面推进法治国家建设的根本遵循

我国宪法是治国理政的总章程，必须体现党和人民事业的历史进步，必须随着党领导人民建设中国特色社会主义实践的发展而不断完善发展。经过五次修改，它更具中国特色，更适合中国国情。

学习、宣传宪法既要讲形式，营造浓厚的学习氛围，更要讲实效，通过学习、宣传真正达到普及宪法知识，增强宪法意识和宪法信仰，以进一步全面推进依宪治国和依宪执政进程的目的。

3月11日，第十三届全国人大第一次会议通过了我国现行宪法的第五个修正案，从而使我国宪法更加完善，更好、更充分地反映了全党全国人民的意志，更好、更充分地体现了中国特色社会主义新时代的特征。这是时代大势所趋、事业发展所需、党心民心所向，是推进全面依法治国、推进国家治理体系和治理能力现代化的重大举措，对更好发挥宪法在新时代坚持和发展中国特色社会主义中的重大作用，为实现“两个一百年”奋斗目标和中华民族伟大复兴的中国梦提供有力宪法保障，具有重大现实意义和深远历史意义。

1.建设法治国家，必须加强宪法意识，弘扬宪法精神，树立宪法信仰，扎实推进宪法的实施

习近平总书记多次强调，依法治国首先必须依宪治国，依法执政首先必须依宪执政。宪法具有最高的法律地位、法律权威、法律效力。维护宪法权威，就是维护党和人民共同意志的权威。捍卫宪法尊严，就是捍卫党和人民共同意志的尊严。保证宪法实施，就是保证人民根本利益的实现。决胜全面建成小康社会、开启全面建设社会主义现代化国家新征程、实现中华民族伟大复兴的中国梦，推进国家治理体系和治理能力现代化、提高党长期执政能力，必须更加注重发挥宪法的重要作用。我们要建设中国特色社会主义法治国家，必须加强宪法意识，弘扬宪法精神，树立宪法信仰，扎实推进宪法的实施，保证我们的改革和发展严格依照宪法确定的目标、方向进行。

要实施宪法，首先就必须学习宪法，了解宪法的内容，把握宪法的原则、精神。宪法在整个法律体系中具有最高的法律地位、法律权威、法律效力，是指导我们决胜全面建成小康社会、开启全面建设社会主义现代化国家新征程、实现中华民族伟大复兴中国梦、推进国家治理体系和治理能力现代化的根本大法和最高准则。而要使这个根本大法和最高准则真正发挥作用，我们就必须先学习它，掌握它，领会它。只有学好宪法，理解和领会好宪法的内容、原则、精神，才能真正发挥宪法的最高规范和指导作用。

要实施宪法，就必须增强宪法意识，树立宪法信仰。人们经常引用伯尔曼的名言："法律必须被信仰，否则它将形同虚设。"宪法是最高的法律，其实施就更加应当被国民信仰。亚里士多德认为，构成法治要素的"法律"必须是"良法"，而且这种"良法"必须被国民所信奉，所遵循。"我们应该注意到邦国虽有良法，要是人民不能全都遵循，依然不能实现法治。法治应包含两重意义：已成立的法律获得普遍的服从，而大家所服从的法律又应该本身是制定得良好的法律"。我们要推进依宪治国、依宪执政，必须不断增强全党全国人民的宪法意识，树立对宪法的信仰。在现代国家，如果执政党及其党员没有宪法意识和宪法信仰，如果国家公职人员和全体人民没有宪法意识和宪法信仰，依宪治国和依宪执政只能是水中月、镜中花，要使宪法得到真正实施是不可能的。

要实施宪法，还必须了解宪法的规范，把握宪法确立的基本原则、规范和制度，并明了宪法为什么要确立这些基本原则、规范和制度。

2. 这次宪法修正案有三大重要的创新和亮点

1982年制定的我国现行宪法——“八二宪法”，无疑是一部良宪、良法。我国宪法是治国理政的总章程，必须体现党和人民事业的历史进步，必须随着党领导人民建设中国特色社会主义实践的发展而不断完善发展。经过五次修改，它更具中国特色，更适合中国国情。这次宪法修正案亮点纷呈，其中最重要的亮点有以下三个方面：

其一，将习近平新时代中国特色社会主义思想写入宪法序言，确立习近平新时代中国特色社会主义思想在国家政治和社会生活中的指导地位。习近平新时代中国特色社会主义思想是马克思主义中国化最新成果，是党和人民实践经验和集体智慧的结晶，是中国特色社会主义理论体系的重要组成部分，是全党全国人民为实现中华民族伟大复兴而奋斗的行动指南，是党的十八大以来党和国家事业取得历史性成就、发生历史性变革的根本理论指引。习近平新时代中国特色社会主义思想入宪具有重大的政治意义、理论意义和实践意义。首先，它的入宪有利于增强这一思想的权威性，增强全中国人民的核心意识，从而保证以习近平同志为核心的党中央对新时代国家建设、发展、改革的强有力的领导。其次，这一思想入宪有利于明确全党全国人民共同的思想基础，为新时代国家建设、发展、改革提供统一的适应新时代要求的行为指导理念。最后，这一思想入宪有利于增强全党全国人民的凝聚力，防止意识形态多元化导致民心涣散、族群分裂和社会不稳定。

其二，在宪法总纲中增写“中国共产党领导是中国特色社会主义最本质的特征”，进一步强调“党的领导”。在我国，中国共产党是长期执政的执政党，是国家最高政治领导力量。中国共产党领导是中国特色社会主义制度的最大优势。宪法从社会主义制度的本质属性角度对坚持和加强党的领导进行规定，有重大的历史和现实意义。首先，它是实现党的十九大确立的新时代的目标和任务的需要。要实现党的十九大确立的新时代的目标和任务，特别需要加强党的集中统一领导。其次，它是向世人宣示我们“四个自信”，特别是制度自信的需要。我国宪法总纲第一条确立了我国的国体——人民民主专政的社会主义国家，在当前国际国内的历史形势下，特别有必要向我国全体人民和国际社会进一步明确宣示这一国体最本质的特征是中国共产党领导。最后，它是总结和坚持我国改革开放40年基本经验的需要。改革开放40年来特别是党的十八大以来，我国在各方面、各领域均取得了重大成就和成绩。我们之所以能取得这些成就和成绩，最重要的经验之一是坚持中国共产党的领导。因此，这次修宪有必要通过宪法总纲将这一经验加以固定。

其三，宪法单设一节，专门规定监察委员会的性质、地位、组织、职权，以及监察委员会依法独立行使职权原则，与审判机关、检察机关、执法部门互相配合、互相制约的原则等。宪法对监察委员会的这些规定，主要有三个方面的旨意：一是为了贯彻和体现深化国家监察体制改革的精神，为成立监察委员会提供宪法依据。深化国家监察体制改革是以习近平同志为核心的党中央作出的重大决策部署，是事关全局的重大政治体制改革，是推进国家治理体系和治理能力现代化的重大举措。对于这样一个重大改革，宪法必须为之提供依据。二是保证监察委员会有效行使反腐败的职责、职权。宪法确立国家监察委员会和地方各级监察委员会为国家的监察机关的性质和地位，并赋予其依法独立行使监察权，这可以有力地保障各级监察机关高效履行反腐败职责，从而保证党中央构建集中统一权威高效监察体系目标的实现。三是保证监察委员会依法、正确地行使反腐败的职责、职权。监察机关依法行使职权，其他国家机关必须配合，行政机关、社会团体和个人不得干涉；同时，监察机关行使职权也必须受到一定的监督（特别是各级人民代表大会及其常务委员会的监督）和制约（特别是办理职务违法和职务犯罪案件时受到审判机关、检察机关、执法部门的制约），以避免其滥用权力和导致冤假错案。

3.认真开展对修正后的新宪法的学习、宣传，掀起学习和宣传新宪法的热潮

这次宪法修正案的创新和亮点远不止以上三个方面。我们要实施宪法，全面推进依宪治国和依宪执政，就必须认真学习和把握宪法的这些创新和亮点。当然，学习和把握宪法的这些创新和亮点要与学习和把握整个宪法修正案和整个宪法的内容、原则和精神相结合。只有全面学习宪法，全面了解和掌握宪法确立的我国国体、政体、宪法基本原则、基本制度，我们才能全面有效实施宪法，真正实现依宪治国和依宪执政。

习近平总书记指出，要加强宪法学习宣传教育，弘扬宪法精神、普及宪法知识，为加强宪法实施和监督营造良好氛围。宪法法律的权威源自人民的内心拥护和真诚信仰，加强宪法学习宣传教育是实施宪法的重要基础。要在全社会广泛开展尊崇宪法、学习宪法、遵守宪法、维护宪法、运用宪法的宣传教育，弘扬宪法精神，弘扬社会主义法治精神，增强广大干部群众的宪法意识，使全体人民成为宪法的忠实崇尚者、自觉遵守者、坚定捍卫者。要坚持从青少年抓起，把宪法法律教育纳入国民教育体系，引导青少年从小掌握宪法法律知识、树立宪法法律意识、养成遵法守法习惯。要完善国家工作人员学习宪法法律的制度，推动领导干部加强宪法学习，增强宪法意识，带头尊崇宪法、学习宪法、遵守宪法、维护宪法、运用宪法，做尊法学法守法用法的模范。

为此，我们应该马上行动起来，通过各种形式，认真开展对宪法的学习、宣传，掀起学习和宣传宪法的热潮。学习和宣传的形式应该是多种多样，且新鲜、活泼和特别讲究实效的，如举办学术讲座、开展知识竞赛、组织案例研讨，对公职人员进行宪法理论、知识测试等。总之，学习、宣传宪法既要讲形式，营造浓厚的学习氛围，更要讲实效，通过学习、宣传真正达到普及宪法知识，增强宪法意识和宪法信仰，以进一步全面推进依宪治国和依宪执政进程的目的。

（选自姜明安:《新时代全面推进法治国家建设的根本遵循——认真实施宪法,全面推进依宪治国》,《北京日报》,2018年3月19日第13版）

法律与道德不可偏废

法律与道德的关系，是法理学中一个历久弥新的问题，许多法理学教科书均有专章讨论这一问题。在古代，古希腊哲学中就有正义与美德之争，我国先秦时期也有德治与法治之争。这些争论其实都与这一问题有关。

无论西方柏拉图式的道德理想主义，还是我国儒家为万世开太平的高远追求，都把道德摆在首位，主张以德立国创制、以德生成社会、以德化育万民；认为依靠道德就能构建一个美好社会，法律规则不过是道德的附属物，是用于规范与惩戒不轨行为的，只要人人在道德上成为完善的人，就不需要法律规则。这种道德至上主义从逻辑上看似乎是自洽的，问题在于这样的道德社会只存在于理想中，现实中又何曾有过？当然，我们不排除任何时代都有一些道德高尚之人，他们熠熠生辉，成为人们的楷模。但我们也要承认，社会上绝大多数人都是普通人，无法成为道德完人。正是这些普通人成为历史人群或现世人群的主流。对于这样一个“主流”，仅仅依靠道德显然难以建成一个有序、美好的社会。

对于一个社会、一个国家来说，提升人们的道德修养十分重要，制定法律规则同样重要。法律与道德二者各有各的边界，道德是道德，法律是法律，它们有各自发挥作用的范围，是完全不同的两个范畴，不能简单偏重于某一个方面。对于法律规则来说，无论是国家立法机关制定的法律，还是社会习俗演化而成的法律，都适用于社会公共行为领域。在法律规则管辖的公共领域，维护社会正义、任何人不得侵犯他人权利是根本要求。而道德更多涉及个人内心的自我修为，它可以高标特立，但只能针对自己，不能强迫他人。因此，法律以公共利益为指针，道德以效法圣贤为理想；法律讲求的是底线正义，道德追求的是高尚人格。

同时，法律与道德又有着千丝万缕的联系。法律能够为社会道德的生成提供有益制度构架，为个人道德培育提供良好生活环境。法律固然不是道德，但能够净化人们的内心，让人们激浊扬清、去恶存善。因此，虽然法律规则不等同于道德良知，但可以培育和激发人们的道德良知。一个社会，如果人人都讲规则，都按照法律规则处事，那么，这个社会就是一个不坏的社会，虽然可能还不是一个美好的社会。而法律要深入人心、发挥作用，也必须符合社会的道德追求。换言之，法律规则要有道德性。这个道德性不是法律规则自身生长出来的，而是法律规则吸收了道德理念，从而彰显一个社会的道德价值。与此同时，社会公德、职业道德、家庭美德、个人品德的提升，可以使人们强化规则意识和契约精神，弘扬社会公序良俗，自觉遵守法律。另外，实践中被广泛认同、较为成熟、操作性强的道德要求，也可能上升为法律规则。

可见，对于法律与道德的关系，我们不能简单地分割或统合。使二者绝缘甚至截然对立起来肯定不行，但混同乱用的做法也行不通。应当明确，依靠法律所建立的正义秩序，是任何一个社会都离不开的基础。今天，我们既要赞美道德，更要信奉法律。法律并不排斥道德，相反，它可以促成道德生长。这个促成不是代替，而是为道德提供一个制度环境。一个法治昌明的社会，才有望成为一个道德纯净的社会。就像是一片良莠不齐的草地，法治犹如一个农夫，用猎枪抵御强权的侵夺，用镰刀去除蔓生的杂草。这样，美丽的道德之花才会芬芳开放。

（选自高全喜：《法律与道德不可偏废》，《人民日报》，2016年4月18日第7版）

五、热点问题探讨

◇当代中国为何建设法治政府，怎样建设法治政府？

◇当代中国如何实现司法公正？

◇如何认识法律与公权力之间的关系？

◇联系实际谈谈如何维护法律的权威。

◇网络空间存在法律权利与法律义务问题吗？

◇大学生在中国法治建设中应该发挥什么作用以及如何发挥作用？

六、实践活动推介

组建大学生学法沙龙：以学法专业的学生为召集人和主持人，吸收非法学专业的学生加入，确定主题，不定期地组织学法沙龙活动，必要时可以请本校法学专业的老师加入，或做讲座，或现场答疑解惑。通过这一活动，使大学生关注我国的法治理论和实践建设，从而增强尊法学法守法用法的自觉性。

组织大学生辩论赛：以依法治国与以德治国之间的关系设置辩论主题，以班级为单位，开展辩论赛。通过辩论，有助于大学生全面深刻理解依法治国和以德治国的关系，全面深刻理解法治和德治在治理国家和社会中的重要作用及其相互关系，从而将法治意识的培养和个人品德的锤炼统一起来。

组织大学生开展宪法知识竞赛活动：以班级为单位，根据我国宪法形成和发展历史，以及宪法基本内容设置知识竞赛题目。通过宪法知识竞赛，增强大学生对宪法及其地位的全面准确的理解。

七、阅读书目推荐

1.[古罗马]西塞罗.论法律[M].王焕生,译.上海:上海人民出版社,2006.

2.李明珠,张琦,李擎.法律制度与法律文化[M].西宁:青海人民出版社,2008.

3.焦宝乾.法律论证:思维与方法[M].北京:北京大学出版社,2010.

4.[加]罗杰·塞勒.法律制度与法律渊源[M].项焱,译.武汉:武汉大学出版社,2010.

5.中华人民共和国国务院新闻办公室.中国特色社会主义法律体系[M].北京:人民出版社,2011.

6.常健,陈振功.人权知识公民读本[M].长沙:湖南大学出版社,2012.

7.朱景文.中国特色社会主义法律体系的形成与完善:结构、原则和制度阐释[M].北京:中国人民大学出版社,2013.

8.黄荣昌,钱芙贤.程序法案例解析及实训[M].北京:中国政法大学出版社,2013.

9.本书编写组.《中共中央关于全面推进依法治国若干重大问题的决定》辅导读本[M].北京:人民出版社,2014.

10.王立峰.法治中国[M].北京:人民出版社,2014.

11.程竹汝.依法治国与深化司法体制改革[M].上海:上海人民出版社,2014.

12.谢立斌.宪法解释[M].北京:中国政法大学出版社,2014.

13.本书编写组.依法治国新举措[M].北京:新华出版社,2015.

14.全国“七五”普法统编教材编写组.宪法学习读本[M].北京:法律出版社,2016.

15.滕宏庆.紧急宪法:自由与安全的紧急正义[M].北京:法律出版社,2018.

附　录　热点问题探讨之解析

绪　论

◇“大学生与中学生没什么区别，还是一个字，那就是‘学、学、学’。”你怎么看待这一观点?

解析：这个看法偏颇。无论是大学生，还是中学生，主要任务都是学习。然而，大学生活与中学生活相比，在许多方面都发生了变化，有些方面的改变很明显，如学习要求、学习任务、学习内容和学习方式上与中学相比差异诸多。因此，虽然大学生的中心还是学习，但是，在学什么、如何学等问题上必然要适应环境的变化作出适应性的调整和改变，不可一味沿袭过去的学法和做法。

◇“‘新时代’只是中央提出的一个新名词而已，大学生活该怎么过还是怎么过，与是否进入新时代没什么关系。”你怎么看待这一观点?

解析：这种观点是错误的。大学生活应该怎么过，与我们对自己未来的设计直接相关；而关于“未来的设计”能否变成现实，既与自身条件和努力不无关系，又与社会发展紧密相联。因而，“未来的设计”与我们身处的时代分不开。时代决定了我们的选择和内涵，从而决定我们今天做什么和如何做的问题。因此，新时代，中国特色社会主义发展的内涵、目标和要求与过去的时代相比，都有很大的不同，对人才要求也不同。因此，作为新时代的大学生，应全面科学地理解“新时代”的内涵，为自己未来找准方向，为今天的努力定好方位。

第一章　人生的青春之问

◇“在今天这个追求个性自由、放飞自我、实现自我价值的时代，还有讲奉献、创造社会价值的必要吗？为人民服务的人生目的早已经过时了。”如何认识这种观点？

解析：这个观点是错误的。人生的社会价值是社会存在和发展的必然要求，人生的社会价值的实现是个体自我完善、全面发展的保障。人是社会的人，这不仅意味着个体物质和精神的需要必须在社会中才能得到满足，还意味着以怎样的方式和在多大程度上得到满足也是由社会决定的。因而，个性自由、放飞自我的充分实现是建立在社会文明高度发展的基础之上，而社会文明的发展过程就是社会价值的创造过程，没有社会价值，就没有社会文明，个性自由和放飞自我也无从实现。因此，无论社会发展到什么状态，也无论进入到什么时代，只要人类社会还存在，就有讲奉献、创造社会价值的必要。

历史是人民创造的，今天的一切财富都是人民创造的。因此，为人民服务是人性美的充分体现；为人民服务，其实就是在为自己服务，因为你、我、他都是人民中的一员。大学生应当自觉以为人民服务的人生观指引人生，在服务人民、奉献社会的实践中创造人生的价值。

◇“要创造人生价值，只能依靠自己的努力，除此别无他径。”你怎么看待这一观点？

解析：这一观点偏颇。创造人生价值当然要依靠自己的努力，这是实现人生价值的内在动力，也是决定性因素。然而，人生价值能否实现，还要看人生价值目标是否符合社会发展的要求，社会环境是否稳定和谐。因此，在创造人生价值的过程中，要不断审视自己的人生价值目标是否与社会发展相背离，并及时纠正；要自觉处理好与周围环境的关系，自觉维护社会的稳定和谐，为实现人生价值创造良好的社会环境。

第二章 坚定理想信念

◇个人理想与中国特色社会主义共同理想的关系是什么?

解析：中国特色社会主义共同理想，就是在中国共产党领导下，坚持和发展中国特色社会主义，实现中华民族伟大复兴，是全体中国人民的共同愿望。个人理想是处于一定历史条件和社会关系中的个体对于自己未来的物质生活、精神生活所产生的种种向往和追求。个人理想与共同理想的关系实质是个人与社会的关系在理想层面的反映，二者之间既相互联系、相互影响，又相互区别、相互制约。个人理想既反映和体现共同理想，又影响共同理想的实现；共同理想规定、指引着个人理想，共同理想是对个人理想的凝练和升华。

◇在实现中国梦的历史进程中，大学生肩负着什么样的历史责任?

解析：大学生是我国社会主义事业的建设者和接班人，承担的是坚持和发展中国特色社会主义、实现中华民族伟大复兴的中国梦的历史使命。为此，大学生应当坚定科学的理想信念，以高度的历史责任感发愤学习、刻苦钻研、努力成才，做一个有理想、有抱负的人，坚持和发展中国特色社会主义，实现“两个一百年”奋斗目标，进而实现中华民族伟大复兴的中国梦。

第三章 弘扬中国精神

◇2018年7月6日，美国对818个类别、价值340亿美元的中国商品加征25%的进口关税，打响了中美贸易战的第一枪。2018年7月10日，美国贸易代表办公室又宣布将对额外价值2000亿美元的中国商品加征10%关税。为了应对美国挑起的贸易战，一些网友在网络空间号召中国人共同抵制美国商品，不购买美国商品，并列举了一系列美国的品牌。你怎么看待抵制美国商品的做法和观点?

解析：这种做法过于极端，会损害我国的国家利益。爱国，首先是一种对祖国依恋的深厚感情，是一荣俱荣、一损俱损的感同深受，但爱国又不仅仅是感情，还应该是能够给国家带来切实益处的理性行动。

在经济全球化的今天，各国在经济发展上必然是你中有我、我中有你，抵制任何一个国家的商品，最终也会损害自身的利益。同时，这些行为也会损害我国改革开放包容法治的国际形象，破坏我国的投资环境，最终损害我国的经济社会发展。

在经济全球化的今天，只有勇于和善于参与经济全球化的竞争，以积极而理性的姿态参与经济全球化进程，实施互利共赢战略，才能加快我国经济的发展，促进国民经济又好又快发展，不断增强国家的经济实力和综合国力。

◇2018年4月16日晚，美国商务部发布公告称，美国政府在未来7年内禁止中兴通讯向美国企业购买敏感产品。这就是所谓的“美国制裁中兴事件”。事件发生后，有分析认为，中兴占全球电信设备市场约10%的市场份额，占中国电信设备市场约30%市场份额。中兴有1—2月的零部件的存货，若不能尽快达成和解，会影响相关业务，同时对当前全球和中国的运营商网络建设带来一定影响，并有可能影响未来5G网络的推进。中兴事件对中国企业是个镜鉴，中国企业必须进一步提高创新，尽快把核心技术掌握在自己手中。结合自身实际，谈谈大学生应该如何真正成为改革创新的生力军。

解析：新时代的大学生置身于实现中华民族伟大复兴的时代洪流中，理应以改革创新为己任，不断增强改革创新的能力和本领，勇做改革创新的实践者，将弘扬改革创新精神贯穿于实践中、体现在行动上。首先要树立改革创新的自觉意识，增强改革创新的责任感，树立敢于突破陈规陋习的自觉意识，树立大胆探索未知领域的信心和勇气。其次要增强改革创新的能力本领。大学生应该认真学习，掌握扎实系统的专业知识，夯实创新基础；在专业学习与社会实践中自觉培养创新思维，在全面深化改革的伟大实践中深刻体悟改革创新精神，积极投身改革创新实践，努力走在全社会创新创造的前列。

第四章　践行社会主义核心价值观

◇“核心价值观只是统治阶级进行阶级统治的需要，与人们的现实生活并没什么关系。”你怎么看待这种观点?

解析：这种观点偏颇。核心价值观，即某一社会群体判断社会事物时依据的是非标准，遵循的行为准则。核心价值观具有鲜明的阶级性，是统治阶级进行阶级统治、维护阶级利益的价值准则。同时，与人们的现实生活也紧密相联，因为就现阶段看，没有人不是生活在阶级社会中，必然受统治阶级意志的统治，这是其一；其二，核心价值观在具有鲜明阶级性的同时，也具有历史继承性，它全面而深刻地影响着人们的现实生活。

◇“是否培育和践行社会主义核心价值观并不重要，以前中央没提出社会主义核心价值观，社会不也照样发展吗?”你怎么看待这种观点?

解析：这种观点错误。社会主义核心价值观体现了中国特色社会主义的价值追求，描绘出中国未来发展的美好愿景，是中华民族发展进步最持久、最深层的力量，是实现中华民族伟大复兴中国梦的精神引领和力量!只有全国人民都树立了社会主义核心价值观并积极践行之，社会主义核心价值观所描绘的美好愿景才能最终变为现实，中华民族伟大复兴的中国梦才能梦想成真!改革开放后，虽然我们在经济、政治、社会和文化建设中取得了伟大成就，但是也出现了诸多社会问题，这与没有明确的社会主义核心价值观可以遵循是分不开的。新时代，社会主义核心价值观就如一面旗帜，无论是物质建设，还是精神建设，中国的发展进步都必须在这面旗帜的指引下前进，不应再有偏离。

第五章　明大德守公德严私德

◇有人认为，道德素质与学历水平呈正比，即学历越高，道德素质越高，学历越低，道德素质越低。你怎么看待这种观点?

解析：这种观点不正确。做一个有道德的人贵在自觉地学习道德知识，践行道德规范。虽然学历高的人对道德知识的理解更加容易，但是并不意味着道德知识及道德行为会在学历高的人的身上自然而然形成，更何况，道德素质提升的根本途径在于实践，不积极进行道德实践，无论学历高低，都不利于道德素质的提升和道德能力的培养。因此，学历高的人要成为德才兼备的人，在学习专业知识的同时，必须加强道德素质的培养，努力践行道德规范，提高道德能力。

◇有人认为，道德就是束缚人的，是一部分人用来束缚另一部分人的。你怎么看待这种观点?

解析：这种观点是错误的。道德作为一种行为规范，对人的行为确实起到约束作用；但道德的真正意义在于自觉、自由，没有道德上的约束，人类的自由也无从体现；当道德规范成为人们的信念和自觉行为时，道德就不再是约束，而是自由。虽然道德具有阶级性，具有特殊性，但是道德也具有历史共性，正因为如此，建设由道德调节而不再需要法律的美好社会成为人类的共同理想。

◇某高校在一项调查中发现，大学校园里有一个奇怪的现象：100%的学生强烈反对校园里的不文明行为，但是这100%的学生也承认，校园里的种种不文明行为就发生在自己或同学身上，你认为症结在哪里？你理想中的校园文明是什么样的？为校园文明献上一策吧。

解析：这一现象的症结主要在于大学生在社会公德学习上存在知行脱节的问题。一方面，大学生普遍知晓社会公德的主要内容，对美好的社会环境也有着强烈的渴求，向往人人遵循社会公德的美好社会；另一方面，大学生在践行社会公德上却又普遍存在行为缺失，眼高手低，缺少从小处着眼、从自身做起的毅力和坚持。因此，提高大学生社会公德的践行能力是大学道德教育的关键任务。大学生可以根据自己对校园文明的理解，描述出理想中的文明校园，据此提出建设性的建议。

◇部分大学生认为，大学期间不谈场轰轰烈烈的恋爱是人生的一大遗憾，为此，有人一进大学就开始猎奇所谓的爱情。你怎么看待这一观点和行为?

解析：这一想法和做法都背离了爱情的本质。恋爱、爱情很美好，令无数人对其向往，但是它容不得人们对它的亵渎。爱情是一对男女基于一定的社会基础和共同的生活理想，在各自内心形成的相互倾慕并渴望对方成为自己终身伴侣的一种强烈、纯真、专一的感情。爱情是生理要素、情感要素和道德要素的有机统一体。大学生上大学的主要目的是把自己培养成某个领域的合格的甚至是优秀的人才，核心任务是学习专业知识和提升专业能力，增强思想道德和法律素质。为了谈恋爱而寻找爱情，其实，这种所谓的爱情已经偏离了真爱的轨道，背离了爱情的本质，会给自己的人生带来不必要的麻烦甚至伤害。

第六章　尊法学法守法用法

◇当代中国为何建设法治政府，怎样建设法治政府?

解析：党的十九大报告明确提出，到2035年，基本建成法治政府将是我国基本实现现代化的目标要求。没有法治政府的基本建成，就难以保障社会公正、促进社会和谐，使人民群众生活得更加幸福、更有尊严；建设法治政府是全面深化改革的迫切需要。破解改革难题，厚植发展优势，必须深入推进依法行政、加快建设法治政府，坚持在法治下推进改革、在改革中完善法治；法治政府基本建成，是全面依法治国的重大任务。法律的生命力在于实施，法律的权威也在于实施。严格执法以深入推进依法行政，加快建设法治政府为目标。

要加快建设职能科学、权责法定、执法严明、公开公正、廉洁高效、守法诚信的法治政府，推进各级政府机构、职能、权限、程序、责任法定化，推行政府权力清单制度。健全依法决策机制，把公众参与、专家论证、风险评估、合法性审查、集体讨论决定确定为重大行政决策法定程序，建立行政机关内部重大决策合法性审查机制，建立重大决策终身责任追究制度及责任倒查机制。深化行政执法体制改革，坚持严格规范公正文明执法，依法惩处各类违法行为，加大关系群众切身利益的重点领域执法力度，建立健全行政裁量权基准制度，全面落实行政执法责任制。全面推进政务公开，推进决策公开、执行公开、管理公开、服务公开、结果公开。

◇当代中国如何实现司法公正?

解析：公正是法治的生命线，是司法活动最高的价值追求。公正司法是维护社会公平正义的最后一道防线。要保证公正司法，提高司法公信力，努力让人民群众在每一个司法案件中都能感受到公平正义。其一，要完善确保依法独立公正行使审判权和检察权的制度，建立领导干部干预司法活动、插手具体案件处理的记录、通报和责任追究制度，建立健全司法人员履行法定职责保护机制。其二，要优化司法职权配置，推动实行审判权和执行权相分离的体制改革试点，最高人民法院设立巡回法庭，探索设立跨行政区划的人民法院和人民检察院，探索建立检察机关提起公益诉讼制度。其三，要坚持严格司法，推进以审判为中心的诉讼制度改革，确保侦查、审查起诉的案件证据经得起法庭的检验，保证庭审在查明事实、认定证据、保护诉权、公正裁判中发挥决定性作用。其四，要保障人民群众参与司法，完善人民陪审员制度，构建开放、动态、透明、便民的阳光司法机制。其五，加强人权司法保障，强化诉讼权利保障，健全落实罪刑法定、疑罪从无和非法证据排除等法律原则的法律制度，加强对刑讯逼供和非法取证的源头预防，健全冤假错案有效防范和及时纠正机制。其六，加强对司法活动的监督，完善人民监督员制度。规范媒体对案件的报道，防止舆论影响司法公正。对因违法违纪被开除公职的司法人员、吊销执业证书的律师和公证员，终身禁止从事法律职业。

◇如何认识法律与公权力之间的关系?

解析：法律是统治阶级意志的体现，在我国，法律体现和反映的是人民的意志；而一切公权力都属于人民，应当为人民谋福祉。因此，法律和公权力在目标上是一致的。同时，法律规定公权力的边界、运行方式，公权力必须在法律之下运行。而公权力的严格依法运行，对维护法律尊严，增强法律权威则大有裨益。

◇联系实际谈谈如何维护法律的权威。

解析：一是信仰法律。应当相信法律 、信奉法律，树立崇尚法律、信仰法律的牢固观念，增强对法律的信任感、认同感。二是遵守法律。要用实际行动捍卫法律尊严，保障法律实施。参与社会活动，实施个人行为，都要以法律为依据，不得违反法律规范。三是服从法律。应当拥护法律的规定，接受法律的约束，履行法律义务，服从依法进行的管理，承担相应的法律责任。四是维护法律。争当法律权威的守望者、公平正义的守护者、具有良知的护法者。

◇网络空间存在法律权利与法律义务问题吗?

解析：网络空间虽然是虚拟空间，但是它也是人们活动空间的重要组成部分，人们在这一空间开展的行为产生的影响也是实实在在的。这就决定了网络空间的行为也有法律界限，即法律权利和法律义务。为了有效保持网络空间的秩序，维护人们的合法政治权益，网民在行使自己的权利时，必须遵守相关法律法规的规定，履行法律义务。

◇大学生在中国法治建设中应该发挥什么作用以及如何发挥作用?

解析：大学生应当成为中国法治建设的表率，成为中国法治建设的推动力量和积极的践行者。为此，大学生首先要积极培养法治思维，其次要尊重和维护法律权威，最后要严格依法行使权利和履行义务，从而推动中国法治建设的进程，提升中国法治水平，以自身的努力为国家治理现代化作出努力。